中国近代人物日记丛书

张廷银 刘应梅 整理

王伯祥日记

第十一册

中华书局

第十一册目录

1951 年

1 月 1 日[①]（庚寅岁十一月廿四日　辛丑）星期一

晴，寒，入晚飘雪。

晨七时起。心神大愉，虽吃力依然，究较前数日为快爽矣。九时许，白大娘奉清、汉命来家帮作。有顷，清、汉偕锴、镇、鉴诸孙及蕴玉来。又有顷，均正夫人偕佳生伉俪来。谈次业熊、静鹤偕堉、基、埒、埙、垲诸孙来。十一时，佳生等三人辞去。十二时先设一席，令诸孙辈午饭。饭已，少息，而滋、佩适自津归，于是欢腾一堂，重治一席同饭。余与珏人及清、汉、润、琴、滋、佩、熊、鹤与焉。湜则先与诸甥同饭已。

午后，圣陶至。达先挈建昌至。有顷，芷芬亦至。乃以滋、佩婚事告圣陶云。三时半，招摄影师就院中摄一合家欢，循俗也。摄毕，复与圣陶谈至四时，圣陶以怀仁堂晚会辞去。

清等出逛市场，傍晚归，携来水仙一盆，此间甚见珍贵者也。

六时夜饮，并设两席，余及珏人、润、琴、滋、佩、湜、熊、芷、达、清、蕴正坐，鹤、汉挈建、锴、镇、鉴、堉、基、埒、埙、垲旁坐欢饮，移时乃罢。

饭后余返北屋憩息，珏人则整理器物，馀人皆在新房中趁热闹

---

①底本为："燕居日记第二卷"。原注："一九五一年元旦。"

也。喧攘至九时三刻,雪渐大,始由业熊领头,分道各乘三轮归去。

十时后就寝。

1月2日(十一月廿五日　壬寅)星期二

早起,庭院已堆雪寸许,正纷纷下降也。八时许,日微露而雪犹飞。未几,冻日似寒月见于东南,奇迹也。十一时,雪止云开,晴日明鲜矣。午后朗晴,气为一清,病体因而霍然。

午前,偕珏人、滋、湜踏雪,出大雅宝东口新辟之城阙,越京张路轨,度护城河桥,立东岸延览东郊雪景。久之,始步返。不图无意中乃有此清赏也。到家坐定未久,润儿归饭。饭后,自来水公司来换水表。

滋、佩往紫房子摄景,湜儿同去,四时即归。

四时半,潇湘酒家送菜肴来,盖预订今晚在家聚餐,为滋、佩暖房也。五时业熊、静鹤来。有顷,均正来。又有顷,清、汉、琴、达来,留均正不果,谈半时去。

六时半,芷芬始来,乃合坐聚饮,欢呶及两小时,始移席去。复纵笑长谈,至九时一刻,芷、熊、达、清、汉、鹤始辞归。盖埏等寄顿演乐胡同,须早返,分别安排各归其所耳。否则,尚未能便尔舍去也。

达先、琴珠各携来一信,一为予同十二月卅日书,一为君宙卅一日书。予同告洗人病状似甚严重,至念。君宙知余体衰,力劝戒饮。故人之情深挚如此,可感已!谨当遵之。十时许就寝。

1月3日(十一月廿六日　癸卯)星期三

晓来飘雪,冻云四合,近午开霁,午后放晴。气仍寒。

晨七时起。八时许,滋、佩、湜同出,过紫房子洽照相,顺即往游西郊颐和园。

饭后少休。珏人与阿凤同往东单市场购物。独余一人留家,闷坐而已。三时始返,为阿凤买得皮大衣一件,计二十万元,居然紫貂也。五时,滋等归。知园游甚畅,残雪未消,湖水如镜,渠等竟自排云殿下,蹋冰径到龙王庙也。

六时夜饭。饭后合家围炉聚谈,至九时半,各就寝。

咳嗽稍好,哮喘犹未平,喉音乃略瘖。

1 月 4 日(十一月廿七日　甲辰)星期四

阴,禺中飘雪,时断时续,遂竟日夕,寒威加烈,而气清泠矣。

晨七时起。滋、佩以婚假仍在家休息。湜儿以正式申请休学,亦在家,惟润、琴照常到办公处工作耳。

傍晚,琴珠归,带到刚主十二月廿八日信,为俞琮女士考校对事关说,其实此等事竟莫可奈何者,直等白说耳。

余体稍痊,惟咳嗽仍剧,气尚不能平缓也。夜饭后,围炉坐谈,九时许属令各归房。十时,余始就寝。

1 月 5 日(十一月廿八日　乙巳)星期五

雪降不休,入晚始稍止。气不甚寒,而清泠。

晨七时起。似较前昨为松矣。琴珠以腰痛未入馆。属湜儿抄伦哲如《辛亥以来藏书纪事诗》。午后,与珏人在院中扫雪,京地高燥,拨雪见土仍干也。滋儿晚归,携到董会通知,明日下午六时开会,以业会已通过公司改组事,特召开此会,以冀勒成法案耳。滋闻清言,达先亦在发热卧床,想流行性感冒之广矣。

夜饭后，以未添炉，少坐，便各就寝。今日滋、佩均照常办公。佩华凌晨冲寒往新华，即留彼未返。如常云。

1月6日（十一月廿九日　丙午　小寒）星期六

凌晓又飞雪，缤纷络绎，迄晚犹未全止。入夜始停。墙头堆积八寸许矣。气寒而清，致足赏也。

晨七时起。儿辈俱趋公，惟湜儿伴余，在旁抄《辛亥以来藏书纪事诗》。午后，珏人手治银耳一盂，进至嘉美意。晚年进补尚为嚆矢也。

夜饭后，以滋、佩出席团小组，未即归。余等围炉待之，珏人与润、湜接龙为戏。余与琴珠闲谈而已。至九时，濯足就寝。

九时半，滋、佩归。润、琴、湜犹守斋中未去也。

迪康书来道歉，缘滋等在津未尽东道耳。

1月7日（十一月三十日　丁未）星期

阴雪竟日，午后稍止，入晚又加甚，气冷如昨。

晨七时起。八时半后，陆续有客至。上午雪山、锡光、芝九、彬然来，下午墨林、稚圃、纯嘉、晓先、雪英、继文、亚南、大凡、联棠、世泽来，俱留连有顷乃去。芝九则留此午饭，并为余夫妇就庭中摄取一景焉。

静鹤挈升埙来省，夜饭后去。润儿偕继文、纯嘉往演乐胡同访达先，顺候清、汉。余属渠在春兴沽取山东黄，乃被清、汉所留，在彼夜饭。余久待不至，因令滋儿往候之，如悉前情，遂沽酒先归，余取以小饮。色重而味略苦，但无甜酸恶道耳。诚所谓浊醪也。清醇不可得，其藉此慰情，聊胜于无乎？大堪自笑。

九时就寝。越半时,润始归。

1 月 8 日(十二月 小建己丑 戊申 朔)星期一

飞雪不止。

晨六时半即起。佩华六时三刻出,径赴新华书店工作。

王泗原稿已阅毕,作书属润儿送还圣陶。此稿于语文研究深有所得,惟专与郭沫若《离骚今译》为敌,殊可不必耳。

午后雪渐止,而天仍阴,风甚微,而寒威激增矣。四时半,诗圣来访,顺以董会纪录相示,属补签,俾足数云。

洗人以病剧,请辞,并言元旦起不支薪。董会决议加以慰留,并拨医药费五百万元送之。此举差强人意耳。

五时,润、滋、琴先后归。知达先仍卧病未到云。

夜饮浊醪一觞,聊慰枯寂。

饭后,润出访友,八时半乃归。九时半各就寝。

接予同六日函。

1 月 9 日(十二月初二日 己酉)星期二

晴,寒,积雪微融,玻窗冰花交织,幻成山水树羽诸状,至堪欣赏。

晨七时起。十一时三刻,晓先夫人来饭。饭后清、汉、琴归省余。午后一时润入署,清等仍返总处。知达先今日已出,往医院检查云。院中堆雪,午前由珏人督同湜儿、阿凤共扫除之。

下午属湜儿写信三通,俾分寄濬、漱、淑,报近状,并促来信。

五时后,润、滋、琴归。

入晚小饮浊醪。饭后少坐,八时半就寝。

九时一刻,佩华归。盖新华工作繁忙,非九时不得歇也。

1月10日(十二月初三日　庚戌)星期三

晴,严寒。

晨六时半起。佩华凌明即出,冲寒赴新华。十一时,珏人偕湜儿往新开路潇湘酒家吃面。十二时十分,润儿归。未几,达先来,因共午饭。甫罢,而珏、湜返。饭已少休,命润、湜登屋扫除积雪,移时始下。而院中堆厚五寸许矣。达先、润儿先后去。粪除之役乃由珏人、湜儿、阿凤任之,蚁递以出,大类愚公之移山。北来后多此一忙也。劳扰至四时方毕。

守勤三时来访,盖初产一女,夜啼甚,特来请教珏人者,坐三刻许去。今日为芷芬四十二岁初度,傍晚珏人应邀往吃面。琴珠、滋儿亦往,惟润、湜在家伴余晚饭耳。

浊醪已倾,竟废饮。九时许,珏人、琴珠归。知滋儿往看业熊,(人民教育出版社约熊谈话,或有望,故往通知。)越半时乃见返。

十时就炉旁易小衫裤,然后即寝。

1月11日(十二月初四日　辛亥)星期四

晴,寒甚。

晨七时起。午后本拟与湜儿出散步,顺往北海公园一看溜冰之戏,乃以风起扬雪,(高处积雪不融,在日中随风飞舞。)恐触新寒,竟未果。三时,湜儿出看电影于大华,五时归。

傍晚属阿凤送煮肚与清、汉家。夜饭后,润往访沈云瑞,滋往大华看电影。余与珏人、琴珠、湜儿拥炉闲话。八时许,滋归。有顷,阿凤偕升基归。又有顷,润归。九时半就寝。

是日接八日漱儿信。八日惟精信。又北京图书馆订明晚在同和居谯丁惠康,约陪信。

1 月 12 日（十二月初五日　壬子）星期五

晴,冱寒,呵气成冻。

晨七时起。属琴珠传语达先,为我书谢有三,今晚同和居之约不能应也。午饭时,润儿见告,业熊科技出版社事情有眉目矣。彼方须觅保,然后谈话。嗣知根脚与润有连,竟可放心云云。足征现在谋事仍不免摸到路线,庶克有成耳。

清、汉来省,一时即去。二时许,以天尚无风,与湜儿偕出,小试足力,十馀日未出门,亦亟思略畅闷怀矣。仍自羊圈胡同循大雅宝,东出新城阙度濠旷观。郊坰为冰雪所掩,一片荒寒之象。河中有人凿冰,俾群羊就饮,而京张线火车之烟直冒其上,亦不可多得之点缀也。伫立久之,缓步由小牌坊、禄米仓、东龙凤口而返。重裘毡帽绒围巾,微露耳际一线,竟如刀割,迨入室解衣,手触处有如层冰,寒冽可知矣。

五时后,诸儿陆续归。六时夜饭,饭后,润、滋往青年宫看话剧《方珍珠》,老舍近作也。琴珠、湜儿以畏寒未偕去。围炉闲话至九时半,濯足各归寝。

十一时许,润、滋始归。

惟精寄五十万来,属便中代致旧瓷,又将为此多一心事矣。

1 月 13 日（十二月初六日　癸丑）星期六

晴,寒。

晨七时起。仍未外出。午后,珏人偕湜儿、基孙出理发,余摊几观《汉碑》，尽十许册，颇有会心。四时许，命湜往春兴购山东黄酒一瓶归。暖以自酌。方引觞而达先来省，因与共饮，遂留夜饭。饭后滋复出参加团小组。达先谈至八时半去。

九时半就寝。

滋儿返，携到振甫、亦秀、韵锵、启德、士铮、其昭十日联名信，慰候近况，倍见关切，可感之至。

1 月 14 日（十二月初七日　甲寅）星期

晴，寒，气较前昨为和。

晨七时一刻起。九时润、湜出，就浴于米市大街宝泉堂。滋儿奉珏人往东四菜场买办菜肴。十时，滋等归。十一时三刻，润、湜归。十二时，珏人偕润、滋两儿及基孙往潇湘酒家吃面，顺过磁器库普度寺后巷看业熊。盖熊病已多日，接洽一事未能即往，故亟欲一探之也。

午饭讫，湜儿及琴珠、佩华亦往静鹤家。

陈漱石来访，近自复旦来北京师范大学教课，或且久住京中云。谈移时辞去。将往访云彬，为文祺说项也。文祺为故妻所扼，曾自杀两次，近且发狂，漱石知云彬与前途有雅故，特走告托之耳。

三时半，珏人偕基孙归。知熊病并不轻，颇忧之。四时半，陶孙见过，谈移时去。五时许，湜、琴、佩归。知润、滋为余往春兴沽酒矣。汉儿、亚南来，适接潜儿十日信，内附照片等，其分与清、汉者，即属汉带去。

六时，润、滋归，酒亦送到。计五斤山东黄，费四万元云。

夜酌浊醪。饭后围炉，共谈至九时许，各归寝。

1 月 15 日（十二月初八日　乙卯）**星期一**

凌晓寒甚，雾凇树介，禺中乃消。午后晴。气较和。

晨七时起。佩华七时一刻出，径赴新华书店。饭后二时，偕湜儿出散步，由万宝盖胡同、宝珠子胡同而南，到东总布胡同，折西，复由甘石桥转南，径顶银胡同西，出方巾巷，南至闹市口，折西，由西观音寺达东单广场，已大感吃力，乃循米市大街北行，转东由外交部街东去，穿由协和胡同出东堂子胡同，即由南小街而北，转入小雅宝胡同，归于家。历时凡一小时又十五分。虽疲甚，而脚力舒活，亦不甚冷。亦一养生之道乎？

饭时啜腊八粥。

五时后，润、滋、琴归。夜小饮。夜饭后，润儿往候业熊，返报经医验出系流行性感冒，顷热已退，少休便可出矣。颇为放心，不然又一大石阁心头也。

九时即睡。

1 月 16 日（十二月初九日　丙辰）**星期二**

晴，寒。

晨七时起。竟日未出，亦无客至。写信两通，分复叶正一（惟精），及振甫、亦秀等。一言物色古瓷，须稍缓，始可报命，一则详告近状，并言缺饮扫兴之由。刻已引浊醪为醇醴慰情，聊胜于无矣。牍尾特烦代向洗人致问，不敢以书函渎，恐干涉笔之劳耳。

夜小饮。琴珠以竹君生日在潇湘吃面，未归饭。七时半，佩华归。八时，润儿出看试片《腐蚀》于中央戏院。有顷，琴珠归。

九时半就寝。十一时半润始归。

1 月 17 日（十二月初十日　丁巳）星期三

晴，寒。

晨七时起。竟日未出。

下午，调孚夫人偕晓先夫人来访珏人，谈至四时半辞去。静鹤四时来省，夜饭后挈基孙去。

接十五日淑与湜书，告弟妇发病。

夜小饮。饭后与珏人、琴珠、润、滋、湜诸儿围炉闲话，至九时半，各就寝。

滋儿携归世界知识社请柬，约廿一日下午六时在森隆宴饮。

1 月 18 日（十二月十一日　戊午）星期四

晴，寒。

晨七时起。竟日未出。饭时清儿来省，饭后偕珏人往访雪舟夫人。移时，珏人返，在禄米仓西龙凤口让车过，失足跌跤，遍身泥渍，幸无大痛，仍步行归家。一时大纷，余心大为不安矣。三时，湜之同学来看湜，因出，四时半乃归。五时，达先来省，顺告开明各事，遂留夜饭。润、琴、滋等俱应出版总署之召，听乔冠华报告，出席控诉美帝花絮，五时半始返。夜饭时，汉儿来省，亦同饭。饭后滋独出。余等围炉畅谈，七时半，达先去。八时半，汉儿去。

九时许，余就寝。近十时，滋儿始归。

业熊今往科学技术出版社谈话，所事已成，属润儿作保云。因将保证书托达先带来，即由润签章后径送该社也。

1 月 19 日（十二月十二日　己未）星期五

晴,寒,月色甚姣,夜深起风。

晨七时起。未出,打五关五遭。下午三时,湜出看电影。

四时,纯嘉见过,长谈。五时,湜、润、琴、滋先后归。清亦以昨日珏人跌跤来省候,因留纯嘉共饭。余仍饮浊醪磨时焉。

夜饭后,清归,滋送之。纯嘉去。润、琴出看光暄、守勤。余以月佳,与湜儿步月于近坊,由什方院、南小街、禄米仓而还,尚不甚寒。有顷,润、琴返。

九时就寝。十时滋始归。

1 月 20 日（十二月十三日　庚申）星期六

晴,寒,刮风。

晨七时起。写信寄予同,复告此间近况,并附近影一帧与之。十时许,平伯见过,盖今日到总处访余,知在家卧病,特踵门存问也。挚意可感,谈移时。写示近作感怀一律云:

世事推移五十年,高陵深谷不堪言。

吴趋坊巷承平忆,越女衣装梦影缘。

犹有童心嗟老至,诚怜玄发漫华颠。

劳歌若尽渊冰意,百岁应知倍惘然。

读罢不胜共鸣之至。近午去。留饭未见许也。

下午五时,滋归,携到十七日漱儿来书,知叔湘以母丧返沪,日内即北归。有绍酒两瓶及香糟二斤托带云。并知文权事亦有着落矣。为之大慰。近为权、熊职业大操心,日来南北同时解决,殊出意外矣。

七时，佩华归。滋夜饭后出席团小组，十时始返。余九时即寝矣。

1月21日（十二月十四日　辛酉　大寒）星期

晴，寒。

晨七时一刻起。十时许，伯恩来访。润、琴、滋、佩往访汉，近午偕之同归，并携鉴孙同来。午饭时，因共小饮。饭后，浞往访熊、鹤，余则偕珏人、汉、润往游北海。甫出门，遇业熊，知科技出版社已洽妥，体格亦已检查过，明日即须报到，开始工作云。因拉与俱往北海看溜冰。甚热闹，红男绿女，穿梭翻翔，殊可观。然亦有初学而倾滑屡仆者。余等过堆云积翠坊后，由琳光殿前步下海子，履冰徐行，再由道宁斋前上岸，在翔舞群中越过，竟未蹉跌，亦聊得解嘲矣。以冰上寒凛，登漪澜堂楼廊啜茗。室有炉火，且倚南窗，负暄甚乐，以人多趋北窗俯视冰嬉，余等转得以其隙获坐也。坐至三时三刻，啖春卷十条，行。循东廊出倚晴楼，过琼岛春阴，仍由积翠堆云桥南出园门，适遇达先、清儿、建孙来园，即在门口立谈顷刻而别。余与珏人、润儿仍乘三轮归。业熊、汉儿则乘公共汽车各归矣。

到家，继文、漱玉在。有顷，工友银富来，移时伊等俱去。

薄暮，芷芬来省，因共小饮，夜饭后，携鉴孙去。

滋儿受凉感冒早睡，且发微热。

九时半各就寝。

1月22日（十二月十五日　壬戌）星期一

晴，寒，夜月甚姣。

晨七时起。竟日未出。滋儿卧病,下午起大解,热遂退。佩华凌晨仍往新华。饭后乃请假归。午时,清、汉俱来省视滋。入夜小饮。夜饭后润、琴、佩、湜及阿凤同往红星戏院看电影《腐蚀》。盖雁冰所作小说,由季琳改编成电影,初次放映也。

余于润等出后,看《蒲褐山房诗话》,至九时半就卧。比润等归,已十一时三刻矣。湜禀闻后。各归寝。

1 月 23 日(十二月十六日　癸亥)星期二

晴,寒。

晨七时起。滋华、佩华九时出,各到服务本位工作。盖滋已退热也。十时许,雪舟夫妇来访,谈至近十二时辞去。于成都生活颇有描述云。

饭后,琴珠归言,联棠今晚即赴沪,询有无东西托带。珏人遂以腊肠三斤授之,属分与潩、漱、淑三处。

傍晚接廿一日文权、潩儿信各一通,告权已见过仲华,入新闻日报社任英文版编辑云。至慰也。汉儿今起调中国图书发行公司服务会计科。为之聚餐话别,晚在前外悦芳和举行。琴珠因此于十时后始归。

六时小饮,夜饭后,围炉坐至九时乃睡。

1 月 24 日(十二月十七日　甲子)星期三

晴,寒。

晨七时起,竟日未出,看《蒲褐山房诗话》。阅报知东单木器市场即将南移至先农坛,路遥而难行,因告珏人,询有所需否? 不如乘其未搬而看取购致之。午后,珏人遂偕湜儿同往东单,阅时归,购得乾隆窑青花大盘一(三万元),光绪窑五彩花鸟套盆一对(连红木架四万元),正拂拭安放间,静鹤来省,珏人又言见一小方红木桌(桌面仅尺八寸见方,而身骨甚佳,色亦好)索价十万,未之买。余亟应之,即于静鹤归去时属湜同去,五时许即见湜返,报居然九万元购得,便车载归矣。甚嘉之。

夜小饮。饭后与家人围炉共谈,且就案打五关为戏。至九时半,乃各就卧。润儿则以写信较迟归寝耳。

1 月 25 日（十二月十八日　乙丑）星期四

晴,寒气稍杀矣。

晨六时半起,明月犹高挂西墙也。

上海评弹改进协会旅行宣传队来京,明日在鲜鱼口大众剧场观摩演出,珏人念兹已久,乃令湜儿往看清、滋告知并即出城购票。十一时始返,竟取得第一排居中六位云。午饭后,珏人又偕湜儿往东单小市购得圆形红木花盆座大小七事(计六万一千元),越时归。于是,高下位置亦颇楚楚。积日闷怀为之一舒矣。

《蒲褐山房诗话》已阅毕,当时学人艺士之流风馀烈,颇得饱挹丰神也。

五时后,清儿偕滋、琴归,即留与共饭。饭后,清、润、滋同往总布胡同听钱普容谈话。

纯嘉四时来辞行,即晚登车南旋矣。托带腊肠与伯衡,并馈纯嘉。谈至五时去。临行特属郑重将意代致问洗人病。

九时许,佩华归。又有顷,润、滋归。知清已径返演乐胡同矣。

十时就寝。

接伯衡廿三日书,慰问。

1 月 26 日（十二月十九日　丙寅）星期五

晴和，微风拂面，大饶春意，但积雪犹未尽融也。北地气候之突变，殆大陆性使然耳。

佩华凌晨去。六时三刻起。午前写信三封，分寄伯衡、致觉及文权、潏儿，致谢、致问及慰勉也。

午后，湜儿导阿凤游北海，兼看冰嬉。余与珏人留家相守耳。四时三刻，湜、凤归。

五时后，润、滋、琴皆归。即开饭，仍小饮。六时四十分，与珏人、滋、湜两儿同出，乘三轮往鲜鱼口大众剧场，看上海市评弹协会、北京市曲艺工会联合演出。余等先已购票，定座，到时极为从容，端坐头排中间。甫开场也，时为尹福来、顾荣甫单弦《八面鼓》牌子戏。继为宋慧玲《毽子》。方半，清、汉两儿至。继为周云瑞等弹词交响大合唱《抗美援朝保家邦》。继为良小楼京韵大鼓。继为侯宝林、郭启儒相声。继为刘天韵、谢毓菁弹词《小二黑结婚》。继为魏喜奎奉调大鼓。继为女子技术团新技术，主演者名王莲华，弄九转盘，备致妍妙。继为周云瑞、朱介人、张鸿声、唐耿良、杨振新、姚声江之书戏《群魔末日记》。继为曹宝禄单弦。最后压轴为书戏《三雄惩美记》。张鉴庭、刘天韵、姚荫梅饰三轮夫，张鉴国、黄静芬饰男女阿飞，蒋月泉、杨振言饰美水兵，演来声色俱壮，殊堪击节。徐剧亦多，与时事政治配合，当局对文娱领导，亦若纲在纲如是也。十一时散出，汉儿先为余等四人安排三轮，然后与清同返。

余与珏人之车疾驰先到家。有顷，滋、湜到，亦有后先，比肩户就寝，已十二时馀矣。润等已早睡。余濯足剪爪，一时后始睡。以兴奋过当,遂失寐。老而无用如是乎?

1 月 27 日（十二月二十日　丁卯）星期六

晴和如昨。

晨七时起。竟日未出。寄致觉为转编译局印刷品。饭前达先来省,因与共饭。谈至一时许去。饭后珏人感不适,即小卧。测体温竟较平常高度许,遂拥被入眠。四时半,芷芬来省,遂共小饮,夜饭后,谈至九时半乃去。与润儿接言,为独多。佩华七时归。滋儿、琴珠以公送同人入五联,在萃华楼夜饭。九时许始返。伊等到家后芷芬乃行。

未及十时,各就寝。珏人寒热仍未退也。

接二十五日农祥来书,慰问并告开春或来京一行也。

1 月 28 日（十二月廿一日　戊辰）星期

晴和,大类阳春。

晨七时半起。珏人热已退,八时许亦起。九时,汉儿来省,携来摄影具,即令润儿为余住室取景,如有成绩当印寄潏、漱诸儿也。汉以参加妇联抗美援朝游行,未几即辞去。十时许,业熊来,因留饭。饭后达先来,与业熊及润、滋、琴、佩同往东单闲逛。

一时半大椿来谒,盖昨自沪来京参加学习,特来问候也。谈移时辞去。二时许,云彬来访,长谈。有顷,调孚至。又有顷,均正夫人至。三时许,云彬辞去。甫出门,而西谛父子至。因折回再谈。又有顷,均正至,知旧云集,快慰之至。四时半,云彬附西谛车去。五时许,均正夫妇及调孚亦去。

入晚,滋、佩先归。有顷,润、琴亦归。知饱游东安市场。业熊偕达先同返演乐胡同矣。六时小饮。夜饭后,润、琴往八面槽看继文、漱玉,顺送礼物,以伊等即将旅行结婚也。至九时归来,乃各就寝。

1 月 29 日（十二月廿二日　己巳）星期一

晴,和。

晨七时前佩华即出。七时半起。本拟到总布胡同一行,终以惮于涉事,未能相试而止。午后遣湜儿往视静鹤,并令顺到演乐胡同看建昌,以伊发热,似有出疹之象,故一省之也。

饭后,剑华、芝九、晓先见过,谈至二时始去。

写信两通,分寄云章天津,农祥上海。四时许,北大文科研究所李育民君持静庵信来访,欲先得罗尔纲《忠王李秀成自传笺证》快睹耳。以书由开明出版,早已印成,以外间有人指摘未发卖（其实总署已决定指示照发行）,故来借阅也。与谈片晌,辞去。余允转属调孚为一办云。五时后,润、滋、琴均归。独湜未至,迁延有顷,始开饭。漱儿托叔湘带来永兴昌绍酒两瓶及香糟两斤,当晚即启饮此酒。久不得此大慰,竟饮三小碗。

昨日调孚携来唐均所著《清先世事证》及《清世谱系》两稿属看。今阅毕,了无胜义。作书,令湜送还之。

夜饭后,久待湜不返,殊念。至九时一刻,命阿凤赴演乐胡同候之,甫出中龙凤口,即遇之,遂同归。询悉为静鹤所留,夜饭后,始与偕往看建昌。又坐待清华学习归来,乃得返云。

十时就寝。

昨日所摄各照片已洗印,有四帧不清晰,未印,余尚可意也。

琴珠带归翼之廿五日上海信,盖寄至八面槽转递而来者。知仍在宏大二厂任事,其女德锜又新诞一女云。

1 月 30 日（十二月廿三日　庚午）星期二

晴,和。

晨七时起。竟日未出。上午写信两封,分寄翼之及漱儿,复告近状并报收到酒、糟等物也。珏人以清晨汉儿来告建昌痧子已有征兆,特于十时即往探视。下午三时许始见归。据云已见点,日内出齐无大碍。为之大慰。五时,琴珠等归,携到以中南京廿七日书,为尔纲鸣不平。足见公道自在人心也。孟和等旧习难除,如此甚矣。思想之不易改造乎?

元锴随珏人来,即留住,与湜儿同宿。

夜小饮。晚饭后,滋儿出看电影,客满见遗,废然而返。围炉共话,至九时半乃各就寝。

漱儿邮寄滋、湜棉鞋,今日亦已取到。

1 月 31 日（十二月廿四日　辛未）星期三

晴,和。略润,背阴处仍有冰。

晨七时起。竟日未出。珏人十时即往看建昌,下午四时始归。言痧子已出齐,颇顺利。饭后,湜儿、元锴往崇外羊市口看电影,亦四时始返。据云该区停电,而票又不肯退,须本晚或明日可再往看云。沿途缓步归,拾得小犬一头,将留养之。

夜六时小饮,晚饭后,正与诸儿闲谈,刚主见过,有顷,滋儿出看电影,仍到红星看《腐蚀》也。又有顷,汉儿偕继文至。继文将于二月二日与漱玉结婚,亲邀余等往森隆吃喜酒。近九时,刚主辞去。越一刻,汉及继文亦去。

十时半就寝。滋儿归来,已十一时三刻矣。

2 月 1 日(十二月廿五日　壬申)星期四

晴和如昨。

晨七时起。竟日未出。湜儿、锴孙同往静鹤家,陪升垲、升基考学校。午后即到羊市口看电影,五时一刻乃归。

看《唐诗纪事》,顺将名氏笔之于书口,以便检查,尽四十卷。

夜六时小饮,即以均正所赠万宝之竹叶青开尝,确较春兴为略高也。

接华震磐托转雪山信,恳为其媳王季芬介绍工作。明日将属滋儿带与雪山也。

九时半,佩华归。十时各返寝。

2 月 2 日(十二月廿六日　癸酉)星期五

晴,转寒,又见层冰矣。颇感脚冷,其又将降雪乎?

晨六时半起。写《唐诗纪事》姓氏毕。接写《词林纪事》姓氏于书口。

午后叔湘夫妇见过,谈移时去。备知洗人病状,断定癌症矣,为之黯然。

五时半,珏人以次俱往森隆贺继文、漱玉结婚。余惮出,仍续写《词林纪事》,未偕往。即属湜儿代为签名道贺也。

六时许,温酒自斟,从容夜饭。饭后仍续写。八时五十分,珏人、润儿、琴珠、湜儿、锴孙归来,知已到过演乐胡同新房,甚热闹,滋儿则尚在闹房,未随归。

接卅一日致觉复书,知辞典工作已毕。又接漱儿卅一日信,知前寄合家欢照片已收到。

九时半,滋儿归。十时就寝。

2月3日(十二月廿七日　甲戌)星期六

阴,寒,颇有雪意,向午见雪渐大,下午四时始停。

晨六时三刻起。写信分复震磐及以中。华媳事雪山有复,难办。余亦无以直答,因作书与振甫,托代达,并候怀夏楼同人。以中则告以罗书《笺证》已照常发售,并谢其持正也。

《词林纪事》书口晨兴即写,禺中已毕事矣。下午珏人往看建昌,顺送元错归。移时返,报昌已安然回齐云。

六时小饮。夜饭后,珏人、滋儿、琴珠、阿凤同往东安市场及百货公司办年货,八时三刻归。

余濯足修爪,九时就寝。

2月4日(十二月廿八日　乙亥)星期

晴,寒。

晨七时起。写《宋诗纪事》姓氏于书口。十时,芷芬来省。十一时大椿来,因共午饮。正举杯间,达先至,为告顷接沪电,今晨四时洗人已病逝矣。顿为愕然,草草即饭,饭已,达先以事便行。有顷,大椿亦去。

二时许,圣陶来访,纵谈抵暮,以其家吃年夜饭,留饮未果也。

又有顷,芷芬辞去。湜儿体又不适早睡。

五时三刻小饮。夜饭后,滋、佩同归。盖今日星期,新华、开明俱照常办事,明日大除夕,调来放假,故散班后滋往新华接佩,同在门框胡同小馆子中,饭后偕归耳。

八时许,汉儿又送元锴来,谈至九时半乃去。

十时就寝。

2 月 5 日 (十二月廿九日　丙子　除夕) 星期一

晴,寒。

晨七时起。九时策杖出,徐步往西总布胡同出席董事会,以只到力子、雪村、彬然、雪山及余五人,改开谈话会,仅就洗人身后亟应处理之事项有所决定,备下次会议追认:一、范故总经理,丧葬费用由公司承付,家属恤养可援夏故编所主任例,俟再讨论。二、总经理职由章协理,照章代理。三、董事遗缺由后补董事叶圣陶递补。四、营务委员由章雪山补。五、中国图书发行公司管理委员由朱达君补。六、章协理回沪接眷,特派代表公司为范故总经理治丧。七、今日到会各董事联名致函朱襄理,促即日返京。推余主稿。十一时散,乘三轮归。缅想畴昔联杯接欢,如在目前,不图车站送别竟成永诀,伤已!

下午四时,沛霖来访,长谈,抵暮始去。于公司大局颇有评骘,亦有心人也。

入夜,合家团坐吃年夜饭。锴孙、阿凤俱与。欢筵至八时始罢。

十时,余就寝。

家人打扫、搓圆兼守岁,亦至十二时半,乃各就卧也。

2 月 6 日 (辛卯岁正月　大建庚寅　丁丑　朔　春节) 星期二

晴,寒。

晨七时起,拨炉取火,合家进团圆汤。八时,与珏人受儿辈贺岁。九时,与润、滋、湜、琴、锴出,同由什方院道南小街,余偕滋、琴到总管理处举行春节团拜。新同事索介然等自我介绍毕,雪山与余俱讲话,然后散。晤稚圃、均正、调孚、联棠等。十时许,与调孚偕至其家,顺贺年禧,兼晤张志公。十一时半归。乘三轮行。

到家,光暄、守勤在,留饭未果,向午去。知雪山、雪舟、达先、芷芬、清、汉两儿、镇、鉴两孙、述琇及亚南、竹君、芳娟、大凡、裕康、国维、学麒俱来拜年,惟述琇、鉴孙留此,因共饭。饭后,联棠、世泽来。有顷,晓先来。继文、漱玉来。晓先夫人来。叙功、漱石来。佳生来。近暮,沛霖、陶孙、永清来。均先后接晤,陆续辞去。惟晓先夫妇及继文夫妇留此。

润、琴及滋、佩先后出,均往吉祥胡同及东四八条等处拜年。傍晚归。

七时,汉儿挈镇孙再来。又有顷,清儿至,因与晓先等共饭。夜饭后,又谈至九时,晓先夫妇辞去。又越半小时,清、汉两儿及继文夫妇辞去。镇、鉴两孙携去。锴孙仍留。十时许,各就寝。

2月7日(正月初二日　戊寅)星期三

晴,寒。

晨七时起。九时,雪舟夫人偕诗圣来。少坐即行。有顷,均正夫妇来。十时许,业熊、静鹤率埕、基、垿、塤、垲五孙来贺岁。十一时三刻,达先来。因共饭。十二时半,雪山来。谓票已购得,今晚即须成行。有顷,偕达先同去,偕访静芷云。一时许,宝懋夫妇来。二时半,与湜儿同出,乘三轮往吉祥胡同访雪村,讵知全家他出,未之晤。因属三轮转往八条访丁、宋、朱、傅、叶诸家。雪村夫妇及密先与其婿等俱在,薰宇、剑华亦在。晤晓先、彬然、墨林、文叔。知圣陶出城访叔湘。云彬亦他往访友也。在文叔所坐甚久。继到彬然家小坐。有顷,圣陶归,遂与共谈。而雪村等已行。惟薰宇、剑华留。漱石适来访,谈移时,先去。余至五时半乃行。与湜儿乘三轮径往演乐胡同。晤均正夫妇及佳生。至则雪村一家及雪舟、诗圣俱来矣。有顷,雪山至。清儿乃招待先开饭。又有顷,珏人、业熊、润、琴、滋、佩俱至。汉儿复招待开饭,余遂与家人及芷芬、佳生同坐。食后,看建昌,与雪村等纵谈,并送雪山出行。八时半,乃与家人等分乘七辆三轮归。锴孙仍随行也。

到家小休,十时后,各就寝。

2 月 8 日（正月初三日　己卯）星期四

晴,寒。

晨六时起。为力子、雪村、彬然、雪山及余写信致达君,促其北返。十时出,乘三轮往八条访云彬,知偕晓先赴新史学研究会矣。乃历访圣陶、彬然。至十二时,云彬、晓先始返。余在彼盘桓一永日,午饭在圣陶所,与祖文、蠖生同饮。夜饭在晓先所,与圣陶、墨林同饮。其间来客甚多。得晤力子、劭先、亚子、志远、雁冰五夫妇及祖文、辅良、洛峰诸人。谈次并悉史会将加强组织云。夜九时始辞归。

抵家,珏人正与诸儿妇孙辈掷色为乐,告知剑华、文叔、祖璋、雪村夫妇及鸿猷、密先皆来访云。

十时就寝。

2 月 9 日（正月初四日　庚辰）星期五

凌晨有雪,旋止。近午放晴,发风,午后益盛,气遂加寒。

晨六时半起。八时三刻出，乘三轮赴总管理处视事。十时许，趾华自车站返，谓接胡之刚未着，无意中接到予同，现今同已向招待处报到。（出席教育工作者工会常务委员会，住学院胡同一号该会招待所。）下午将来此云。

午饭仍在馆中。饭后与索介然闲谈。有顷，湜儿送章签公函等件来，因书条加封，仍属湜径送八面槽陆联棠，直寄朱达君。二时许，予同来处，长谈，得悉洗人身后大概。旋电话约西谛，于四时一刻偕予同乘三轮往文物局晤谈。五时，同乘过谛家，晤葱玉、天木，同饮。夜饭后，与谛、同长谈至八时半，车送予同及余归。

余到家已九时，知珏人曾往调孚家答拜，并偕其夫人同过雪村家云。

十时就寝。

接振甫七日复书，劝积极。

2月10日（正月初五日　辛巳）星期六

晴，寒，风止矣。

晨六时起。琴珠夜来觉腹痛，八时半，由润儿伴送铁狮子胡同助产医院。九时乘三轮往总处视事。十一时半归。候圣陶、云彬等，盖约来午饭也。十二时十分，圣陶、墨林、云彬、芷芬同润儿来，因展席共饮。润儿告琴珠入院后，医生谓将产云。饭后，润往医院探视，而清、滋赶来报喜，谓得院中电话，琴已于十一时五十六分诞一女。有顷，润复返，报已见到，母子均安。为之大慰。

一时三刻，圣陶、云彬、墨林辞去。余遂留家未出。

三时许，予同来，与共长谈，留与晚饮。八时三刻，辞归招待所。润儿送之出，视其登车，然后返。

佩华七时归。滋儿以团小组开会,九时后始归。

十时就寝。

2月11日(正月初六日　壬午)星期

晴,寒。

晨七时起。竟日未出。十时,湜儿偕锴孙往业熊家。十一时四十分,润、滋、佩及阿凤往铁狮子胡同助产医院省视琴珠母子。午饭时,仅余与珏人两人耳。饭后镇孙来。有顷,润、凤归,知琴等均好。滋、佩则径往熊所吃面。盖今为业熊生日也。清、汉亦已去过,并在院中相见云。又有顷,芷芬挈升堉、升基来,滋、佩亦偕湜、锴归。一时纷错矣。旋芷芬与湜、堉、基、锴、镇出放纸鸢,四时始返。少坐后挈镇孙去。

四时一刻许,觉明见过,谓自鞠侯所来,知余抱病,特来相问也。谈移时辞去。

业熊五时来,六时夜饭,饭后熊挈堉、基去。阿凤随去取物。九时半始返。

十时就寝。

分函伯衡、濬华报喜。

2月12日(正月初七日　癸未)星期一

晴,寒。

晨六时半即起。佩华七时去新华。八时三刻,乘三轮赴总处。书复振甫。予同十时许,来馆,十一时许去世界知识社访明养。旋得电话,翼云、仲足约午饭,坚属与调孚同往,且云愈之亦到,极盼晤谈也。十二时,余与调孚走赴之。翼云、仲足先行,约在森隆相会。待有顷,愈之至,乃共乘其车到森隆,七人同饮,肴精而不多,酒亦佳,颇获畅谈。二时许散,愈之车送予同、调孚及余返总处。三时,予同辞去。五时下班,乘三轮归。

润儿以即将迎归妇婴,室中添装火炉。

六时小饮。夜饭后,濯足易寝衣,看陈田《明诗纪事》。十时就寝。

接十日雪山信,告抵沪情形。

2 月 13 日（正月初八日　甲申）星期二

早阴霾,旋开霁,近午晴朗,气仍寒。

晨六时三刻起。八时五十分乘三轮往总处。午前处分积事,与雪舟长谈。午后写信复雪山,编第一号。薰宇来谈,为书请济川开算书目。

四时许,达先来馆,与谈评薪事。五时下班,仍乘三轮归。

有顷,达先踵至。又有顷,雪舟、联棠亦至,即开饭共饮。七时半,四人会商各部反映同人薪等意见,当将二三四五等各级者分别核定,已十一时。馀下六七八等只得明日再谈。送三人出。

阖门就寝。

2 月 14 日（正月初九日　乙酉）星期三

晴,寒稍戢。

晨七时起。八时五十分出,乘三轮赴总处视事。午饭后与介然、必陶谈。

予同电话来告,已接上开会,一时未能即晤云。下午五时下班后,仍乘三轮归。

检出所藏算书卅八册,备借与薰宇。适业熊来省,谓将与润华往谒薰宇,因留与同饭。饭后作书属令渠等携交之。七时,联棠来。有顷,雪舟来,先整理昨件。又有顷,达先始至,本约诗圣同来,以体不适辞。续议六七八等,大都仍原评。至九时半毕事。

芷芬、汉华来省珏人。佩华亦归。

会谈毕,雪舟先去。又有顷,芷、汉、联、达同去。十时半就寝。

珏人今日上午由湜儿侍,往王恩普大夫所就诊,据方风寒内热相搏,用蔓荆、子黑、元参等疏解云。服后初不甚觉,一宵睡来退热矣。

2 月 15 日（正月初十日　丙戌）星期四

晴,寒,午后发风。

晨七时起。八时五十分乘三轮到总处视事。博文见过,谈移时去。伊来京已一年余,现仍赋闲,殊感为难。午后,梓生来谈,连日为出版总署看《初中本国近代史课本》上册,今日下午完毕,签注意见七八处,作书送还圣陶、晓先（备明日交润儿带去）。五时下班,与滋儿步归。刚主在,因共长谈,兼留饮焉。饭后又谈至八时半,辞去。

清儿来省珏人,夜饭后与润同出访光暄、守勤。九时,润归。知清乘车径返矣。

滋儿夜饭后即出,参加团小组,十时始归。余已就卧矣。

2 月 16 日（正月十一日　丁亥）星期五

晴,寒。

晨七时起。八时五十分乘三轮到总处视事。上午力子电话询予同晤否事。即以十八日聚谈告之,须予同会毕有暇乃克行。

下午召达先、均正、联棠(分代办公室、生产部、营业部)、稚圃(京店)、久安、光仪、(工会)学麒、滋华(团员),谈筹备追悼洗公事。稚圃以事未到,当拟定日期、地点等,须俟洽定再办,洗公事略推余撰写,备当场散发云。

电话询予同,十八日可来否? 据云,夷初有约,当向商洽,明日上午来电决定也。姑俟之。

五时下班,仍乘三轮归。

六时小饮,夜饭后,与家人围炉闲话,锴孙又住来矣。十时寝。

2 月 17 日 (正月十二日　戊子) 星期六

晴,寒。

晨六时半即起。八时五十分出,步往总处视事。九时半,得予同电话,决定明日午间可来,因用力子名义分发请柬,约愈之、圣陶、雪村、觉农、彬然明午来馆共饭。同时与力子、彬然电话接洽,并将雪山寄余之函及由达先转来辞职信作书送达力子,兼约均正、调孚同与焉。开明当前急务端在组织,未识明日之会能否稍得解决耳。

午后摘写记忆中之洗公材料,备整理为事略。

五时下班,乘三轮归。有顷,芷芬来,因共饭。夜饭后,佩华归,汉儿云来未果。八时许,芷芬去。润儿夜饭后往看业熊、静鹤,九时乃返。

十时就寝。

2 月 18 日 (正月十三日　己丑) 星期

上午阴,微有风。下午放晴,仍寒。

　　晨七时起。十时半,达先、诗圣来谒,因同访静芷于大雅宝胡同。途遇翼云,正在徘徊,盖来访未得,正在摸索也。立谈数语,道歉而别。在静芷所谈有顷辞出。三人步出城闉,立郊外闲眺,返入,由大牌坊、贤孝牌、弘通观出东总布胡同,从容到总处,时雪村已先在,未几,圣陶、彬然来。愈之、静芷来,均正、调孚来,力子、西谛来。觉农来时,已十二时,乃先就当前问题漫谈,力子、愈之先后讲话,皆切实沉重,妥为设法。十二时四十分,予同乃到,重复谈话,并报告沪处情形。一时半始合坐聚餐共饮。菜为西城峨嵋酒家所办,尚好。似较逊于潇湘也。二时三刻饭罢,接开董事会。同饭之人仍参列。当决定洗公饰终,京沪两地各开追悼会,丧葬费用由公司照付,身后恤金援丐公例,支半薪至范师母终其天年为止。公司即日进行公私合营,组织暂仍其旧。由邵董事长暂兼总经理,雪山辞职挽留,并函促即返,专任发行事。加设协理一人,请彬然任之,并兼生产部主任。目下局面乃得大定,惟圣陶递补董事一节仍不见允耳。四时四十分始散。约予同后晚在演乐胡同吃饭。与诗圣同行,徐步归。

　　静鹤挈升埒、升基、升垲来省,夜饭后去。升基留。

　　琴珠及元孙明日当归,今晚部署一切。九时半就寝。

2 月 19 日（正月十四日　庚寅　雨水）星期一

　　早阴,旋放晴。气仍寒。

　　晨七时起。八时三刻出,乘三轮往总处视事。布告邵、傅就职。下午三时出席追悼范公第二次筹备会,决定登报通知各项。鞠侯送绍酒两瓶到家。五时下班,与达、清同行归,因共饮。琴珠及元孙午后接归,均安。甚慰。

夜饭后,达、清与诗圣应彬然之招,往其家谈话,或者涉及开明组织乎?

夜续写范事略,颇难把握,十时即寝,仍未及半也。

2月20日(正月十五日　辛卯　元宵)星期二

四时即醒,六时许便起,正飘雪,八时止,终阴,夜七时又雪,竟夕断续,墙头又积寸许矣。气复加寒。

晨八时半出,步往总处,同人已多在,彼准备欢迎邵、傅矣。有顷,力子至,又有顷,彬然至。近九时,予同亦至,九时十分开始集会。余先致辞,介绍并鼓励同人共勉。继由力子、彬然、予同讲话。最后工会代表王久安、青年团代表洪光仪亦致辞欢迎领导。至十一时许始散,气氛甚佳。开明前途或有更新之望乎?

十二时,与予同、达先步往王府井敦厚里刘家馆吃饭。饭毕已一时半,予同往人民医院视光岐。达先赴绒线胡同中图图书发行公司总管理处。余则乘三轮返西总布胡同。

四时许,予同复来,五时下班。遂偕乘三轮同到演乐胡同芷芬、达先之家,应其招宴也。与座者予同、西谛、薰宇、彬然、圣陶、晓先、雪村、均正及余翁婿三人,凡十一位。谈饮至八时始罢。席散,又谈至九时半,乃冒雪各归。芷芬送余返,顺接元鉴归去。

少坐即寝,已十时许矣。

升基、静鹤来领归。

2月21日(正月十六日　壬辰)星期三

初阴,旋晴,气略还暖。雪融。

晨七时起。八时四十分出,乘三轮赴总处,下车雪滑,竟致倾跌,幸仅沾污衣袖,未及挫损些许也。

十时,约予同在中山公园上林春晤谈,因电话知照达先、雪舟、联棠同赴之,遂与锡光、均正、调孚乘电车偕往与会焉。就当前组织及沪处问题,彼此交换意见。获得初步办法,俟与力子商谈再决。长谈至二时,始各返本位,即在上林春午饭。

饭后明养来会,与予同偕去。予同今晚即南返矣。

乘三轮返总处后,写第二号信复雪山,附去董会纪录及伊辞信,并调孚附信,凡三件。五时下班,乘三轮归。

芝九来访,谓已饭毕。余小饮与谈至七时半,辞去。

为晓先通读高小历史课十四课。九时就寝。

佩华近十时始归。盖王益到新华就职,例有集会耳。元锴归去。

2 月 22 日 (正月十七日　癸巳) 星期四

上午阴,时有雪花。下午略晴,仍寒。

晨七时起。八时四十分,晓先来,面取稿本,并询读后意见,谈至九时许始了,因同出,伊返出版总署,余则乘三轮到馆。晤力子、彬然。谈定上林春所谈原则。锡光亦允任办公室副主任矣。

下午本拟续草范传,乃杂务栗六,未克定心,竟成虚愿。五时下班,仍乘三轮归。知章、丁、顾、徐四师母都来探望琴珠母子,并有馈赠,叶师母昨日亦命其媳送物探问也,友情络绎,殊滋愧耳。

六时半小饮,夜饭后滋儿出参团小组。余续草范传,无甚成就,十时就寝。越半小时滋儿乃归。

2 月 23 日 (正月十八日　甲午) 星期五

晴,寒。

晨七时起。竟日未出。撰就洗公事略,并写好备制版。

下午五时,汉儿来省,未饭即去。滋儿归,带到雪山廿一日来书第三号,告范公治葬情形,并附帐单,请董会指示。

夜小饮。饭后少坐,九时半即就寝。

2 月 24 日（正月十九日　乙未）星期六

晴,不甚朗,近午发风,午后飘雪,旋止。气仍寒。

晨七时起。八时四十分出,乘三轮往总处视事。晤力子、彬然、李庚。今日各部室本应作会报,以彬然召集生产部全体谈话,并邀李庚讲话,遂延期举行。十时半,余公事粗了,亦往听李庚讲话,已近尾声矣。下午达先、联棠、雪舟来,会谈评薪结束事。余属与锡光共决之。

京中同人住房问题延未解决,今日午后由住户代表胡伯恳、诸宝懋来谈,希望核减当即解决,至快慰也。

范公事略已交出版科制版。上海转来朱允若角直信,托为其婿沈家本谋事(附有致圣陶信托转),当转请圣陶代筹之。五时下班,徐步归。

知珏人、湜儿尝往羊尾巴胡同八号访锡光夫人云。

六时半小饮。佩华归,因共饭。夜饭后,滋儿、佩华偕出看话剧《龙须沟》,十一时半乃返。余等已就寝矣。

2 月 25 日（正月二十日　丙申）星期

阴,寒。午后偶飘雪花,夜深竟降雪。

晨七时起。竟日未出。十时许,珏人偕湜儿往演乐胡同省视清、汉两家,近午始返。午后三时,贤辉、守勤来省琴珠。润儿往省熊、鹤。滋、佩、湜奉珏人往东单阅市。四时,翼云见过。有顷,世泽、竹君、芳娟来省琴珠。与翼云长谈,移时乃去。

五时许,珏、润等先后归。世泽等去。

六时半小饮。夜饭后围炉闲谈。九时半就寝。

2 月 26 日(正月廿一日　丁酉)星期一

雪,近午晴。午后还阴,薄暮又微雪,仍寒。

晨七时起。八时三刻出,乘三轮赴总处视事。

复雪山第三号信(亦编第三号),告范公治葬请就近与在沪诸董监商决。致书予同,询返沪安否,并开明近状。

接耕莘廿四日书,托代取历史图谱等。家晋来谒,长谈至五时乃去。送客后,与滋儿同出馆。余仍乘三轮先归。

六时半小饮。夜饭后,小坐至九时半就寝。

2 月 27 日(正月廿二日　戊戌)星期二

晓来大雪,禺中止,午前后略露日光,旋复阴霾,风中仍寒凛。

晨七时起。八时四十分出,乘三轮赴总处视事。与力子商洽购纸事,并与彬然晤谈。为力子作书致叔湘,改编辑顾问。下午写信两通,一复朱允石,一复傅耕莘。五时下班,仍乘三轮归。

六时小饮。夜饭后,滋儿出,为三八妇女节排练话剧。七时半,佩华归。

九时三刻就卧。十时一刻,滋儿始归。

2 月 28 日(正月廿三日　己亥)星期三

风霾,午后略晴,而大风撼户竟日夕。气乃大寒。

晨七时起。八时四十三分出,乘三轮赴总处视事。上午与世泽谈会计、稽核两科合并事,并属开拟工作分配名单。午后草拟总管理处驻沪办事处暂行章程。

连日看张荫麟《中国史纲》上古篇,致佳。是能融会史实而予以新解者,较之不能读线装书而强不知以为知之流,奚啻天壤。顾不幸下世,未卒其业。惜哉! 五时下班,以应大同李林森之约,与锡光、调孚、均正、世泽、诗圣、宝懋、艺农、云瑞、学麒、至善偕往王府井敦厚里刘家菜馆会李君。七时开饮,谈至八时半始罢。九时散出,乘三轮径归。

十时就寝。

接廿六日漱儿禀,知潛等皆安好。

3 月 1 日(正月廿四日　庚子)星期四

晴,寒,仍有风。

晨六时即起,月犹灿然当庭也。

八时五十分出,乘三轮赴总处视事。晤力子、彬然,将办公室过渡组织及沪处章程商定,备召集会议通过后即付实施。

接二月廿五日雪山来第四号信,知上海同人定于十一日在法藏寺为范公开追悼会之后,渠即返京云。

午后召开追悼会筹备会,商定是日布置会场及分任招待司仪诸事。五时下班,步行归。

滋儿以练戏故,未归晚饭。十时半始返。

六时半小饮。夜饭后,汉儿来省,九时半乃去。

十时就寝。

3 月 2 日（正月廿五日　辛丑）星期五

晴，寒。仍略有风。

晨七时起。八时五十分出，乘三轮赴总处视事。下午诗圣、世泽向中图发行公司报到，函中明言半日只支半薪，盖两方不能不兼顾也。

晓先、芝九饭后来总处，承为洗公追悼会写挽联、幛光等。芝九二时去。晓先三时半始去。甚感之。

五时下班，仍乘三轮返。

建昌来小住。

六时小饮，芝九、剑华来访，因煮面共餐。谈至八时半乃去。

九时佩华归。十时滋儿归。余就寝已十时一刻矣。

接颉刚、伯勋信各一封。

3 月 3 日（正月廿六日　壬寅）星期六

晴朗，寒威稍减。

晨七时起。八时五十分出，乘三轮赴总处视事。写信贺伯衡五十大庆，并汇十六万元贺仪去。

午前与力子、彬然、士敩、锡光、雪舟谈，于办公室分工事有所洽。下午写信三通，一复漱儿，附去代写妇联信封、信笺字样。一复雪山编第四号，告近状并速驾。一复刚主，告《历史手册》开明不拟接受出版。

接君宙一日书。

看毕张荫麟《中国史纲》上古篇，甚惬也。

五时下班，乘三轮归。

静鹤率堉、基、堷、埙、垲五外孙来省,并知鉴孙亦来过。继文、漱玉亦于饭后,来看琴珠母子云。六时,清儿来,因共饭小饮。饭后静等一行归去。清亦继去。

七时许佩华归。十时半,滋儿始归。余已早睡矣。

3月4日（正月廿七日　癸卯）星期

晴,和,竟有阳春景象矣。

晨七时起。十时,彬然夫妇来访,并承赠物与琴珠母子,移时辞去。十一时,清儿来同饭。饭后,余与湜儿步往米市大街青年会参加洗公追悼会,滋儿等正在布置会场。有顷,珏人偕清儿亦至。润儿、汉儿、静鹤等亦先后至。二时许,宾客云集矣。越半小时,追悼开始,由力子主席,全体肃立,向遗象三鞠躬。静默后,力子报告。继由圣陶、雁冰、觉农、雪村、公文、久芸、晓先、济川、联棠、久安、亚南讲话,最后由廷玉代表家属答谢。比散会已五时许矣。

西谛约圣陶、彬然及余过饮其家,先归预备。余等会后各乘三轮以赴之。饮前饱览所近藏诸珍异。饮次晤徐邦达及王天木夫妇。谈谦至九时半,始辞归。由圣陶之车送至禄米仓中龙凤口,然后步返家门。

知建昌已由清儿领归。盖明日即须入学也。

十时就寝。

3月5日（正月廿八日　甲辰）星期一

终日阴霾,寒不甚烈。

晨七时起。八时五十分出,乘三轮赴总处视事。十时召集办公室全体同人谈话,发布目前过渡组织及分工情形。诗圣、世泽、锡光、达先、孝俊、趾华均发言。至十二时犹未散。颇好。越半时乃饭。

下午写信复君宙，告近况。复人民教育出版社送《沿革地图》校样三幅还之，略附意见。

接三日雪山（五号）、予同（一号）信各一，知雪山十三四即可携眷来。予同则报告沪处谈话情形，仍示谦逊。

五时下班，仍乘三轮归。六时小饮。夜饭抱元孙就灯下端相之良久，始送返其母。

九时三刻就寝。十时许，滋儿始归。

3 月 6 日（正月廿九日　乙巳　惊蛰）星期二

晴，气较和。

晨六时半起。八时一刻，晓先来访，就商编次初中本国史分期及讲述内容等问题。九时始辞去。余亦乘三轮往总处。十时，举行总处各部室会报。解决琐事不少。全部名单通过矣。到力子、均正、调孚、联棠、雪舟、士敫、锡光及余与诗圣九人。彬然以事未至。十二时始毕。

下午写信分复颉刚、雪山、予同。五时下班，乘三轮归。

六时小饮。夜饭后看《炖庐所闻录》。润、滋俱出，为三八节排戏。

十时就寝。越半小时，润、滋先后归。

3 月 7 日（正月三十日　丙午）星期三

晴，和，微有风。日中大饶，阳春之象矣。

晨七时起。八时五十分出，乘三轮赴总处视事。与彬然、锡光谈。

下午写信致叶正一，告所托物色古瓷竟未进行，请先谅。

济川开来算学书目录及价格，即为转致薰宇，俾径与相洽。

接五日予同（第二号）书，为沪处人选及范公追悼等事有所洽，凡列五项，即一一答复之。专送邮局快递，或可与第一号复书俱到耳。

五时下班，仍乘三轮归。今晚开明同人为庆祝三八妇女节，排练话剧助兴，正式预演。因早夜饭，俾珏人挈湜儿、阿凤往看之。

索介然向余借颉刚所著《浪口村随笔》，小饮后为检出之，便中翻阅。

九时，珏等三人皆归。即就寝。

十时，滋儿始归。

3月8日（二月　小建辛卯　丁未　朔）星期四

晴，和，阴处积雪渐融。

晨六时半起。大解后拭纸有血迹，又呈去冬便血象，精神不免受影响，遂觉四肢乏力。

九时强出，乘三轮到总处视事。邵、傅二公及雪舟皆未至，仅达先来。饭后达去。而今日三八妇女节，女同人皆放假出外园游。下午乃大岑寂。四时半，余即归，仍乘三轮行。

五时半即饭。饭后珏人率佩华、阿凤往总处与女同人取齐，乘新华汽车接往绒线胡同中国图书发行公司参加三八节庆祝大会。清、滋两儿俱演话剧《母亲的心》。汉儿且为会中主席，以是珏人必欲往。余则被邀而谢之也。润儿亦为三联所邀，往参期会，奏提琴云。家中惟余及湜儿、琴珠与元孙耳。

混儿就灯下钞伦哲如《辛亥以来藏书纪事诗》，余则看瞿兑之《杶庐所闻录》。十时润儿先返。十二时，珏人乘车归。又有顷，佩华、阿凤归。余已看毕《所闻录》，即寝。

滋儿卸妆整理后始得行，归来已一时许矣。

3月9日（二月初二日　戊申）星期五

晴，和。

晨六时半起。大便仍有血，心神为之不快，遂未入馆。十时半，珏人偕混儿往弘通观二号访彬然之家，近午乃返。

饭时，前在沪所镶之门牙下堕，勉缀上，稍动即落，因去之。更感不快矣。下午一时许，珏人又偕混儿往看静鹤，三时半乃返。盖傅家及鹤等俱送礼物与琴珠母子，应有此酬答耳。

接伯衡谢信，知前汇贺仪已到。

六时夜饭未饮，盖滋忘却为余唤酒也。

夜饭后，与珏人、混儿出散步，由东龙凤口，循禄米仓而西，由中龙凤口而归。至则芝九在，以适来见访也。与谈良久，至八时半始辞去。

九时半，洗足就卧。滋儿十时归，余竟未之知。

3月10日（二月初三日　己酉）星期六

晴，和。

晨六时半起。八时五十分出，乘三轮赴总处视事。九时半，出席处务会议，当前组织及准备进行公私合营等问题，均有所决定，惟评薪一节尚有枝节未克骤决，只得延会至十三日再议。时已十二时一刻，乃散会。

下午看觉明《西征小纪》,载新出北大《国学季刊》第七卷第一号中。五时下班,仍乘三轮返。颇感疲惫。

六时小饮。夜饭甫毕,汉儿挈鉴孙至,因重具餐饭之。有顷,守勤、黎明来看琴珠,谈至九时,守勤等去。又三刻,汉、鉴亦去。滋儿看电影归。

十时就寝。

又半小时,佩华始自新华书店开会归。

3月11日(二月初四日　庚戌)星期

晴,和。

晨六时三刻起。匠人来修水沟。珏人偕湜儿往调孚、均正、必陶、清、汉家。润儿则往圣陶、云彬、晓先、雪村家,分送豚蹄及汤饼,以明日元孙弥月矣。珏等十一时归。润十二时归。

伏园见过,谈移时去。

饭后一时半,偕滋儿出,步至金鱼胡同口乘电车赴天桥,先入游艺地带一巡便出,再往先农坛市场,略一涉览迴,非东单旧观可比矣。复折而北,往东入天坛西天门,遍游圜丘、皇穹宇、祈年殿,由鹿圈之前出便门,乘三轮往大栅栏,在门框胡同食烧饼烩羊片,殊未见佳。食已,步至东车站,拟乘电车北归,乃人多挤不上,只索缓步入城,由中华门经由广场,直入天安门、端门,径达午门,出阙左门,东循筒子河,始乘三轮,经东华门,出东安门大街,由金鱼胡同、干面胡同、禄米仓、中龙凤口归。抵家门时五时一刻矣。

六时小饮。久未长步,今偶试足,乃犹堪胜任,窃自喜也。夜饭后,润、湜、滋佩俱出,九时许乃归。

十时就寝。

接九日绍虞书。

3 月 12 日（二月初五日　辛亥）星期一

晴，较前昨为寒。

晨六时半起。八时五十分出，乘三轮往总处。晤雪舟，谈评薪事，余谓力公既有主见，当俟明日处务会议从长讨论之。

芷芬昨自沈阳归，今日顺道过总处来谒，为言中朝合击美帝，所闻状殊兴奋。

看毕觉明《西征小记》，至佩卓见。下午书与圣陶，为绍虞询前投抗日时所作白话诗见存否？

接申凤章书，又有噜哕。看金静庵等合著之《五千年来的中日友好关系》，加评送还生产部。

五时下班，仍乘三轮归。

六时小饮，吃面，盖元孙今日弥月也。

夜看章太炎《经学略说》。九时半就寝。

3 月 13 日（二月初六日　壬子）星期二

晓来旭色甚佳，旋阴合，禺中竟飞雪，午后转晴，且无风，致为和畅。

晨六时起。八时五十分出，乘三轮往总处视事。十时出席处务会议，继续讨论评薪问题，颇有可笑争执至十二时，遂得初步结论，俟十七日再作正式决定。

午后一时半，偕鞠侯往访西谛于团城，未晤，晤孙家晋，因同到北京图书馆访王有三。入舆图研究室，获展清内府藏十三排地图，竟寻得珠穆朗玛峰确证。（鞠侯近撰文申说喜马拉雅山之世界最高峰早为我国人所测得,即珠穆朗玛阿林,英人额菲尔士偷测之,遂据以己名为标识,于是,中外竞传,亦遂许之,或译埃凡勒斯,忘其朔矣云云。遂为国人所注意。)约明日饬人往摄影,备制版。未几,出馆过北海公园,小憩于漪澜堂啜茗,进小窝头及菀〔豌〕豆黄。四时半离园,乘三轮往绒线胡同中国图书发行公司总管理处,晤公文、农山、同庆、达先、诗圣、汉儿等,即在彼处食堂进晚餐。六时始得食。六时半,参加反对美帝武装日本,欢送赴朝工作同志大会。公文主席,彬然、力子俱先后讲话,在场有四百馀人。至九时一刻,余偕滋儿先退,乘三轮遄归。

途中甚冷,到家已十时近矣。少坐,饮茶,然后就寝。

3 月 14 日 (二月初七日　癸丑) 星期三

晴,午间已感暖,早晚仍寒。

晨六时半起。晨六时半起。八时五十分出,乘三轮往总处视事。电话与孙家晋,属向图书馆借印珠穆朗玛一带地图,因作书与有三、承铎,交艺农持函往取。下午复绍虞。接十二日予同所寄第三号信,于沪处人事有商榷。作书与觉明,赞其《西征小记》,索看《瓜沙谈往》等文,并劝其集刊此类考古文字为专册。

接十二日君宙复书,告正与轶尘同译小文云。

五时下班,仍乘三轮归。

六时小饮。夜饭后,佩华归。家人聚谈至十时,各归寝。

3 月 15 日 (二月初八日　甲寅) 星期四

晴和如昨。

晨六时起。八时五十分出,乘三轮到总处。晤力子,谈近事,彬然以事未至。均正、调孚亦去出版总署听讲。上午仅与达先、雪舟略谈而已。下午三时,藏云来访,盖自宁来京出席会议,住西谛所,今特走谈也。(前日在北京图书馆已见之)乃偕同遍晤在留同人,至四时半始去。约明后日来余家。五时下班后,与清儿偕行,缓步至演乐胡同,晤均正、之刚、佳生,兼及介然(盖来访佳生者)。夜即与芷芬、达先、清、汉两儿小饮,食蒸饺及切面,琴珠亦见邀与焉。八时,琴以元孙哺乳故先归。

九时半,余始归,仍乘三轮行。十时就寝。

接沪电,知雪山携眷行,明晨可以抵此矣。

生产部新进试用助理编辑邵士荫,久未到班,据闻为公安局所扣,派裕康前往局中探询,得悉其人曾任敌伪时警局分局长,竟有特务嫌疑云。爰决定中止试用事。前人事科亦尝调查,竟致渗入匪人,不可不大加警惕也。

3 月 16 日(二月初九日　乙卯)星期五

晴,和。

晨六时即起。八时许,偕珏人、润、湜两儿乘三轮往东华门,俟至八时半,登京颐线公共汽车,直赴颐和园。九时二十分抵达园门。今日为余六秩晋二之辰,特挈妻挈园游,以避噜苏耳。入园先至知春亭小坐,旋展耶律文正祠墓,然后循长廊之东段,至排云殿,由东翼拾级登佛香阁,就西南隅觅座啜茗。珏、润憩坐,余与湜复登智慧海,礼地藏、文殊、韦驮、伽蓝诸像,返佛香阁。有顷,四人从阁西下,穿山洞登撷秀亭,转至铜亭,循西翼之廊下,至排云门,就殿前合摄一影,藉资留念。既而由长廊之西段,至听鹂馆午饭,饮啤酒,啖鲜鳜,致佳也。饭后过石丈亭、清晏舫,旋往宿云檐望后园,即由后山登蹬道,蜿蜒陟降于松柏交翠中,径抵谐趣园,巡历一周出。即步由大戏台下,出园门,候至三时四十分,乘公共汽车返。四时半到东华门,仍乘三轮归。

到家已将五时矣。清儿来省,即行。盖雪山甫至,今夜伊家将接待之也。有顷,滋儿、佩华俱归。小饮,吃面。夜与家人闲谈,九时即寝。

接十四日叶正一复书。

3月17日(二月初十 丙辰)星期六

晴,刮风,近午天日为暗,入夜尤紧。

晨六时起。八时三刻出,乘三轮赴总处。十时出席处务会议,力子、雪山等都到,仅联棠、祖璋未至。专讨论评薪案,通过各单位原评等级,为维持不超过百分之五之原则及改善各地标准单位计,决定京津两地支一.五,穗支一.六,馀地仍旧。盖仅三地各降〇.一,已符此标的矣。十二时半散。余即偕达先步归,小饮兼吃面。

一时三刻,达先往中图总处,余亦冒风出,乘三轮复至总处视事。

接藏云电话,今日文化部有晚会,须明晚过余谈。

接十四日耕莘书,仍托向西谛一说补发域外名画也。五时下班,无车,乃冒风尘步行归。

元鉴、建昌在。有顷,清华亦至,遂同饮,仍吃面。又有顷,佩华归饭。又有顷,汉华、芷芬来,再具餐享之。谈至九时,清等一行去。越半时,滋儿始自大华看毕电影归。

十时就寝。

3 月 18 日 (二月十一日　丁巳)星期

晴,不甚寒,略有风。

晨六时半起。十时出,乘三轮赴东四八条,应圣陶之约。至则圣陶已出浴,余坐晓先家闲谈,移时,圣陶归。平伯、介泉亦至,乃共话。十一时半,即与墨林、至美同饮。聆介泉谈话,至为畅适。饭毕,小坐至二时,平伯归去。余及圣陶、墨林、介泉同乘往北海公园,绕琼岛一周,东过陟山桥,循海子而北,小憩于濠濮间,涉历春雨林塘、画舫斋诸胜,向所未至者,今辟为人民自然博物馆,中置标本甚多,而以熊猫、野牛为珍异之品。返至濠濮间啜茗,四时许,风微起,因起出园,仍乘圣陶汽车东归。

到家知昌群二时即来,坐至四时去。以五时有会,不能待云。余大为失望,或电话中听错而致误乎?甚歉。

业熊挈基、埙两外孙来省,夜饭后去。

看章太炎《经学略说》,至十时毕之,即寝。

3 月 19 日 (二月十二日　戊午)星期一

晴,又转寒。

晨六时一刻起。八时五十分出,乘三轮往总处视事。写信复正一,告决为物色旧磁。复耕莘检寄《丛书集成》等预约券两宗还之,属自理。又致诚之,亦寄还《集成》券一件。

均正、鞠侯应召出席教育部全国中等教育会议。藏云未及晤,颇歉,不知日内肯再来否。

五时下班,与滋儿及鞠侯同行,缓步以归。

六时小饮。知今日午后琴珠、湜儿抱元孙至静鹤家,移巢,近晚始返。夜看太炎《史学略说》。九时半即寝。

晚饭后，滋、湜出，往东安市场购物。

3月20日(二月十三日　己未)星期二

晴，不甚寒，微风。

晨六时起。八时五十分出，乘三轮赴总处。十时半出席各部室会报，决定评薪实施办法及修改沪处章程及人选。生产部报告编印计划。办公室提供收支概算。十二时始散。

下午接君宙书，并附译稿，即为转与开明少年社，并前十二日信并复之。

致书伯衡，复前书，并谢邮来元孙仪物。

五时下班，仍乘三轮归。

六时小饮，吃馄饨代饭。饭后钟季华见过，谈移时辞去。看太炎《史学略说》毕之。十时睡。

3月21日(二月十四日　庚申　春分)星期三

晴，明，微有风，仍寒，夜月甚姣。

晨六时一刻起。八时四十五分出，乘三轮赴总处视事。

为予同第三号信所陈各事已得解决，即正式用公函发布之。并由余手书报以经过状，仍劝兼主第三科。

下班后，仍乘三轮归。

六时小饮。夜饭后，滋儿往华艺教唱歌，八时半乃返。余即睡。九时半，佩华归。

3月22日(二月十五日　辛酉)星期四

晴，寒，夜月姣好。

晨六时一刻起。八时五十分出,步至南小街,仍乘三轮行到总处视事。晤力子、彬然、达先。明日下午二时召开业务委员会。

接中国发行公司总管理处通知,四月二三两日在绒线胡同开管理委员会。

西谛电话谓藏云明日即须返宁,约与圣陶同往其家夜饮。余电与圣陶洽,适有他约,未克与,余遂于下班后独乘三轮往赴之。车至团城门口,西谛夫妇适自局出,乃下车乘其汽车同到颁赏胡同焉。甫入门,藏云亦至,葱玉及天木夫妇俱晤焉。有顷,劬先夫妇至,乃合坐同饮。西谛新得黔中华氏茅台酒,遂畅饮之。饭毕,藏云、葱玉往中央剧场听音乐,余与西谛、劬先谈至八时半,辞出,获赠华茅一瓶。行至西四大街,乘三轮归。月下过金鳌玉蛛桥,望琼岛白塔,与清波相映,至舒适,绕故宫之北,越景山之南,楼堞山树,交光互影,倍见清严。

九时到家,珏人已睡,滋儿则参加团小组未返也。

十时,滋儿归,余亦就寝。

3 月 23 日（二月十六日　壬戌）星期五

晴,寒。

晨六时起。八时三刻出,步往总处。宾符适在开明作国际情势报告,讲毕去,竟未之晤。同人集赙洗公家属二百廿七万元(余赙十万),余为致书伯勋,告之该款即存放于宝丰。

下午二时半,业务委员会开会,余被邀列席,当前组织及评薪等案均通过。五时犹未毕。余以约圣陶、墨林、藏云在家小饮,先辞出,乘三轮归。圣陶、墨林已在。有顷,藏云至,乃共饮长谈。夜饭后,谈至八时半乃去。藏云明日即南归矣。

润、滋、湜夜听音乐于中央剧院,十一时半始归。余已睡矣。

接翼之廿一日沪信,邀吃喜酒,盖廿六日其子德铸在苏结婚也。

接纯嘉复信,亦廿一发,告不想回开明之故。并告洗人营葬情形。

3 月 24 日（二月十七日　癸亥）星期六

阴,寒。禺中曾飞雪花,夜深月出仍姣好。

晨六时起。八时三刻出,乘三轮赴总处办事。晤力子、彬然、达先。昨日之会已由达先将纪录整理好,只待印发,并召开董事会即可斩除葛藤,了却不少纠纷矣。

写信告介泉,电扇可代运,请在沪送交纯嘉,顺送去《国音标准汇编》一册,兼约明日下午二时将往访谈云。

复纯嘉,劝始终其事。接予同廿一日四号信,知余去之函当未到,故有所相左耳。容明后日再详复之。接绍虞廿二日书,复前信,并询稿费情形。

五时下班,仍乘三轮归。六时小饮。滋儿下班后往接佩华,在外夜饭,八时归。

九时半就寝。

3 月 25 日（二月十八日　甲子）星期

晴,和。

晨六时半起。九时,珏人偕佩华往演乐胡同省视清、汉两家,佩华先归。珏人则下午三时始返。十时许,稚圃见过,承告各家打听所得画屏价,少坐便行。至感也。

午后二时,与湜儿乘三轮往东四十条看介泉,行至朝阳门大街,军警戒严,未得过,越半时始通行。盖今日枪决反革命特务分子一大批,即在四郊分次执行也。到介泉家坐半小时,三人同出,乘环行电车至北海后门下,循十刹海西沿而北,绕至银锭桥,遥望后海,立移时逾桥,由烟袋斜街出鼓楼前,仍乘电车东行,至交道口车坏,下,行至北新桥,改乘天桥电车南行,至十二条,介泉下,余与湜儿至青年会下,步由干面胡同东归。

静鹤挈堷、垺、垲三孙来省,余归时早在矣。夜饭后去。

十刹海近经葺治,四周堤岸光洁,海水清澈无滓,微风吹之,涟漪溰漾,殊豁心目,留连久之不觉疲。夏日当常来此小坐啜茗耳。

夜十时就寝。

3 月 26 日(二月十九日　乙丑)星期一

阴,寒,禺中微雨,近午转大,午后止,且日出矣。傍晚又阴合。

晨六时起。八时五十分出,乘三轮赴总处视事。接得昨日邮到之觉明沈阳书,诚之、耕莘沪上复函,知余前此诸书俱递达,都有下文也。又接迪康天津廿四日信,告店前须拆进一丈之地云。

稚圃来谈,伦池斋有红木镜屏四,内贮罗复勘正草隶篆及萧谦中山水各四幅,尚好,索价百万,可让去十万云。余属代买,或可稍遮北屋斑驳之湿墙乎。介然之友苏寄帆为余制印一,朱文"小雅一廛",颇堪把玩。

复予同(第四号),申说前发公函语,仍催履善来京。五时下班,与滋儿步归。

知珏人曾偕湜儿往饭静鹤家。六时小饮。唉馒首啜粥。夜看章太炎《诸子略说》及《文学略说》毕之。十时就寝。

元孙小有不适,时闻啼声。

3 月 27 日(二月二十日　丙寅)星期二

初阴,旋霁,午后晴,仍寒。

晨六时一刻起。八时三刻出,步往总处。十时出席会报,决定卅一日召开董事会,十二时毕。

下午写信复绍虞。接沪电,知履善即来。

五时下班,半时后与调孚乘三轮往绒线胡同中图总处,应召开谈话会。六时半夜饭,菜肴甚丰,而无酒,共三席。七时半始开会,公文主席,袁翰青、傅彬然、史久芸、舒新城、林涧青等先后发言,调孚亦说话。十时散。余与调孚乘署方汽车至方巾巷北口,改乘三轮归。

少坐便睡,以冒风故,又作呛。

3 月 28 日(二月廿一日　丁卯)星期三

晴,寒,刮风。

晨六时起。八时五十分出,步行到总处。复韩承铎,盖前日书来,承伊在于道泉处查得珠穆朗玛之藏文见告,特作谢耳。

下午商务、三联、中华各家皆有人来开明协商统一版税办法,由调孚主持其事。余未与,畏一会又须延长三四时耳。

五时下班,乘三轮归。

知元孙曾延医诊视,仅伤食而已。无他故也。

六时小饮。夜饭后滋儿出教歌,八时半归。九时佩华归。

十时就寝。

3 月 29 日（二月廿二日　戊辰）星期四

晴,和。

晨六时半起。八时五十分出,步到总处视事。晤力子、彬然,据诗圣意改定评薪若干处,即发钞备公布。

饭后与介然、佳生闲谈。至善见邀,谓红蕉来京,今晚小饮其家。三时许归,仍步行。知朝上珏人曾偕湜儿往游中山公园云。五时半出,乘三轮往东四八条圣陶家,时云彬已返,余均未归也。晤墨林,谈有顷,红蕉归。又有顷,圣陶归。乃邀云彬共饮。夜饭后过云彬长谈,至九时半始辞圣陶、墨林、红蕉、云彬、晓先（适归来）,乘三轮归家。承云彬以近著《康有为评传》见赠。

十时半就寝。

在总处复迪康。致函稚圃,托转伦池斋取去屏条,以尺寸不够,不能掩蔽污墙也。

3 月 30 日（二月廿三日　己巳）星期五

晴,和。

晨六时起。八时五十分出,乘三轮赴总处。阅沪报,知廿七日下午一时,有敌机一架,侵入市空,为我防空部队击落于江湾附近。人机俱毁云。是知贼心不死,终为隐患,提高警惕,实为刻不容缓之要图矣。

下午发升工同人之宕欠者,例须扣除而颇有牵丝者,殊堪厌憎也。

五时下班,仍乘三轮归。清儿偕滋儿同归。

六时小饮。夜饭后滋儿往总处出席团小组。八时半,清儿归去。九时半就寝。十时许滋儿归。

接纯嘉廿七日复书,备述苦衷,盖受小圈子之挤扼甚矣。

3月31日（二月廿四日　庚午）星期六

晴,和。

晨六时半起。八时五十分出,乘三轮赴总处。以下午开董事会,力子、彬然上午均未至。余仅与达先、诗圣、锡光略谈当前问题耳。

接西谛电话,下午出席文教委员会,倩余代出席董会。二时半,力子、彬然、雪村、雪山陆续至。三时即开会。有顷,觉农亦至。业务会议各案俱通过,于是组织评薪等事可以告一段落矣。五时一刻散。散后出,乘三轮归。

六时半小饮。夜饭后,滋儿出购物,八时许偕佩华归。合家灯下闲谈,诚有融融之乐。十时各就寝。

4月1日（二月廿五日　辛未）星期

晴,刮风,傍晚略止,气不甚冷矣。

晨六时起。九时许,沛霖见过,大发牢骚,至十一时乃去。

滋、佩、湜八时去北海,十时,珏人、琴珠亦去游,以风起,珏、琴先归。滋、佩、湜则偕清等在揽翠轩午饭而后归。

下午一时半出,乘三轮往绒线胡同参加中国图书发行公司成立典礼。晤熟人不少,邵公文主席、愈之、力子、翰青、新城、王益先后讲话。中间合摄一景。五时半散,复至西长安街峨嵋酒家聚餐。与雪村、调孚、静芷、洛峰、新城、国钧同席。七时散。即乘三轮归。

有顷,汉儿踵至,谈至九时半去。余等乃各就寝。

4 月 2 日（二月廿六日　壬申）星期一

晴，和。

晨六时起。七时四十分出，乘三轮赴总处。八时，集同人于庭中，听力子谈话，对评定薪给事作详尽之说明，想同人或能谅解乎？

琴珠今日到总处销假。

九时半偕雪山、彬然、达先、汉儿步至总布胡同西口，乘电车到六部口下，复步往中图总处，出席中图管理委员会。大众已久待，殊歉也。上午公文报告三月来工作情况，国钧报告沪处情况，久芸报告经济情况。即于食堂午饭。下午二时续开，彬然未到，各出版单位分别报告出版情况。余代彬然作报告。至五时，决定明日分开小组，后日再开大会。余即辞出（本备夜饭），仍乘三轮径归。

到家时，静鹤率埙、垲在，已晚饭毕，准备归去矣。六时半小饮。夜饭后，滋儿出排戏。九时半就寝。十时半，滋归。余已入睡，竟未之闻。

4 月 3 日（二月廿七日　癸酉）星期二

晴，和。

晨六时起。八时五十分出，乘三轮赴总处。力子电话询有无要事，如无事，今日不来云。雪舟父子以沪来同人有搬家津贴，援例请求，真管仲之器也。

下午彬然来，召开生产部部务会议，邀余同莅，至五时四十分始散。仍乘三轮归。

接一日漱儿书、纯嘉书。

中图管委开小组会议，锡光被邀加入福利组，坚不肯去。未识何故？

芷芬、清儿五时来家，六时，清儿归去，汉儿旋来，因共饭。

饭后芷偕汉、润、俱往中华会友，滋则往科技礼堂参加三联青年团大会。八时半，润归。九时半，滋归。余亦就寝。

4 月 4 日（二月廿八日　甲戌）星期三

晴，和。

晨六时起。八时半出，乘三轮往中图总处，出席管理委员会会议。九时起，下午五时四十分散，居然顺利完成。辞公文出，乘三轮径归。

抵家已六时半矣，从容小饮及饭。收拾杯箸，天犹未黑，可见日长比南方为早多也。

夜饭后，滋、湜出就浴于宝泉堂，近九时方归。佩华八时归。十时，各就寝。

4 月 5 日（二月廿九日　乙亥　清明）星期四

晴，和，入晚微有风。

晨六时起。八时一刻出，步往总处。十时作会报，先将出席中图管委会梗概略述之，并听生产部报告，十一时散。是会，力子以下俱到，惟彬然以事未至耳。

下午二时，彬然来处，邀编审科各组主任谈话，余亦列席旁听。四时半始散。五时下班，仍步行归。

六时一刻复出，乘三轮赴演乐胡同，应芷、达之招。晤久芸、孝侯、翰青诸人。有顷，久芸等去。余遂与启堂、国钧、少甫、亮寰、景源、毕青、景勋、雪山、芷芬、达先同饮。饮后，谈至九时始散。仍乘三轮归。时滋儿仍在总处排戏未返也。

十时就寝。有顷,滋儿归。

4 月 6 日 (三月大建壬辰　丙子　朔) 星期五

晓晴,旋阴,入晚有风,薄寒。

晨六时起。八时半出,步往总处。晤达先,谈整理诸端。下午作京五号书复予同沪五号书。五时下班,仍步归。

六时半,润儿偕晓先来,因共饭。饭后,晓等仍入署参加工会成立礼。润旋返。

九时半就寝。滋儿十一时始归。

4 月 7 日 (三月初二日　丁丑) 星期六

晴,有风,入夜稍止。较昨为冷。

晨六时起。七时五十分即出,步往总处。八时一刻听圣陶讲话,盖工会请来讲述关于工会事项者。十时始已。是日本约开处务会议,以此故遂告延期。仅与力子、彬然作一闲谈而已。

下午二时半,乘三轮往中图总处,出席五单位协商会议,大体解决。至五时三刻始散。即在该处吃夜饭。

七时半,该处工会筹委所设招待晚会开始。余得畅观开明同人演出之《母亲的心》,即清、滋等连夕排练者也。以亚南表见为第一,慧心可珍矣。至十时,与滋儿、琴珠先退,呕乘三轮遄归。到家已将十一时矣。佩华已先归。十一时半,各就卧。

4 月 8 日 (三月初三日　戊寅) 星期

晴,略有风。气与昨同。

晨六时一刻起。八时许,与湜儿出,乘三轮往游中山公园。巡行一周,兼有登临之乐,并参观卫生教育馆。十一时始归。在唐花坞购得四季海棠及荷花掌各一小盆,计五千元。

近十二时,刚主来访,昨夕亦尝来,以赴会未晤,今再来矣。甚抱歉。谈后即留饮共午饭。饭后一时半乃去。

珏人晨往演乐胡同看清、汉,饭后与清等往吉祥胡同访雪村夫人,未值,到北海公园乃晤之。四时归。

余与湜儿于下午二时出,乘三轮往八条访云彬。在门口遇芷、汉,因同入。知云彬出外开会,遂坐晓先所。晤劝成谈。有顷,圣陶来谈,剑华亦至,长谈至五时。方欲起行,而云彬归,遂复谈至六时一刻乃辞归。仍乘三轮行。抵家,湜儿已先归。盖到八条后,伊即偕汉等往游北海,竟未遇珏等。仍分头返家也。

七时小饮。夜饭后,与诸儿纵谈,至九时半各归寝。

4月9日(三月初四日　己卯)星期一

晴,午后有风,夜深雨,气仍冷。

晨六时起。八时半出,步往总处视事。京店同人为评薪事有波动(不免有人构扇)。山、舟、稚、雨聚谈密语状,至诡异,一切事情正坏于此等谲状也。可胜叹哉!

接沪电,知履善等昨已成行,明日上午即可抵京矣。

下午接七日纯嘉来信,对评薪亦颇有牢骚,事涉利害,总不免天人交战耳。受抑者何得无此慨叹乎?为公告转入中图同人事,致书中华书局潘达人。五时下班,仍步归。

六时小饮,芷芬来,旋去。锴孙以春假来小住,与湜儿游北海方归也。

夜饭后,待滋儿之归,灯下看《志异》,十时就寝。滋亦归矣。

4 月 10 日 (三月初五日　庚辰) 星期二

阴,近午晴。风作,气仍未转暖也。

晨六时起。八时一刻出,步往总处。十时出席处务会议,应出席列席者全体到齐。难得盛举也。十二时一刻始散。决事十馀起。京店东城、南城合并事,原则通过,须中图了解后始可入手。稚圃受挤,舟、雨钻隙,山又从而播之,实堪唾鄙耳。

下午四时,应生产部召,出席编辑顾问会议,到李庚、许立群、吕叔湘三顾问。署方圣陶、灿然。生产部编审科全体编辑,余及锡光凡十九人。至七时半始已,即馆中夜饭,且小饮焉。分两席,余与灿然、李庚、立群、圣陶、调孚、鞠侯、均正、彬然同坐。谈尚畅。八时一刻乃罢,散后各归。余仍步行到家,已将九时矣。

滋儿以参加中图团支部成立典礼,至十一时始归。余已就卧久矣。俟其返舍,乃入睡。

4 月 11 日 (三月初六日　辛巳) 星期三

晴,仍冷。有风不大。

晨六时起。八时一刻出,步至总处视事。均正约下午参加民主促进会所召开之新闻出版界控诉大会,盖明日为一九二七年蒋匪开始大屠杀之日,提起人民被迫害之创痛,以资警惕,俾配合政府镇压反革命也。余于饭后先偕必陶徐步以往。其地在贡院西大街中共北京市干部学校(临时假座),门禁森严,立门口候开明参加队伍至,乃得共入。二时始开会,到近二千人。乔峰、秋斯、宾符主席,控诉者十多起,六时一刻始散。余与芷芬偕归,饭而后去。

元锴明日开学,今日午后归去。

七时半佩华归。

继文、漱玉来谈,九时半去。

十时就寝。

4 月 12 日（三月初七日　壬午）星期四

晴,冷。晡时黄雾涨天,入夜星月黯淡,风作,撼户终宵。

晨六时起。八时四十分出,步往总处视事。晤力子、彬然、达先等。雪舟初欲插手京店,利用雨岩、达刚排觚稚圃,不甚干爽,转成僵局。乃力谋向中图报到,又不肯决然舍此,遂致见拒,今见两头无着,竟悉力讦稚,不复自掩其丑恶矣。雪山庇之,喽啰辈从而播之,正不知伊于胡底也。庆父不去,鲁难未已,正谓此耳。

李林森为余摄取圣陶、昌群诗幅已送来,乃将圣陶之诗片作书属彬然代交之,昌群之诗则留待将来便赠之矣。

连日参会,往复步行,殊感吃力,今日下班出,即乘三轮归。

六时小饮,继文携赠之品致佳。

滋儿以团小组开会,未归夜饭。余坐待至十时就寝。十一时许,滋儿始返。

4 月 13 日（三月初八日　癸未）星期五

晴,刮风,颇寒。

晨五时半即起,以畏风惮出,且积疲待休,乃家居未出也。终日弄孙,亦颇吃力。

接漱儿十日信。接予同十日沪京六号信,沪处同人之偃蹇亦至可憎厌耳。

薄暮，风稍止。珏人应清、汉之请，往演乐胡同晚饭。晤芷芬之四五两表姊。

六时小饮。夜饭后，坐待珏归，看《聊斋志异》至十时半，始返。就寝已十一时。

4 月 14 日 (三月初九日　甲申)星期六

晴，较昨和，惟仍微有风。

晨六时起。八时半出，步往总处。晤力子、达先等。彬然未至也。

麦克阿瑟已于十一日撤职，今日公布美帝泄气矣。

接迪康信，为津店支薪标准有所持。下午四时，天木来，与鞠侯洽撰稿事。五时下班，与清、滋、琴步归。

建昌在，盖午前淑华送来者也。

六时半小饮。夜饭后，珏人偕清、滋、湜、建逛东安市场。八时三刻返。清、建则径归演乐胡同矣。九时一刻，佩华归。

十时就寝。

达先来取摄影机，盖明日将有八达岭之游也。余已入卧，由润、滋等接之。有顷，亦去。

开明同人明日本有颐和园之行，余以近去未久，谢不往。

4 月 15 日 (三月初十日　乙酉)星期

破晓阴雨，旋霁。禺中日出矣。午后有风，但不甚大，气较前昨为暖。

晨六时即起。八时许，偕湜儿出，步至史家胡同西口乘环行路电车北去，抵北海后门下，相将入园，正九时。先循东岸宽道行，历春雨林塘、画舫斋、濠濮间而南,过陟山桥,西上琼岛,拾级登白塔之趺,又越至正觉殿、悦心殿,在庆霄楼前赏玉兰,惜花时将阑,仅见残英耳。继由琳光殿后下山,入分凉阁,循长廊过道宁斋,至漪澜堂,遇雪山夫妇,略谈即行。复与湜儿攀登承露台,逾石梁至延南薰环碧楼看画廊嵌岩室,复下,出倚晴楼,迤逦过堆云积翠桥,出园已十一时一刻矣。乘三轮径归。

今日为潄儿生日,午间吃面。食后二时,珏人偕滋、佩、湜往游北海,琴珠出购物,仅余及润儿在家。有顷,业熊至。三时许,珏归,言滋等往看静鹤矣。五时半,伊等归,乃共夜饭,小饮焉。夜饭后,业熊去。

九时许咸就卧。

4月16日(三月十一日　丙戌)星期一

晴,仍冷。

晨五时三刻起。八时半出,步往总处,止晤诗圣及锡光于办公室。山、舟辈竟日未之见也。履善偕芳娟今日上午九时抵京,午后即视事。

复迪康,告津店支薪标准可与京一律。

复潄儿,为重写妇联信封题字。寄农祥、亦秀,谢其托继文带到赠送元孙之毛巾被。

接予同十二日沪京七号书,仍告同人对评薪有不满处。若辈观念错误,只为自己打算,殊难处置也。

接纯嘉十四日信,告正协助办理点交事,不免仍露牢骚耳。

五时下班,乘三轮径归。六时小饮。啖饺子。食后偕珏人及滋、湜两儿出散步,由大雅宝胡同东口,出城阙,一眺东郊晚色。以风起折回,比及家门已七时半,始上灯,足见日长矣。

夜坐至九时半就卧。

4 月 17 日^①(辛卯岁三月十二日　丁亥)星期二

晴,和。

晨五时半起。八时十分出,步往西总布胡同开明总管理处。十时出席会报,津店支薪标准与北京一律已通过,其他各件亦大体有解决,十二时散。会前苏继顾见过,谈移时,知商务张菊生待人之刻,备极势力,颂久、伯嘉之死,经农、纬平之逐具见酷毒,尤以三年前去纬平为不当之至云。饭后,芝九来,知经农已死于美国,闻之研因云。下午商务分馆韦君来,出前此开明所拟告转入中图同人书铅印单张属加印携去,俾分发。盖商中两家与开明情形正同,遂会衔联告耳。

接君宙十五日书。

写信复予同(京沪六号)、纯嘉(不列号),申说评薪经过,确经上下左右之衡量,请嘉抑怀,并望同力为向同人解释也。效果如何非所逆计,骨鲠在喉则为之一吐矣。五时下班,乘三轮径归。

六时小饮。夜饭时仅余与珏人、润、湜及阿凤五人耳。滋、琴见邀于亚南,在其家陪履善吃夜饭也。

八时许,清、汉、滋、琴偕归。盖滋已薄醉矣。聚谈至九时半,属滋就睡。送清、汉出,乃各归寝。

4 月 18 日(三月十三日　戊子)星期三

晴,不甚朗,下午刮风,较昨冷。时将谷雨,犹殢薄寒,北地大

----

①底本为:"燕居日记第三卷"。原注:"辛卯三月十三日清晨容叟自署。"

异南土矣。

　　晨五时一刻即起。八时半步行到总处视事。饭后,湜儿来处,一时半与之偕出。在总布胡同西口乘电车达天安门下,时风已起,扬尘眯目,亟由天安门中窦入度端门,抵午门购票,一览历史博物馆。自左掖门入,拾级登午门城楼,正楼及两观皆拨为博物馆矣。先览东观钱币、雕塑、兵器三室。旋往正楼及两厢,则适为展览敦煌文物。全部列为三室,第一室为辽东汉墓所出之品,与敦煌出品比较,参研之用(即东厢)。第二室(即正楼凡九楹)为全部敦煌千佛洞文物,有模型,有剥残真迹,有壁画摹本。接目琳琅,不暇谛赏,仅择爱好者略一留连,已逾两小时。其中飞天画像姿仪万状,极尽想象之飘逸,画工诗人殆合而为一矣。在艺术上至堪赞叹者耳。第三室(即西厢)为帝国主义者略取敦煌文物之实迹,阅之令人气结,国宝外流,何得熟视无睹,不思悉数收回乎?是则现在人民政府之深意,发人猛省者矣。至于西观,则谨杂陈绍兴等地新近出土之墓砖诸物而已。观于海者难为水,涉览一周即出,时已将五时,乃循原路出左掖门,复步出阙左门,沿筒子河经东华门外东出东安门大街直达东安市场,足力疲矣。乃与湜儿进五芳斋小憩。各啖汤团馄饨,以消停之。久不近南味,亦致佳也。自五芳斋步出市场,在金鱼胡同乘三轮归。

　　到家已将六时矣。小饮。夜饭后,滋儿出教歌,阿凤往静鹤处回话,近九时始先后返。佩华归已近十时。余早就卧矣。

4 月 19 日 (三月十四日　己丑) 星期四

　　阴霾,午后晴,薄暮云合雷动,顷刻雹作,掷庭院有金石声,视之大如豆,未久即止。雨亦旋收。入晚星月灿然,而风又撼户矣。

气尚不甚冷,与昨略同。

晨五时半起。八时一刻出乘三轮往总处。晤力子、彬然等。今日为余与珏人结婚四十周年,本约滋、湜及业熊、静鹤同游颐和园,以风雨而罢。仍入馆视事。下午五时下班,仍乘三轮归。

六时小饮,夜饭后赋诗示诸儿,录存之:

> 憧憧眼前事,历历注心头。连旬风兼雨,一旦宿雾收。亲朋交口贺,大福来方遒。宝舆及门外,闻乐怯且羞。登堂结缡拜,跪起身屡伛。牵率入洞房,无异被弄猴。却扇微相窥,渐感温与柔。闺中式静好,互庆得相攸。频年遭大故,值乱避兵矛。褕褕累相属,劬劳无时休。辞乡走南朔,亟为稻粱谋。患苦同更涉,风雨共一楼。迄今四十载,皤然姁与叟。立言与树德,茫茫两无酬。向平愿粗了,俯仰一浮沤。福兮何所见,聊复引一瓯。

滋儿夜饭后出上课,九时半归。十时就寝。

4 月 20 日(三月十五日　庚寅)星期五

晴,刮风扬尘,入晚风止,星月交辉矣。气乃大冷于昨。

晨五时一刻起。八时半出步往总处视事。看裘毓麟《清代轶闻》。五时下班,乘三轮归。至六时一刻,俟润儿返,乃同珏人、琴珠乘四车往八面槽惠尔康聚餐。滋、湜已先往。比余等至,清儿、达先、汉儿、芷芬、静鹤、业熊、佩华等皆在矣。有顷,合坐饮啤酒,啖烤鸭,八时始罢。出门缓步至东安门大街,拟往紫房子摄景留景,以已收市,即与珏人、琴珠雇车先归。清、汉等辞返其家。润、滋、佩、湜则逛市场,越时亦归。

余呼汤濯身,易衣就寝,已十时半矣。

接十八日潄信,尚未接余回信也。

4 月 21 日(三月十六日　辛卯　谷雨)星期六

晴,气较和,午后风又作,夜月尚好。

晨五时即起。八时半出乘三轮往总处视事。力子、彬然俱未到。与诗圣恳谈,以渠不安定,有以慰藉之耳。

接绍虞书,属投稿如不用可寄回云。看《清代轶闻》。五时下班,仍乘三轮返。

六时半小饮且夜饭。七时,静芷在总处讲爱国公约,余惮再出,未往听。琴珠、滋儿俱赴会也。八时,佩华归。有顷,元锴来,即住此。九时许,琴、滋亦归。

十时就寝。

4 月 22 日(三月十七日　壬辰)星期

晴,刮风,午后稍止。气仍冷。

晨五时即起。七时半与润儿出,同至出版总署,先过彬然家,晤圣陶、晓先。盖今日约游昌平天寿山,伊等已先在也。图书期刊司同人主其事。晓先、芝九、剑华及余参加之。凡卅馀人,雇一敞车共乘焉。八时卅二分出发,由德胜门北越元故城址,过清河、沙河两镇,抵昌平,车从南门入,西门出,径赴五牌坊大红门而直达长陵,正十二时,乃就祾恩门外草地饮啖。少憩,食毕,摄影数帧,乃登祾恩殿及宝城,徘徊凭吊而后出。时尚早,余又偕圣陶、彬然、芝九及润儿往游永陵(明世宗)。渠等跨驴,而余与芝九步行,至则门殿俱存颓基,惟宝城完好,亦登眺焉。有顷,西北行,过景陵(明宣宗),规制远不逮长、永二陵,亦仅存宝城。未登即折回长陵矣。

时已三时半,乃集众共登原车疾驰返。未及六时,已入德胜门,抵署散队,正六时半也,仍与润儿偕行归。

珏人上午十时出,过演乐胡同后,与清、汉共到圣陶家午饭。下午与清访雪村夫人,晚间在晓先家饭。夜八时三刻乃归。

琴珠晚在新华南饭馆请履善,盖会计科同人公请也。继珏人后归。佩华竟日在新华值班,六时始归。

余与润到家后少坐,便小饮。有顷,夜饭尚不十分,感疲,岂腰脚犹堪济胜耶? 十时就寝。

4 月 23 日 (三月十八日　癸巳) 星期一

晴,和。

晨五时半起。八时半出,步往总处视事。复君宙,贺其长女星订婚。

西藏代表团到京,是和平解放必可实现矣。五时下班,乘三轮归。

六时小饮。夜饭毕,赵掌柜来谈,托其细检屋顶墙垣,属即为修理。此间地气冱寒,经冬冰裂,地且隆起,及春融,每多走样,不得不乘雨季之前亟加葺治也。谈移时去。夜与润、琴、滋、湜闲谈,珏人环拱其中,元孙安睡其旁,至为恬适。十时各归寝。

知湜儿曾复书漱儿,寄余近所作诗去。

4 月 24 日 (三月十九日　甲午) 星期二

晴,有风,气尚和。

晨五时半起。八时半出,步往总处视事。力子以事未至,电话属将会报改于廿六日举行。因与彬然、达先、锡光谈,亦决数事焉。

五时下班,乘三轮以归。是夕为履善洗尘,邀亚南、竹君、芳娟、淑
荪、大凡作陪。即属清、汉、滋三儿及琴珠主之。六时许毕集。元
鉴及建昌亦至,设席南屋,余则与润、湜两儿及珏人就北屋小饮。
八时乃罢,聚谈至九时许始散去。

十时就寝。

4 月 25 日（三月二十日　乙未）星期三

晴,和。

晨五时即起。七时偕珏人、湜儿乘三轮往中山公园观赏丁香。
八时半出园,余乘电车返总布胡同,径走总处。珏等则往旧太庙参
观美蒋特务罪证展览会,至十一时始归云。处分杂事外,看《清代
轶闻》。下午五时下班,仍乘三轮归。

六时小饮。夜饭后,佩华归。裕康、光仪、思杰来访,滋儿接
之。谈至八时半辞去。

十时就寝。

4 月 26 日（三月廿一日　丙申）星期四

晴,旋阴,近午竟雨,午后加甚,入夜稍戢。气转暖。

晨五时三刻起。八时二十分出步往总处。十时出席会报,决
明日下午召集评审资产小组,后日夜召开业务委员会及董事会。
盖合营既迫切,种种进程不得不加紧也。

接予同廿四日发沪京八号书,告雁冰、西谛俱到沪,皆晤及云。

五时下班,乘三轮返。

六时小饮。仅余与滋儿、阿凤共饭。余皆往演乐胡同吃面,以
今日为达先生日也。八时三刻,珏人偕润儿、琴珠归。

九时一刻,浞儿归。滋儿则十一时始归。盖先后在大华看电影也。比滋归,余已入睡矣。

4 月 27 日(三月廿二日　丁酉)**星期五**

晴,和。

晨六时起。八时半出,步往总处视事。下午本拟与达先同往总署,会静芷等参与评审小组,以事未果行。五时下班,仍步归,与琴珠偕行。

复予同(编七号)。复绍虞。接君宙廿五日函,附其子霞译稿,属投开明少年。至善绳文苛,未必入选也。为《进步青年》拉稿致书陈万里,属撰关于敦煌文化文字,不识应否耳。

六时小饮。滋儿十时始归。余已睡,询之乃在清儿家闲谈也。

4 月 28 日(三月廿三日　戊戌)**星期六**

晴,感暖。初卸驼绒袍,换衬绒袍。

晨五时三刻起。八时一刻出步往总处。上午仅晤力子、达先。

子敦来谈,十一时始辞去。下午四时列席业委会,晤彬然、静芷、灿然、雪村、联棠、雪山等,通过评审小组建议,资产增值派发股利等案,即转请董会裁决。五时三刻散。即馆中晚饭。略备酒肴,移时毕。接开董事会,力子、觉农到。对业会提出建议修正通过,谈至九时始散。仍步行归家。

十时就寝。

匠工今日来修屋,于院中架梁支东西两屋,稍见巩固,外墙等正待查修也。

4 月 29 日（三月廿四日　己亥）星期

晴，暖，风沙。

晨五时一刻起。八时半出，徒步往总处视事。以五一须大规模游行，五二必须休息故，特将今日星期例假移抵之。今乃照平日办事也。接万里复书，允为《进青》撰文，并知其寓所为鼓楼西鸦儿胡同十六号，或将来晤谈也。接诚之廿五日书（昨日到），寄唐五代史续稿，并请检还前稿若干部分待修改（稿今日到）。接迪康廿八日书，托事。

调孚昨夕旧疾作，今日未来馆，余与锡光、均正往看之，神色尚好，惟吐血未止，亟为延医注射，想可平复耳。

索介然试用期满，以工作不配手，辞之，今日揖余去，余惜其才而无繇留用，颇依依。五时下班，乘三轮归。

六时小饮。匠工三人连作两日，今已完毕，工尚有限，料却可观，不识算账如何也。

滋儿未归饭，在馆中工作，夜深始归。盖准备五一节耳。

十时就寝。

4 月 30 日（三月廿五日　庚子）星期一

晴，暖。

晨五时一刻起。七时三刻出，乘三轮往总处，参加本店签订爱国公约大会。王久安主席，彬然、力子先后讲话，王亚南代表青年团支部讲话。通过公约后，依次签名。继又投票反对美帝武装日本并拥护订立五国和平公约。散会已十时许。

调孚病状依然，复延医诊治，不识能即痊否？殊堪虑也。

鞠侯亦偶吐血,午前即归休,何事故之多耶?

下午家晋来谈,顺取版税。曹仲安日前来京,今访余长谈,知将有数星期之逗留。询悉坚吾近况甚佳云。

五时下班,过中华书局办事处,邀子敦同乘三轮到余家。六时,润儿归,知圣陶、云彬、晓先、俱为明晨参典事须早返准备,允陪子敦事作罢矣。余两人乃对饮长谈,老友日少,偶一晤叙,殊足珍重矣。至九时半,始辞去。为雇车送之归。

滋儿仍夜深始返。

十时,各就寝。

5 月 1 日 (三月廿六日　辛丑) 星期二

晴,暖。

未明即起,视时计为三时半,呼滋、湜、润先后起,以渠等皆须参加大游行也。三时三刻,滋冒黑往总处编队向出版总署集中。五时,润儿入署,将与各司同人及各出版单位共同出发。六时,湜儿出,在中龙凤口集合,参加邻坊游行,有老妪,有少女,有壮男,亦可谓踊跃表见矣。

珏人偕阿凤往总布胡同看清、汉、润、滋等参加之行列,乃略迟些许,已过主礼,仅见其他队伍。七时归来,犹引为憾也。

十时,天安门典礼开始,闻礼炮,开收音机听之。游行单位之报道、口号、欢呼之传达历历在耳,若躬与其役者,然不胜兴奋。至十二时,播音停止,实际游行未及半也。

午饭后,坐待诸儿之归。二时,湜归。余以早起,偃卧以息之,竟入睡,四时醒起,润儿始归。有顷,佩华归。又有顷,滋儿始归。盖政府须先到后退,湜系市民得先归。润、滋、佩均属出版总署系统，以是最后归来耳。

六时半小饮，兼进夜饭。八时，俱各就寝。

5月2日（三月廿七日　壬寅）星期三

晴，暖。午后发风，薄暮黄尘涨天，入夜遂无星月。

晨六时起。七时一刻与珏人、湜儿出，乘三轮赴中山公园，途经天安门广场，红旗犹高扬，气象雄伟，想见昨日之盛。惜体弱不克参与游行为憾之耳。入园，游人已盛，盖今日补假，且各公共游览场所俱免费，任人眺赏也。牡丹池花苞已累累，如熟果，向阳处有已半放者，姚黄魏紫宋白，多有驻赏久之。逶巡入社稷坛东门，出北门，循柏林荫下西行，由南长街新辟园门出园，再游北海公园。珏人乘三轮先发，余与湜儿循南北长街过西华门，徐步到团城入园。至堆云积翠桥与珏人遇，乃循东路登塔山，憩于云依亭。有顷，由西路下，茶于道宁斋廊前。十一时乃行，渡海子而北，在五龙亭东侧登岸。由铁影壁东北去观九龙壁，经小西天前东行，北出园后门，即乘环形路电车东归。至金鱼胡同口下车，复乘三轮返家。

抵家则芷芬、汉儿、元鉴等俱在，已饭矣。知达先、清儿亦尝来过也。

午饭后，芷芬先去，汉儿、鉴孙后行。盖明日将偕珏人同去上海，故先行采办物事也。

有顷，达先、清儿、建昌来谒，谈至三时去。

四时许，业熊偕基孙来谒，因留夜饭。饭后业熊挈基去。

滋、佩偕出逛东安市场后，往访清、汉，九时始归。

十时就寝。

5 月 3 日（三月廿八日　癸卯）星期四

始阴，旋晴，仍暖，袷衣犹重矣。

晨五时半起。八时三刻出，步行诣总处视事。调孚尚未瘳。晤彬然，知力子已行。盖奉派赴蚌埠视察治淮工程也。世泽正式向中图销假，今起全日在彼工作矣。诗圣今起暂还开明，约以三月为期，俟公私合营事完成后，再谈云。

下午三时召开室务会议，五时始毕。即下班，徒步归。

在馆复诚之，寄还应修稿件，并告由上海银行汇出稿酬三百六十馀万。

接君宙四月卅日信，附致圣陶一笺，当为转去。接四月廿九日刚主信，托购致蠖生新近著作。

到家时，澄儿在，盖来送珏人登车者。

六时小饮。夜饭讫，滋出外上课。润、琴在家照看元孙。澄、湜两儿挈阿凤送珏人往演乐胡同与芷、汉会，同往上海。余在家翻书。

九时半，湜、凤归报，已送珏人及芷、汉安登火车，且看发轫东去矣。

十时半，滋始归。余亦就寝。

5 月 4 日（三月廿九日　甲辰）星期五

晴，午后微翳，略有风，入夜星灿，仍感暖。

晨五时许即起。八时一刻出，徒步往总处视事。买叶蠖生《明末农民起义军联明抗满小史》寄刚主，作书附焉。

君宙邮到龙井新茶两匣，即复谢之，并以附笺及茶叶之一作书转圣陶，即属至善携归。

调孚病状渐好,据医云:严重性已过去,养息数日便可恢复健康也。

今日五四青年节,有园游会在旧太庙(今改劳动人民文化宫)举行。久安等团员三数人前往参加云。

五时下班,乘三轮归。

家中自珏人南行,由湜儿主持,尚井井,元孙亦安帖。甚慰。

六时小饮,滋儿以教歌未归饭。

七时半,佩华归。十时,滋儿归,余已就寝。

5月5日(三月三十日　乙巳)星期六

晴,较昨大凉,相距十度。

晨五时许起。八时一刻出,乘三轮诣总处。晤彬然、雪山、锡光、诗圣、达先。谈当前事项,决定后日起办公时间午后落后半小时,并定八日上午九时开处务会议。

作书复万里,仍请撰文。寄书潜儿,询珏等到沪安否?

接三日绍虞书,索还前寄文稿。接榆生三日书,告上月廿六日翼野中风逝世。此君晚景颓唐,郁郁以死,思之怆然。

五时下班,仍乘三轮归。

六时小饮,以葱油下面代饭,甚酣饱。润儿夜饭后出理发,八时半归。滋儿以准备明日下乡宣传未归饭。九时始返。

十时就寝。

佩华以开会迟散,返家已十一时三刻。

5月6日(四月大建癸巳　丙午　朔　立夏)星期

晴,和,晡时风起,入夜止。

晨五时即起,唤滋儿。盖今日渠须偕同清等下南苑宣传也。五时五十分,滋儿出。七时,锴孙来,湜儿即与之同出,往游北海。十二时饭,仅余及润、琴、佩与阿凤耳。

午后小卧,二时半起。湜、锴归,谓已畅游天坛矣。因属锴少休便去,俾入校。

三时二十分出,徒步往总处,公文等已在,四时,各出版单位(三联、中华、商务、科技、学习联营)代表廿馀人到齐,遂开会。盖中图公司召集之座谈也。六时半,暂休,即馆中夜饭,凡三席。余则与公文、新城、子敦、农山、文迪、觉民同坐。雪山、彬然、均正、达先乃陪坐其他两席。食已,少休,复续谈,至九时一刻始散。余走至方巾巷南口,乘三轮北归。

到家知滋儿已早归,俱就寝矣。独湜与凤候门耳。饮茶、濯足,十时半乃睡。

5 月 7 日（四月初二日　丁未）星期一

晴,和。

晨五时起。八时十分出徒步到馆。接予同三日寄九号书,知评薪甚难办好,到处听见牢骚云。致函平伯,为《进步青年》拉稿,应祖璋之请也。鞠侯亦以肺疾在家休养,调孚虽稍好,而短期内决不能来。我诚为均正惧,生产工作恐难展开也。

下午五时半下班,与滋儿、琴珠偕步归。

六时一刻小饮。夜饭后,琴复出到馆,为业务学习,八时半归。

今日珏人当有信至,竟无有,想潚、漱辈忙于接待,不暇写信耳。

看诚之《字例略说》。十时就寝。

5 月 8 日（四月初三日　戊申）星期二

晴，暖。傍晚云涨，疑有雨，卒不果（昨亦如此）。气略闷。

晨五时起。八时一刻出，徒步往馆。九时半出席处务会议，报告各部室近事，并决议多件。十一时三刻散。饭后与必陶长谈。

下午处分杂事。晓先与允和来商编史课事，为说明清诸大事件。

接汉儿六日来信，知五日之晨即安抵上海，住潘儿所。沪上正雨也。

五时半下班，乘三轮归。

六时小饮。夜饭后，润儿出访友，滋儿则往省澄儿，近九时始各返。

十时就寝。

5 月 9 日（四月初四日　己酉）星期三

晴，闷如昨，傍晚微见雨丝，即止。

晨五时起。头胀，意绪欠佳，遂未入馆。竟日在家看管元孙，并督促湜儿治事。

夜饭后，佩华归，琴珠出购物。有顷，达先、清儿、元鉴、建昌先后来省，谈至九时许辞去。琴珠亦已归矣。

十时就寝。

湜儿作书寄潘儿，告接信，并言此间近状。

5 月 10 日（四月初五日　庚戌）星期四

晴，暖。（午后热至九十度）

晨五时起。六时三刻出,乘三轮往中山公园牡丹池,花大半怒放,间且残英仅存矣。岁候惊人如此,孤负芳辰可惜哉!徘徊久之,既复穿坛涉林,循廊绕池,少憩于四宜轩外之西侧,至八时半乃出园,仍乘三轮行,径赴西总布胡同总处视事。

彬然、雪山俱未至,仅晤达先,谈调度经济事。

复绍虞寄还文稿。接平伯复书,允为《进步青年》撰文。寄予同第八号书,复来书九号。

下午二时,晓先、允和来馆续谈历史教本编写事,为述政制疆域等演进各项,五时辞去。

五时半下班,乘三轮归。

六时半小饮。夜饭后滋出受课。九时半,余就卧。十时许,滋始归。

5 月 11 日（四月初六日　辛亥）星期五

晴,热矣,微有风,否则大类盛夏也。

晨五时起。八时一刻出,徒步往总处视事。为应付购纸及印钉工费,向浙江兴业银行借两亿(一月期)。开明素多现款,近以营业集中中图(分店不解款),遂致资金周转不易,今后垫本恐将更多耳。

下午晓先、允和未至。五时半下班,乘三轮归。

六时小饮。夜饭后,滋、湜两儿出逛市场,九时归。

十时就寝。

5 月 12 日（四月初七日　壬子）星期六

晴,热,时有云翳,欲雨未果。益不舒。

晨五时起。八时半出,步入馆。九时半,应生产部之召,列席部务会议。十二时始毕。

晤达先,知明日即须首途赴东北,为中图筹设沈阳分公司,邀伊来家晚饭。适伊是夕宴客,乃止。

午后,清儿有信寄瀋儿,余为加一笺附去。

接万里书,寄到《漫谈敦煌千佛洞》一文。应《进步青年》者也。

五时半下班,乘三轮归。

六时小饮。夜饭后,漱玉来,大凡、淑荪来。佩华七时三刻归。滋儿言明晨将与佩华偕大凡等,与华艺印所同人结伴游八达岭云。

九时半就寝。

家中接十日瀋儿信,知珏人或能购得十五日车票,则十七日上午可返抵北京也。惟车票未必到手耳。

5 月 13 日(四月初八日　癸丑)星期

早微雨,气大凉,绵延至午后,始渐止,终阴。

晨五时起。滋儿、佩华六时出,往会同人北游长城。十时润儿、琴珠抱元孙出,往访光暄、守勤,盖先约璋、元、贤、辉及士贤各携孩聚晤,即饭于朱家也。

十一时,达先来辞行,下午四时即乘车赴沈阳矣,谈移时去。留之饭,以家有客,辞径去赴饭。

四时许,润、琴挈元归,光暄以次俱携孩同至。一时大为热闹,留伊等夜饭。六时三刻辞去。八时许,滋、佩归。据告,遍上中下关及八达岭、黑龙潭等处,乘敞卡往返,虽值雨,游兴未为少挫云。复具膳焉。

十时就寝。

5 月 14 日（四月初九日　甲寅）星期一

时阴,转冷,向晚晴,与前日较,温不啻易季矣。

晨五时起。八时一刻出,徒步到馆,觉体凉难任,即属滋儿归取绒线拉练衫加之。

工会今晨开改选大会。与诗圣谈店事,催办合营手续。

十时许,平伯见过,谈移时去。顺取版税。

看朱东润《中国文学批评史大纲》。下午接诚之复书,知所汇稿酬已到矣。

家晋来谒,知西谛南游犹未归也。谈至下班始辞去。亦顺取版税。

乘三轮归。六时小饮。夜饭后,与润、滋、湜闲坐庭除,业熊来谒,因与共谈,近十时归去。

余等俟熊去后,小休便各就睡。

5 月 15 日（四月初十日　乙卯）星期二

晴,不甚朗,仍感冷。

五时起。知元孙昨夜微发热,当系受凉所致,琴珠遂请假在家看护之。八时一刻出,乘三轮入馆。九时半出席会报,查见存纸尚足敷六个月之用。因决定电沪罢购苏纸,(颇有人不问实际,高唱备纸防荒者,今折之矣。)稍舒喘息,否则又须七亿五千万元,一时何由凑集耶? 十一时半散。

昨日下班后,三联沈百民自沪来,纯嘉托带一函,并代介泉携到电扇及衣包。今日午后作书,令银富车送介泉,顺询觉明归未。

旋得回书,知觉明尚在途次,犹未到京也。颇念之。

寄复纯嘉,谢其致力,并告范公墓碑尚未写,以待圣陶碑阴题辞故。

五时半下班,乘三轮归。

鞠侯证实患肺癌,明日将入协和医院割治,下午其女缦兮来馆陈明,并借款三百万先应用也。此公颠沛频仍,可悯甚矣。

六时半小饮。夜饭后,滋儿出开会,九时归。

十时就寝。

5 月 16 日（四月十一日　丙辰）星期三

晴,大风扬沙,颇冷。

晨五时起。八时一刻出,乘三轮赴馆视事。会计科表报册整理就绪,即缮具呈文,属诗圣持向出版总署与彬然洽办进行公私合营事。大约须经详审核议后,始得实施也。

复君宙,告其子写稿已送进步青年社,可分期揭载云。

看朱东润《文学批评史》。五时半下班,与滋儿、琴珠偕行归。

接潽儿十四日来书,知车票购不到,须十九日珏等始可行,但仍不能悬必也。

六时许小饮。夜饭后,洗足小坐,九时半就寝。

佩华十时归。

5 月 17 日（四月十二日　丁巳）星期四

晴,冷,仍有风,午后大点雨,旋止,日又出。

晨五时起。八时一刻出,步往总处。晤彬然,合营呈文已重修,仍属渠带去,大约急切,亦未必遽能决定也。闻愈之已飞渝参加土改,此事更当暂阁乎?

看《唐土名胜图会》。看朱著《文评史》。五时半下班,乘三轮归。

家中接十五日汉儿来信,知车票难购,须廿三日始克行,现票已定妥云。

六时小饮。夜饭后,滋儿出受课,九时三刻归。

十时就寝。

澄儿上午来家谒母,以未晤,饭而去。

5 月 18 日(四月十三日　戊午)星期五

晴,仍冷。午后有风,夜月时为云翳。

晨五时起。看瑜寿《赛金花故事编年》及附录八日儿皇帝述张勋复辟、段祺瑞反盟事,殊有意致(亦报刊行本),所谓瑜寿者,其即周作人乎? 八时半毕之。

乘三轮赴馆。处分杂事。看朱《文评史纲》。写信寄复潏、汉、潄,告此间近状。五时半下班,仍乘三轮返。

澄儿挈埙、垲两孙在,为包饺子。

六时小饮。即以饺子代饭。夜饭后,澄等去。滋儿往逛中山公园,九时与佩华同归。

十时就寝。

5 月 19 日(四月十四日　己未)星期六

晴,和。

晨五时起。八时一刻出,徒步入馆。彬然来谈。雪山久不见矣。介然来晤,谓拟向北京市失业知识分子处理会登记,须开明试用期间服务证明书,余允之,谈至近午去。

饭后为介然作证明书函,送其家,勉其努力孟晋,弗以目前不遇而遽自沮丧也。

偕清儿往视调孚疾,尚有热度未退尽,且奇瘠可忧也。不敢多谈,半小时即辞返馆。二时许,清儿又偕亚南往协和医院视鞠侯疾,归报尚未施手术,据院中人言,甚棘手,果为癌也,则开后亦无所展其技耳。闻之极感惨怛,何斯人之遇穷如是耶?

五时半下班,乘三轮归。六时小饮,进面,今日盖佩华生日也,以是滋、佩未归饭,即在东安市场五芳斋共进面点,始同归也。比其归已将九时矣。十时各归卧。

5 月 20 日（四月十五日　庚申）星期

晴,和。

晨五时起。六时半,与湜儿乘三轮往游中山公园,小坐三次,周历而出,已九时,仍乘三轮遄返。润、滋等甫起也。今日为元孙出生百朝,正午以面作饭。十一时,清儿挈建昌来,因共面。午后,润、滋、湜三儿出,往太庙看煤矿展览会,清儿则偕琴珠携同建昌、元孙返演乐胡同后,将往游北海。余二时小睡,三时起。五时,滋先归。琴、元、润、湜亦旋归。知煤矿展览已截止,仅在王府井东安市场闲逛而已。琴与清却在北海畅游也。

六时半小饮。夜饭后与家人团坐闲谈。

十时就寝。

5 月 21 日（四月十六日　辛酉）星期一

晴,向暖。

晨五时起。八时一刻出,乘三轮行,入馆视事。接十八沪来濮文彬信,属打听从前新绥公司朱炳事。京师人海,无由为力,即复书谢之。复榆生悼冀野,兼告近状。

芝九来进青社支稿费,顺过一谈。

看朱东润《文评史纲》。五时半下班,仍乘三轮归。

六时半小饮。夜饭后,琴珠往总处作业务学习,滋儿往市场修留声机,润与湜则往青年宫看崔承喜舞蹈。仅余在家照看元孙也。

八时许,滋归。越半时,琴亦归,遂以元孙交之。

十时就寝。十一时,润、湜始归。

5 月 22 日（四月十七日 壬戌 小满）星期二

晴,暖。

晨五时起。八时十分出,乘三轮赴馆。九时半出席处务会议。通过组织安全委员会及执行预算案。十一时半散。雪山、彬然俱晤谈。

下午接君宙二十日复书,知其长女星于廿一日出阁,已不及致贺矣。

下班后,仍乘三轮返。六时小饮。夜饭后,琴珠、滋儿往青年宫看崔承喜舞蹈,十一时半归。余与润、湜闲谈,十时前即寝。

5 月 23 日（四月十八日 癸亥）星期三

晴,热。竟类盛夏,傍晚上云,须臾雷电交作,大雨如注,移家北来,八阅月,初遭此雨势也。久旱渴望,为之大快。

晨五时起。八时廿分出,乘三轮赴馆。处分杂事。前积尾件之琐屑纠葛者为一扫而空,不可谓非斩藤功夫矣。

接达先廿二日天津来书,知已返抵析津,视导尚顺利。在彼有一星期耽阁云。即复之。

珏人一行今日是否成行,并无续信,甚念念也。沪报揭载(二十日)流氓头子黄金荣自白书,而《解放日报》未予披露,其将惩治之先声乎? 此等万恶难赦之凶徒,若任其逍遥事外,吾敢决其必无此理也。且拭目俟之。

下班后仍乘三轮归。六时半小饮。夜饭后,佩华归。大雨未集,应归者俱归,心为放下。惟念沪来诸人是否能不值风雨之侵袭耳。

十时就寝。

5 月 24 日（四月十九日　甲子）星期四

阴雨终日,午前有大雷电,洼处积水矣,气乃突冷。

晨五时即起。八时一刻出,乘三轮往总处。晤彬然,与均正、锡光谈。

未接沪信,不知珏人等究竟成行否? 明日只得属诸儿姑往车站一接耳。

下班后,冒雨步归。平日门口多车,遇风雨则往往绝迹,蹬三轮者之利市殆在是矣。

六时半小饮,啖馒头啜粥。饭已,滋儿往文化宫受课。余独坐无聊,抽架书《拍案惊奇》看之。九时三刻就寝。

十时半,滋儿乃归。

5 月 25 日（四月二十日　乙丑）星期五

阴雨,气凉。

晨五时起。七时四十分,润、滋、湜三儿往车站接珏人,九时一刻遂偕珏安归。知清儿亦到站,已接芷芬、汉儿返演乐胡同矣。少顷,润入署,余亦与琴珠、滋儿偕行入馆。余中途乘三轮也。处分杂事。看朱东润《文评史纲》。复君宙。

五时许,叔湘、介泉偕过谈,至近六时辞去。余亦同出,仍乘三轮归。

晓先、允和来访,与谈移时去。余等遂开饭,已六时三刻矣。澄儿挈埙、垲两孙早于午后来,乃共饭。饭后澄等去。汉儿来省,谈至九时半去。十时就寝。

接藏云廿三日宁垣书。

5 月 26 日（四月廿一日 丙寅）星期六

晴明,气又转暖。

晨五时半起。八时四十分出,乘三轮赴馆。芝九适在总处为工会作报告,盖传达李立三之工会法阐义也。彬然、均正、锡光就余室谈,凡生产部应行努力各项,均有论及。午后应治来告,鞠侯入院后,今晨已施手术,谓确系肺癌,业将左肺切去。经过尚良好云。为之大慰,不啻心头掇去一块大石也。

介泉电话告余,调甫将来看余,因守候之。三时半来访,畅谈,移时而去。

五时知幼于接协和医院电话,往看鞠侯。心知有异,颇为耽忧,比下班,犹无消息,私谓或可无变。即乘三轮归。坐定未久,沛霖赶至,谓鞠侯已因内出血逝世,闻之愕然,惨伤极矣。即与沛霖乘三轮遄返总处,与众商议,锡光、均正、彬然、雪山先后到,幼于返其家,稳住其嫂。余与雪山、彬然、均正、锡光、诗圣、伯恳、久安会议其事。决定丧葬诸事由公司负责办理，殡殓诸事分由伯恳等接洽经办。明晨八时再集商。时已七时三刻，即散归。

徒步到家，始夜饭。心犹惨结不舒也。十时就寝。

5 月 27 日（四月廿二日　丁卯）星期

晴，热。

晨五时起。七时半出，乘三轮赴馆。有顷，彬然至，幼于、缦兮至，均正至，雪山至。八时余，锡光至。又电约宾符来，伯恳、久安亦早在。乃就会议室集议，幼于、缦兮表示鞠侯身后承公司料理，家属方面无成见，悉听处置云云。宾符、彬然磋商结果，总以滋简为宜，遂共同议定用火葬。因招贤良寺殡仪馆司事倪姓来商，接洽西郊慈慧寺火葬场当日举行。遗体商得家属同意，供协和医院解剖研究后入殓。定下午二时同人集队往院中瞻仰遗体，公送至火葬场云。并推定宾符、西谛等十一人为筹备追悼委员，于下星期上午九时，在开明集会，由余召集。十时半散。余与彬然、均正、宾符、汉华往鞠侯家慰问其夫人。实亦无语，足以致唁耳。少坐出，径归。

思杰送白布一幅来，余为大书"王鞠侯先生丧仪"畀之，俾张于车上。盖公司雇定敞车二辆，前乘灵榇，后附送殡者，应有以旌示也。

下午一时半，余偕润、滋、湜三儿及琴珠同往总处，与同人会。二时半，乘敞车到协和，列队入室瞻视鞠侯遗容，惨不忍睹，悲绪难抑已，周巡出。殡仪馆中四土工抬尸匣入，即殓入舁，登敞车向阜成门出发，以车位不能多容人，临时谢遣不少。清、汉、湜及履善、竹君、芳娟等俱未去，余与彬然、均正、锡光均往。三时半抵火葬场，恭送入窑，惨极。盖出匣纳尸荐以薄板封窑，举火。向所未见也。点火生烟乃乘车入城径返总处。时已五时,少休便走归。

业熊、澄儿、埙、垲等在,因共夜饭。饭后,澄挈两孙先去。熊则与润、滋、湜偕出打克郎球。九时三刻始归。

十时就寝。

5 月 28 日（四月廿三日　戊辰）星期一

晴,热。

晨五时起。八时一刻出,乘三轮赴馆。

为鞠侯拟发讣告。致书介泉,告昨日未能走访之故,并询觉明归未。如已归,属即将鞠侯之丧告之。写京沪九号书寄予同,告鞠侯之变。托在沪会知毛无止,发起追悼。

下午二时出席生产部部务会议。五时许散。于出版、发行、组稿事务各方面都有论及。佳生态度不甚佳,颇自讨没趣也。

接廿六日予同来沪京十号信,知沪地于评薪事犹未平,同时,汉口方面亦横生枝节,明日会报时当共同讨论之。下班后,乘三轮归。

六时半小饮。夜饭后,滋、湜两儿往看澄儿,八时三刻乃归。

十时就寝。

是日添置衣橱一具,放各室腾出之棉被,又购小冰箱一只,备夏令储剩肴,均珏人自办。盖珏人上午十时往访绍铭及晓先夫人,即在六条口一小店中买来者。

接调甫书,约日过其家小酌,并属代邀圣陶。

5 月 29 日（四月廿四日　己巳）星期二

破晓大雨,阴雨终日,气尚不甚凉也。

晨五时半起。八时半出,无车,冒雨步行。胡同中已泥泞胶足,而大街上尤感滑汰,到馆时已遍身淋湿矣。九时本须会报而均正病假,达先未到,至十时半,仅到彬然、雪山、锡光、诗圣。遂召开,并邀宝懋列席焉。所谈问题甚多,十二时始散。

寄书伯衡,谢扰。复藏云告近状,并附致以中报鞠侯之丧。

属趾华、银富伴幼于、缦兮乘车往慈慧寺检存鞠侯骨灰,晨九时半往,十二时归。据告经过殊不忍卒听也。

五时一刻乘雨隙先退,行至门东数十步,得乘三轮返家。六时半小饮。夜饭后,闲翻架书,九时半即就寝。

5 月 30 日（四月廿五日　庚午）星期三

朝阴,旋霁。午后乃放晴,气较昨暖。

晨五时半起。八时半乘三轮赴馆。处分杂事。调甫晨有电话,下午三时许来晤。芝九、剑华来访,谈有顷去。

写信复陈贯吾、徐乃敏。

四时半出席室务会议,听取报告。五时三刻散。散后即与锡光、宝懋、诗圣、均正步至西总布西口,乘电车出正阳门,复步行往肉市全聚德。盖今日约请印刷业同行曹仲安、陆桢祥、李林森、陈玉林、包森源吃鸭也。至则桢祥、玉林、达先已在。有顷,仲安、森源至。又有顷,林森至。啖肥鸭二,以啤酒、白干下之。余仅四冷四热而已。竟至醉饱醋适,甚以为快。八时半始散。乘三轮径归,已九时一刻。

到家略坐,十时半始寝。

5 月 31 日（四月廿六日　辛未）星期四

晴,和。

晨五时一刻起。八时半出,步入馆。昨晚润儿带到芝九所借苏州报纸两份,即函送调甫备查。下午达先来馆,三时,彬然亦至,乃谈商近事。拟星六开晨会一次,与同人聚谈焉。

写信致平伯、万里,分送稿费并约请续撰稿件。五时半下班,与达先偕步归,因与小饮共饭。谈至九时一刻辞去。

湜儿在清、汉家晚饭,九时归。佩华九时归,闻已向新华当局说明,或可每晚归宿云。滋儿夜饭后往文化宫受课,十时半乃归。余已就寝矣。

6 月 1 日（四月廿七日　壬申）星期五

晴,和,午后略暖,入晚有风。

晨五时起。六时半与珏人、湜儿出,乘三轮往游北海,乃及门,未得入,盖儿童节专供开会及儿童游览,停止售门票也。废然而返。珏人、湜儿往看澄儿之家,余则径赴总处。时为七时廿分。同人有尚未起身者,大堪自笑耳。

写信致宾符及仲持、明养、森禹,约三日上午在开明开会,筹商追悼鞠侯事宜。寄京沪十号书,复前日予同来沪京十号,请再对评薪事解释。

调甫书来,送还苏州报纸,并约星期午饭,兼属邀约圣陶偕去,并知介泉夫妇亦在也。即以报纸交润儿面还芝九。

下午接圣陶书,范墓题辞属为代撰,即复书允之,并告调甫之约。信托至善携归。托李林森代定刘家菜,公司备于下星一之晚宴请巴金、雁冰、雪峰、天佐诸人也。下班后乘三轮归。

润儿往汉儿所夜饭,十时半乃归。余等在家晚饭毕,移坐院中纳凉,颇适。八时许,佩华归。

十时就寝。

6月2日（四月廿八日　癸酉）星期六

晴,和,午后发风,微雨即止。

晨五时起。六时半即出,步入馆。七时半开座谈会,即以总处同人集合为之。彬然、达先讲话,八时三刻散。即列队往出版总署。盖应其号召,于九时往听报告也。锡光、均正、祖璋、必陶皆未往。到会场后,晤雪村、云彬、薰宇等熟人至夥。依时开会,由赴朝慰问归来之艾寒松作报告。于中国志愿军艰苦作战之状、中朝军民交欢之情备细陈述,最后于美军腐败各况亦举例说明,直至下午一时始散。列队返总处,然后午饭。饭已即上班矣。

为宴请巴金等一事,反复迟疑,无谓之至。请柬发出,竟分三批,殊令人不快也。接卅一日予同发沪京十一号书,知同人纠结,一时正难解开也。为之怫然。下班乘三轮归。

接伯衡卅一日复书。

六时半小饮,清儿适来,(建昌、元鉴已先至矣)乃共饭。夜饭后,清、润、滋、湜、琴、鉴嬉戏庭中,不减童时之乐,余与珏人亦遂顾而乐之耳。八时许,白大娘来接。九时许,清等遂去。

十时就寝。佩华十时半归。

6月3日（四月廿九日　甲戌）星期

晴,和,有风沙。

晨五时起。八时二十分出,乘三轮入馆。盖约人开会,筹备追悼鞠侯也。雪山已先在。有顷,彬然至。又有顷,森禹、宾符至。九时,锡光至。乃召久安共谈。当决定会期及展开讣告各事,十时半散。

余先得圣陶来电话,谓先接介泉夫妇后,十一时来馆接余,同赴调甫之约云。余候之,届时果来,乃同乘以往。十二时半开饮,同坐调甫外,尚有介泉之妹及妹婿江君、介泉之子媳。一时三刻始罢,又坐谈至近四时,乃辞出,仍乘圣陶车先送介泉夫妇归。圣陶亦于八条东口下,余则径坐至禄米仓中龙凤口始下,步以归家。

清儿犹在,知午间所墨林、绍铭均来饭,澄、汉两儿与清儿都侍坐,时已散去矣。有顷,达先挈建昌至,因共夜饭。八时半,达、清、建辞去。

九时半就寝。

佩华以团日开会,十一时始归。

6 月 4 日(四月三十日　乙亥)星期一

晴,和。

晨五时起。八时半出,乘三轮入馆。

润儿告余,昨日田世英往看光岐。据云原患处已平复,而其他部分颇有蔓延结核之象,非再休养治疗三月乃至半载不可。因亟以十一号书复予同十一号书,即以此事告之。

四时许,圣陶来馆,谈至六时。余与均正、锡光同乘其车而行,径往王府井敦厚里刘家菜馆。盖今日公司宴请巴金、曹禺、老舍、茅盾、蒋天佐、杨承芳、张明养、冯仲足、冯雪峰、黄国璋、叶圣陶、宋云彬、田世英、金灿然、李庚、许立群、陈哲文、刘薰宇。并由章雪村、雪山、达先、傅彬然、顾均正、唐锡光及余作陪也。有顷,咸集。惟茅盾与国璋未到耳。凡两席,余与李庚、灿然、明养、云彬、哲文、薰宇、彬然、雪村、雪山、锡光、达先同坐,九时半始散。余与彬、山、光步至东单三条,得三轮乘以归。

到家已十时多矣。少坐便就寝。

6 月 5 日(五月　小建甲午　丙子　朔)星期二

晴,暖。

晨五时半起。八时半出,乘三轮赴馆。九时三刻出席处务会议。雪山未到,雪舟来。达先明日行,今亦到会。会中对鞠侯善后问题有讨论,将俟业务、董事两会再决。十二时散。

接万里四日下午书,投稿一篇(昨日接其当日上午信,知今日赴平原公干),并知将考察古代窑址,采集碎片作标本云。接农祥三日书,复余前致亦秀信。

下班仍乘三轮归。

六时半小饮。夜饭后坐院中纳凉。佩华七时半即归。

九时三刻就寝。

6 月 6 日(五月初二日　丁丑　芒种)星期三

晴,热,傍晚上云起风,雷电交作,阵雨乃至,越时止,星又烂然矣。

晨五时半起。八时一刻出,步入馆。为圣陶撰范墓碑阴题辞,即函属至善带归请阅定。接四日申凤章书,催俄语手册出版。下班后,乘三轮归。

六时半小饮。夜饭后,达先、清儿、建孙来省。有顷,琴珠出理发,湜儿陪清往访光暄。雨作,清等赶归余家,琴则雨后始归。未几,佩华亦归。九时半,达、清、建辞去。

十时就寝。

6 月 7 日（五月初三日　戊寅）星期四

晴，大风，气为转凉。

晨五时起。八时半出，徒步入馆。晤彬然、雪山、达先等，作会报。精神欠振，颇厌久坐，强看《寄园寄所寄雨》三卷。杂事纷集，亦不得不舍卷董理之。勉坐至五时半，下班乘三轮归。

六时半小饮。夜饭后，滋儿赴文化宫上课。九时半，佩华归。十时滋归。达先今晚行，先赴沪，将南至广州也。

十时前就寝。

6 月 8 日（五月初四日　己卯）星期五

晴，仍有风，气较昨略暖。

晨五时起。八时半出，徒步入馆。处分杂事。接史学会通知，十日上午九时元明清史组开座谈会，拟届时一往聆取也。

陈贯吾投稿一件，即为转送《进步青年》，能用否则不可必耳。

汉店瑞卿来电，竟自动擅照穗店点数支薪，是真目无法纪矣。可恼之至。洗人若在，措置将若何乎？

范墓题辞圣陶已复谢，即属照书云。兹录其辞如下：

> 觥觥先生，浙水之英。盐垦著绩，宣教垂型。擎柱半壁，功在开明。崎岖投老，自忘颓龄。不随不激，矜释躁平。何图奄忽，遽入杳冥。淞滨南迤，于焉藏形。千秋万岁，永炳英灵。

自谓尚能表洗人之心事，且措辞亦尚得体也。

五时半下班，乘三轮归。

从厨司唐姓购得夹沙猪油粽及鲜肉粽各二十只挟归，应端阳节景，勉家人劳扰，适澄儿挈埙、垲两孙在，即分八枚与之。

六时半小饮。夜饭后,润儿出访友,澄儿告辞,遂同行去。八时许,佩华归。九时半,润儿归。

十时就寝。

6月9日（五月初五日　庚辰　端阳节）星期六

晴,暖。又类盛夏矣。

晨五时起。八时一刻出,乘三轮入馆。晤雪山、彬然、均正、锡光,谈汉口事,决先去电否定其行。即由彬然手书往谕之,未审就范否耳？

毅生见过,谓将有爱国历史丛书之赶编,以响应抗美援朝运动,属开明为之出版。余允之,愿为宣力也。谈有顷,便辞去。

写信寄农祥、亦秀,复农前书,兼询亦秀之疾,盖沪处日记连载亦秀病假也。前托予同在沪所购《北京史话》等已到帐单,想书可日内寄到耳。

聿修书来,属唁鞠侯家属,并汇来廿万元,均暨南旧识所致赙。即转交幼于。下班后仍乘三轮归。

六时半夜饭。饭已,芷芬来,因重设具焉。食后,坐院中乘凉闲话,至九时乃辞去。佩华八时即归。润、滋、湜晚饭后出散步,八时半归。

十时就寝,颇嫌热,良久方入睡。

6月10日（五月初六日　辛巳）星期

晴,热。

晨五时半起。八时三刻出,乘三轮往南河沿金钩胡同史学会,出席元明清史组第三次座谈会。晤毅生（召集人）及邵循正（清华)、张鸿翔(辅仁)、陈翰笙(外交部)、孙毓棠(清华)等。九时半开谈,凡九人,馀三人两皆姓王,一则不知矣。史学会之初起也,余尝挂名尺一,为发起人之一,乃来京后迄未一往,今被邀数四,不得不行耳。疏懒滋愧已。座上本有三件研究报告,以时间关系,仅由循正报告元代土地问题而已。馀明清两代土地问题报告须下次再谈矣。毅生以所拟历史编印计画见示,余受之约,返商后决定之。十一时三刻散,乘三轮到家,已十二时半。

珏人本应清、汉约午饭其家,以患腹痛,偃卧未出,下午竟未起身,仅属滋儿、佩华往。

下午,润出开会,湜往中山堂听翦伯赞讲。余亦小寝。三时半滋、佩归。五时半润归。六时半湜归。

夜饭后,佩华往中图公司听讲,十时半乃归。润灯下钞书。余九时半即就寝矣。

6 月 11 日(五月初七日 壬午)星期一

晴,热。

晨五时起。八时半出,徒步入馆。晓先在,坐候我,亟与握谈,知亦伊郁难言,友道亦良苦耶,不忍言矣。力慰之,移时始辞去。

下午,兴业借款办转期五十天,一时仍难周转也。彬然来,即以毅生计画商之,待再谈具体条件乃决行。四时,李庚、立群、叔湘后先至,遂开编辑顾问会议,均正、必陶、伯恩、沛霖、佳生、志公、祖璋、至善、叔循、锡光,均与焉。于两杂志编撰方式及内容诸端皆有论及,而立群设辞尤精确,不偏不倚,组织中人罕其匹也。英年有此,殊堪钦佩。六时三刻散。七时就馆招待便饭。陈两席,余与李庚、立群、彬然、伯恩、至善、均正同坐。八时罢,各归。余仍乘三轮行。

接藏云、君宙九日复书。

夜坐院中纳凉,九时半就寝。佩华十时始归。

6 月 12 日(五月初八 癸未)星期二

晴,热,下午有风,未雨,终宵热结不散也。

晨五时起。八时半出,乘三轮往馆视事。

饭后,公司延请大夫为同人注射防疫液。浞儿亦来馆,因令与滋儿同在旁为余展纸濡墨,即写洗公墓碑及碑阴题辞。三时写信与纯嘉,即挂号寄出,暂了一心事。五时半下班,仍乘三轮归。

六时,润儿偕允和来。有顷,清儿亦来,遂共小饮,并夜饭焉。(建昌先来,盖阿凤接来者。)

夜饭后,滋、浞出,赁得康乐球一副来家,就庭中戏之。余等谈至九时许,清挈建昌告辞。润亦送允和归去,旋返。九时半佩华归。

十时就寝。闷热难入睡,北来初尝此也。

6 月 13 日(五月初九 甲申)星期三

阴,闷,有大点雨,下午三时呆呆日出矣。气较昨为爽。

晨五时起。八时一刻出,乘三轮入馆。写文悼念鞠侯,应本处工会壁报之请也。至下午二时,仅成三之二,而工会以捐献援朝事召开会议,只得辍笔应招,五时散。越半时,又乘三轮赋归矣。

六时半小饮。夜饭后坐院中纳凉,九时半归寝。

滋儿夜饭后出赛羽毛球,九时归。佩华亦旋返。

接以中十一日复书,致唁鞠侯家属,并开示识友名单备通知。

6 月 14 日（五月初十日　乙酉）**星期四**

晴，热。月色不朗。

晨五时起。八时一刻出，徒步入馆。晤彬然谈公事。写完悼念鞠侯文。饭后看同人打康乐球。下午看《寄园寄所寄》。

下班后即行，乘三轮归。澄儿及坝、垲在，因共夜饭。饭已，澄等归去。余与珏人则乘三轮赴八条访云彬、圣陶、晓先，兼晤文叔。在晓所遇心如、芝九、剑华、仲任，正在晚酌，因拉余尽一杯。清、汉及芷芬亦在，伊等则在圣陶家夜饭也。七时半，允和至。有顷，其妹兆和亦至，乃移坐院中，听曲。沈盘生擪笛，汉华、云彬、允和、兆和俱唱，凡听《思凡》、《游园惊梦》、《佳期》、《番儿》，至九时半始散。时月色朦胧，花影散乱，院宇深沉，帘栊寂静，但闻曼声歌发，笛韵悠扬，恍如置身半世纪前，浑忘今日矣。散出，行至八条东口，仅得三车，允和先发，余与珏人亦联翩归家。

室内甚热，濯身坐院中纳凉，至十一时始返寝。儿辈毕归，俱先我而就睡矣。

6 月 15 日（五月十一日　丙戌）**星期五**

晴，热，午后略有云翳。

晨五时起。八时半出，乘三轮入馆。元章自滇来，在渝守船十馀日未发电，今到站无人接，手提行李以至，握手谈良久，即下榻总处。

今午清、汉俱来家中饭，因约元章同饭。余以惮日中往返，仍在馆中进餐。

接达先十二日沪信，知力子在沪，不日转杭，径返京。西谛仍在沪,日内即北归云。

同人情绪尚待恳谈,予同为各方所敦促,有北来意,但不能专意为开明也。并悉廿一日渠将南去穗垣耳。

作书复凤章、聿修、君宙。下班后仍乘三轮归。

李林森南游归来,送余永兴昌百岁酒一瓶。六时半温以饮之,久不酤饮,今日稍畅厥意矣。

夜饭后坐院中纳凉,十时就寝。

儿辈之出外者,九时前毕归矣。

6 月 16 日（五月十二日　丁亥）星期六

晴,热。

晨五时起,唤润、琴、滋、佩俱起。盖七时,出版总署召听关于《武训》批评之总结报告也。六时半,伊等俱出矣。

八时一刻余出,乘三轮到馆视事。晤彬然谈。写信寄予同,并复达先。接纯嘉十四信,催寄范墓碑文。四时三刻,偕佳生乘三轮往府学胡同北大教授宿舍访郑毅生、楼邦彦,洽撰稿事。坐毅生许谈《爱国历史小丛书》已大致就绪,楼君所提且俟再谈。谈次,知觉明已于昨日去新疆宣达旅朝观感,将在外四阅月云。余竟未及一晤,自恨疏懒耽误不浅也。

六时许辞出,遇人梗,亦同住此舍者。佳生去市场谋夜餐,余则乘三轮径归。

小饮后,进膳,膳后坐院中纳凉,与妇子谈笑。十时就寝。

6 月 17 日（五月十三日　戊子）星期

晴,热,夜月甚姣。

晨五时起。六时半，与珏人、湜儿出，乘三轮往游北海公园。七时入园，径登白塔之椒善因殿，旋下，就揽翠轩啜茗，游人尚稀，清阔可喜，绿树城郭掩映湖山，久坐忘起矣。九时离轩，由看画廊下，过延南薰西登小昆邱，遂陟铜仙承露台，珏人不习登降，余与湜儿扶掖之，竟穷其胜，至快！由承露台下，南去得八角石亭，楹柱皆刻乾隆诗，总颜曰"烟云尽态"。其地高踞山半，附阅古楼之背，西山烟霭，北海水光，尽收眼底矣。小立久之，即由阅古楼南径下山，复北行入分凉阁，循长廊过道宁斋、漪澜堂，出倚晴楼，历琼岛春阴碑下，南出堆云积翠桥，时已十时半，步出园门，仍乘三轮径归。

升基在，知汉儿及光祐尝来谒，业熊亦来，后出访友云。

佩华则响应增产捐献号召，早出与新华同人取书义卖矣。十二时，业熊来，遂同饭。午后二时，业熊偕湜儿往什刹海游泳，以人挤购不得票，空立两小时，废然返。佩华五时归，犹未得饭也。

余一时半小睡，三时半始起。六时小饮，遂与业熊等共饭。

趾华今日自浙返京，属银富送来绍酒两瓶，盖自绍兴带来者，其意可感也。

夜饭后坐院中乘凉，并看儿辈打康乐棋。九时，业熊始归去。十时就寝。

6 月 18 日（五月十四日　己丑）星期一

晴，热。

晨五时起。八时半出，徒步入馆。复纯嘉，告范碑文早寄出。接予同十五日沪京十二号，即以京沪十三号复之，言闻郑毅生云即将来京开课程会议，因劝速驾，俾畅晤。接君宙十六信。

下午看《寄园寄所寄》。下班后看同人羽毛球比赛两场，即乘三轮归。

小饮夜饭。

润、滋、湜、琴俱往大华看民主新德国电影。余与珏人坐院中纳凉。九时半，润等归。有顷，佩华亦归。

十时就寝。

6月19日（五月十五日　庚寅）星期二

晴，热，黄昏有云，旋月出，甚圆满。

晨五时起。八时半出，乘三轮赴馆。九时举行会报，彬然、雪山、均正、锡光、诗圣、联棠均到，解决案由不少。元章亦列席报告。十一时三刻散。

下午为阅定《明末农民起义运动史料》校样一批。仍看赵吉士书之《撽须寄》。下班后，仍乘三轮归。

六时小饮，夜饭后，坐院中纳凉，九时半即入寝。

6月20日（五月十六日　辛卯）星期三

晴，不甚朗，晨午晚俱曾见雨，惟大点即过，仍见日，气遂闷热。

晨五时半起，精神欠佳，八时半勉强乘三轮赴馆。乃车尚未出胡同，右轮脱辐，倾侧跃出，幸未致跌，然右腿已擦痛，行至南小街易车以行，到馆后坐久始宁。

中华书局姚绍华来访，盖来已三日，将代表编辑所常驻北京也。谈移时去。均正同晤之。午后潘守之来看继文，余适遇之，知来京推销油墨及药品，不得不改业云。有顷，辞去。勉撑至下班，仍乘三轮归。

六时小饮。夜九时即寝。

6 月 21 日（五月十七日　壬辰）星期四

晴,热。

晨五时半起。精神仍不振,殆连夕受凉所致乎? 八时一刻强出,乘三轮入馆。处理杂事。晤彬然谈事,知开明合营已由文教会批回,准如出版总署所拟办理云。正式批达想日内可到也。是一般靳向已足餍望矣。

接十七日乃乾书,告近况不甚安帖,兼为书版事有向西谛辨白意。接十八日予同来沪京十三号,复余十二号,知日内即将偕绍虞北来,出席教育部会议也。是把晤匪遥,可一倾积愫耳。

下午看毕《撚须寄》。五时半下班,即乘三轮归。

澄儿挈垻、垲两孙在,为余家制馒头包子。

六时小饮。夜饭毕,澄等去。余与珏人乘三轮往八条晤圣陶、云彬、晓先三家。即在云彬家听曲,兼晤文叔。汉儿先唱《问病》一段,允和至,乃合唱《琴挑》一折。继允和独唱《番儿》一折。已九时半,乃与珏人辞归,行至八条东口北小街始得车。抵家已将十时,以热难解,濯身洗足,坐院中招凉,良久始入寝。

6 月 22 日（五月十八日　癸巳　夏至）星期五

晴,热,类盛夏。

晨五时起。八时半出,乘三轮赴馆。处分杂事。

下午为云彬题手摹太炎手札装裱册云:

云彬治学论文雅,近余杭张先生而喜谈经方,亦复玄契。二十年前,余与君接砚齐辉堂,共事丹铅,辄以太炎迷目之相引为笑不迨也。丁丑倭难作,君远走湘桂黔蜀之郊,所至宣力文教,阴为人民地,颇为当事所忌,违难香港者有年。迨北平解放,君又从海道间关入都协赞新治,乃退然仍理故业,在出版总署任编审。余滞迹沪滨,与君暌离十馀载,不获一面。每忆昔悰,时形梦寐而已。庚寅春杪,余以事北来,亟过访其京邸,欢然道故,见君春容雅度,不减当年,而鬓毛易色矣。谈次,于案头睹斯册。君初入都时,假诸平伯,手摹自存者。余挟归寓所展玩数四,恍亲真迹。盖其笔画起落,宛转神似,无毫发憾,足征瓣香有素,心慕手追,乃克臻此,非徒耽情翰墨,结习难蠲已也。未几,余以屏当移家,匆匆南返,斯册留扃行笥,未及检还,比秋深重来,尘事劳扰,遂尔寝阁。今理笥得之,顿触曩绪,不胜愧汗。爰志颠末归之。

　　一弹指顷,岁逾一周矣。君不笑其疏慵犹昔乎?

　　　　　　　　辛卯夏至日巽斋王伯祥谨识

下班后,仍乘三轮归。六时小饮。夜饭后纳凉院中,九时许即寝。

6月23日(五月十九日　甲午)星期六

昙,热,偶洒微雨。

晨五时起。八时前乘三轮赶到馆中,会公文、同庆。盖昨日电话约谈者。有顷,雪山、均正至。又有顷,彬然乃至。公文提出下半年货源问题,彬然、均正以努力完成预定计画报之。近十时,公文、同庆、雪珊偕去。

十时,力子来,视察导淮工程归来矣。高龄仆仆,不免辛苦,面呈风尘之色,精神亦微差耳。谈公司近事,至十一时许去。

胡乔木著《中国共产党的三十年》长文,一气读毕,革命过程历历如绘,剖析因由亦极恰当,至佩。大同李又送我绍酒一瓶。下午三时,彦宾见过,谈排字房移京事。五时始去。承赠咸蛋及绍酒,远道携来,殊感厚意。

下班后乘三轮归。六时小饮,夜饭后,珏人与湜儿往看清儿,兼及汉儿。盖清儿发热,今日未到馆工作也。九时半乃归。

十时就寝。

6 月 24 日 (五月二十日 乙未) 星期

晴,热,有风扬沙,殊苦。

晨六时起。写云彬手摹《太炎上曲园札》装册跋语。十时始毕。

十时三刻,偕珏人、润儿同往演乐胡同看清、汉等。晤均正夫妇,谈至十二时半,即在清、汉所午饭。湜儿先已往,知与错孙畅游北海返矣。因同饭焉。下午二时许,余与润儿先归(往返俱乘三轮),珏人偕清等往北小街南门仓看新屋(开明将购以居雪村者)。有顷亦归。湜则随汉听夜乐于中山公园,即宿于其家。

滋、佩均出参加义卖,响应捐献也。佩归午饭,滋则抵晚方返耳。

六时小饮。夜饭后濯体纳凉,十时始入寝。

6 月 25 日 (五月廿一日 丙申) 星期一

晴,热,仍有风沙。

晨五时起。八时一刻出,乘三轮赴馆。接君宙廿二信,托投稿。其稿已于廿一日发出,廿三日收到矣。

看朱东润《中国文学批评史大纲》。前已及半,今续看之。

下午接纯嘉廿三日信,知范墓工事已完,碑文已照刻矣。又接廿三日予同发沪京十四号书,复余十三号者。知绍虞廿三日已行,渠则廿四日或亦成行耳。盖教部召开高教课程会议也。三时许,觉明见过,盖行至天津,以病折回,后日再发,今特来一晤耳。深慰想望,尤以不期之遇为快足矣。长谈在朝所见所闻,殊深感动。五时十分乃辞去。下班仍乘三轮归。

六时小饮。夜饭后润、滋、湜、佩俱往大华看电影。琴珠则以元孙故未去。润、湜看前场,九时半归。滋、佩看后场,十一时半始返。余早就卧矣。俟其归告始入睡。

6 月 26 日（五月廿二日　丁酉）星期二

晴,热,闷甚,傍晚起云,微雨即止。气未清而热有加,颇难耐也。

晨五时起。八时一刻出,徒步入馆。十时出席会报。力子、雪山、均正、锡光、诗圣及余六人耳。邀世泽列席,说明缴税事。十一时半散,大体有解决。惟彬然未到,有若而事须取决于彼也。予同已到京,今晨趾华往车站接晤之。径赴教育部出席会议。谓有暇始能来开明耳。

下午作书复慰乃乾。仍看朱《批评史纲》。

佩华之姨母来京,滋、佩均请假（下午）往陪游故宫,五时佩伴往来今雨轩晚饭,滋则归。

下班后,乘三轮归。六时小饮,清儿亦来饭。饭后清、滋、湜仍往馆中参加文艺欣赏小组讨论剧本,名《夜店》者。家中仅余与珏人、润、琴、元孙及阿凤耳。九时,佩华归,谓在来今雨轩似见到予同在他一处所有宴会云。

余以受热故,颇感气促,濯身纳凉,均未见舒,即偃卧。十时,滋、湜归。

6 月 27 日(五月廿三日 戊戌)星期三

晴,热。

晨五时半起。气急仍未少纾,精神亦欠佳,即作书以图章致诗圣,拟休息一天。信由琴珠交去。

圣陶诗稿由湜儿钞毕,余并将平伯评语朱笔过录其上。题湜儿钞本《辛亥以来藏书纪事诗》。

午后小睡片晌。四时许,佩华偕其郑氏姨母来,谈至近六时辞去,坚不肯饭也。

客去,余仍小饮。夜饭后,濯身招凉,十时半乃入寝。

6 月 28 日(五月廿四日 己亥)星期四

晴,热。傍晚雷雨。

晨六时始起,入馆转早,七时五十八分已在办公室矣。八时半,彬然至。有顷,予同至。乃约长谈。九时半,生产部部务会议,余仍与予同谈,且偕访调孚慰问。十一时始返馆。遂未出席。近午,予同去,约明日下午七时在中山公园上林春聚晤。届时绍虞、曙先等当可得一畅叙也。

下午写信两通,一致力子,请定日召开董会,拟议乘予同在京之便,最好一日举行,候示再发通知。一致西谛,约明晚会上林春。

仍看东润《文评史纲》。下班后乘三轮归。

六时小饮。夜饭毕,雷电大雨,润儿入署开会,室内电灯尽灭,盖临时停止电流耳。九时半,佩华归。十一时,润儿归。一时,电灯复明,余十时已睡,至是起关闭之。

6 月 29 日（五月廿五日　庚子）星期五

晴,时阴,兼有微雨,闷甚。入晚雨渐沥达旦。

晨五时半起。七时半绍虞见过,快谈至八时半同出,伊赴教育部出席会议,余则入馆,各乘三轮行。

处分杂事,仍以其隙看朱东润《文评史〈纲〉》。下午三时半,生产部暂辍业,布置会场,预祝中共诞生卅年。四时半,请叶蘷生讲演,由彬然陪来,讲至六时一刻毕。余与彬然、均正即偕蘷生出,步至电车站,乘电车同赴中山公园上林春。会圣陶、云彬、雪村、心如、西谛。盖预订者。坐有顷,绍虞至。又有顷,予同、曙先乃至。已入暝矣,遂入室就餐。饮鲜啤,肴膳尚丰洁。九时始罢,再啜茗,近十时始散,各归。余乘三轮遄返,抵家已十时三刻矣。濯身小坐,听雨,十一时半始就卧。

6 月 30 日（五月廿六日　辛丑）星期六

阴雨连日夕,午后子夜为尤甚,檐注声急,聒耳生厌矣。仅傍晚略止,亦尝一显日光也。气遂生凉。

晨五时起。八时一刻出,雨中乘三轮赴馆。力子来晤,彬然则未至。处分杂事。发同人升工。下午召开室务会议,五时始散。今晚同人本有庆祝中共卅年纪念晚会,以雨未果行。下班后,即乘三轮归。

清儿来家省母,晚饭后去。余仍小饮。润儿夜饭后出看电影,近十时返。佩华以新华晚会故,十一时乃归。滋儿连日为排戏等事过度劳倦,天时又忽变,微发热,夜饭后即睡。

余九时许即寝。及儿辈毕归始入睡。

7 月 1 日（五月廿七日　壬寅）星期

阴雨，傍晚略霁，气虽凉，不爽也。

晨五时半起。竟日未出。午后，芷芬、汉儿、镇、鉴两孙来省。浞儿往看澄儿。六时，汉归去。余与芷芬小饮。夜饭后，芷芬与润儿入署，参加纪念会。镇、鉴亦归去。浞儿始返。滋儿热虽退，仍乏力气也。

九时半，润儿归，钞稿至十时半就寝。余亦入卧。就卧前看毕朱东润《文评史纲》。

7 月 2 日（五月廿八日　癸卯）星期一

阴晴间作，亦偶见微雨。江南黄梅天也，体之所感，亦殊不快耳。

晨五时半起。八时即出，乘三轮到馆。九时许，雪山、力子、雪村、予同陆续至。有顷，彬然至。十时一刻开董事会。十一时许，觉农始至，西谛则终未来也。决议售去八面槽店屋，购进南门仓住房，并决定优恤鞠侯诸事。十二时一刻散，即馆中便饭。

饭后，诸人皆去，独予同与余长谈，至三时乃辞去。今晚即行，不及送之，即属致意绍虞，仍托趾华照料焉。

晚七时，中国图书发行公司北京分公司在绒线胡同总处举行成立开幕典礼，有请柬邀往参加。余实惮夜行，并恐值雨，下班后即乘三轮归。属诗圣代向公文致歉云。

六时半小饮。夜饭后小坐即寝，以倦怠难任也。

报载美军李奇微电致金日成、彭德怀两将军，愿停止敌对行为，约期商谈（六月卅日），金、彭两将军亦于一日复电允之，示以时（七月十日至十五日）、地（三八线附近之开城）。不识美方是否撒手耳。余意帝国主义者狡猾万状，未必从此甘心悔祸，殆发动侵朝已一年，师老无功，趁机觅一喘息之顷，再谋布置其他攻势耳。我方当然有此警惕，绝不为此所误也。但无论如何，美方已泄气，则事实矣。

7月3日（五月廿九日　甲辰）星期二

晴，热。

晨六时半始起。八时一刻出，乘三轮赴馆。今晨本有会报，以昨甫举行董会未果行。力子、雪山、彬然皆未至也。幼于有去志，均正见告，殊感泊落。余午后邀幼于一谈，劝其再加考虑，并以公司对鞠侯身后办法语之，大约不致遽尔引去耳。

予同、绍虞昨晚成行，赴华送之。且电告沪处矣。

庆祝晚会改于今夜举行，余全家俱往参加，家下惟润儿、元孙在，余因亦遂归。下班后乘车返，未再往也。

六时半小饮。夜饭后小坐纳凉，九时即就卧。九时半，佩华归。十时一刻，珏人、琴珠、湜儿、阿凤归。滋儿则以料理琐事，十一时始返也。

7月4日（六月大建乙未　乙巳　朔）星期三

晴，又向热。

晨五时半起。八时半出，乘三轮入馆。处分杂事。见报载商务书馆新出《涵芬楼烬馀书录》，亟驰书振甫，托购寄。看傅庚生《中国文学欣赏举隅》。

北大史学会编《爱国历史小丛书》草约已拟就,属佳生函送毅生阅定,俟复到缮正。下班后,仍乘三轮返家。

六时半小饮。夜饭后,濯身纳凉,小坐院中,至九时三刻就卧。

天气忽变,影响体神俱劣,家人均感不爽也。

7 月 5 日(六月初二日　丙午)星期四

晴,热。

晨五时半起。八时廿分出,乘三轮赴馆。十时出席处务会议。力子、雪山、彬然、均正、锡光、诗圣、孝俊都到,惟祖璋、至善未到(以杂志事忙为言)。过过值日会客两暂行办法,及人事处理若干件。十一时三刻散。下午结发鞠侯恤金,伯恳横生意见,多可笑语。此君愦愦依然,自道改进,其实加甚耳。

史学会送来北大、清大、师大三通史提纲,备八日通史组开会时讨论,因披阅一过,似清大者较切实易教也。下班后,仍乘三轮归。

六时半小饮。夜饭后,滋儿出受课,十一时始返。佩华九时半归。

余坐院中纳凉,与润、浞、琴等闲谈,至十时就寝。

7 月 6 日(六月初三日　丁未)星期五

晴,热,星灿丽夜。

晨五时三刻起。八时半出,乘三轮赴馆。处分杂事。锡光与余谈近局开明前途,余感黯淡耳。

看傅庚生《文学欣赏举隅》。下班后仍乘三轮归。

六时半小饮。夜饭后,佩华即归。合家坐院中闲谈乘凉,殊快。十时就寝。

7月7日(六月初四日 戊申)**星期六**

凌晨阴,且有微雨,旋晴。午后转明,且热,入夜眉月捎天,星斗烂然。

早五时半起。八时半出,乘三轮赴馆。力子来,彬然未来,与力子谈公司经济近况,十一时,力子即去。余处分杂事,并看闻一多《七十二考》。闻集迄未购致,今日在本店廉价书中捡得之首二册,尚完整,后二册则脱烂矣。出价三万五千元买下,即属玉麟修缉焉。因先看此一篇。饭后忽右乳房之上部感压迫,且隐隐作痛,呼吸亦牵动。下班后即乘三轮归,少休后稍好。

六时半,仍略饮啤酒。清儿来省,止宿焉。夜饭后,共坐院中纳凉。十时就寝。

7月8日(六月初五日 己酉 小暑)**星期**

晴,热。入夜且绝风。

晨六时起。八时半出,乘三轮赴南河沿金钩胡同史学会,出席通史组座谈会,晤仲沄、云彬、晓先、毅生、静庵、立庵、毓棠、循正、佳生、寿彝诸人。讨论北大、清大、师大三通史讲授提纲。徐旭生发言甚多,未获要领,至十二时一刻,终以重组小组综合研究后,再谈而已。散出,云彬拉余闯席,盖至美与蠖生结婚,今日在大牌坊卅三号寓所宴请圣陶一家,兼及彬然、云彬、晓先、文叔、祖璋、乔峰诸伉俪也。余与云彬车至其地,诸人毕集,并晤龙文,新识兹九。凡两席,余与云彬、文叔、晓先、兹九、蠖生、彬然、圣陶及乔峰夫妇同坐。肴为峨嵋酒家承办之川菜。饮啤酒及葡萄酒,直至二时始罢。饮后略坐,余即与晓先辞出,偕过余家长谈。珏人偕润、琴、滋、佩、湜、元一行十时赴演乐胡同清、汉家午饭。余与晓先抵家时犹未归。有顷,滋、佩先归。又有顷,珏人偕琴珠、元孙归。四时半,晓先辞去。六时,润、湜始归,乃共夜饭。饭后佩华往新华过团日。滋儿则挈阿凤往中山公园。九时半,佩华返。十时,滋、凤归。十时半就寝。

7 月 9 日(六月初六日　庚戌)星期一

阴晴兼施,下午曾作微雨,旋又日出,气闷热,入夜稍凉。

晨五时三刻起。八时半乘车入馆。接君宙信,即并前两信复之,寄回投稿。看闻一多《古典新义》。处分杂事。下班后,仍乘车遄返。

六时半小饮。润儿今日刮治沙眼。佩华八时半归。家人围坐院中纳凉啖瓜。十时各归寝。

7 月 10 日(六月初七日　辛亥)星期二

晴,热,入夜无风,更感难受。

晨六时起。八时半出,乘三轮入馆。九时半出席会报。到力子、雪山、彬然、均正、锡光、诗圣等,核定严大凡等实习员提升办事员,并决定其他人事等项。十一时三刻始散。撰鞠侯赴告文函送仲足阅定。

下午看任中敏选《元曲三百首》。下班后,仍乘三轮返。

六时半小饮,夜饭。濯身纳凉,闲谈啖瓜。十时半乃寝。以热,竟难入寐也。

佩华九时半归。升基来小住。

7 月 11 日 (六月初八日　壬子) 星期三

初晴，旋阴霾。下午发风，入夜见星月，气尚凉，惟风前颇闷耳。

晨六时半始起。八时半出，步入馆。接士敫七日粤、汉道中书，告已离穗，未及晤达君，日内即抵汉，少留便可返京云。接诚之九日书，知有续稿一批将寄来，并即日归武进度暑也。复予同编十四号。接颉刚九日书，介魏建猷《英法联军侵略史资料》稿。（两稿均尚未到。）

下班后乘三轮归。知赵掌柜曾派匠来葺漏，盖北屋卧室北端上次雨时竟复渗漏也，又用灰五十馀斤，不识见效否耳。

元锴、元镇、建昌三外孙来省，锴、镇午饭后去，建昌则晚饭后由湜儿送之归。

六时半小饮，夜饭。坐院中纳凉啖瓜。

琴珠以元孙感冒未往馆。佩华八时归。湜儿八时半归。

十时就寝。

7 月 12 日 (六月初九日　癸丑) 星期四

阴，午后晴，微有风，颇热。傍晚雨，檐注甚急，电四射，雷声隐隐耳。雨过星月交灿矣。

晨五时半起。七时出，乘三轮入馆。七时召开同人座谈会。力子报告视察治淮经过，娓娓动听，且殊令人感奋也。继彬然讲话，无非勉同人努力生产。十时半始散。

颉刚所介魏稿寄到。仲足寄回鞠侯讣文，赞成廿二日开追悼会，并建议增入列名者三人，前后所列凡廿一人。即交锡光付排印,俾早日分发。

接十日予同十六号(误重十五)书,为王庆成推毂。

下班后,仍乘三轮归。今日为滋儿生日,澄儿挈埔、基(已先住此)、埩、埙、垲诸孙上午即来,入夜雨后乃去。六时半小饮,啖面。

澄等去后,濯身乘凉。佩华七时即归。

十时就寝。

7 月 13 日(六月初十日　甲寅)星期五

早晴,旋雨,未几又晴。午后复雨,颇大,且挟风,以至势甚锐。有顷,又呆呆日出矣。大类南中黄梅天,故气不甚热而感湿闷也。入夜星月皎洁,凉风习习矣。

晨六时起。八时半雨中出,乘三轮赴馆。处分杂事。

朝鲜停战谈判。美方以未许记者在未得协定前前往采访,而藉口要挟十二日美方不到会,遂停顿。美方初无诚意,不恤出此,早在意中。我当一面警惕准备,一面仍努力和谈之复行耳。

心如来托事。稚圃来洽事。看齐佩瑢《训诂学概论》。接申凤章信,催出版俄语手册,语多欠稳当,为集材一加申驳也。下班后,仍乘三轮归。

六时半小饮。夜饭后,佩华即归。芷、汉及姚吉金亦旋至,与谈良久,吉金年幼未更事,颇欠周详,于元章致不满,余为劝解之。十时半乃偕芷、汉去。

坐院中闲谈时,见天空探照灯光四射,想系防空部队加紧演习,亦警惕之高度表现也。

各就寝已十一时矣。

7 月 14 日（六月十一日　乙卯）星期六

晴，热。

晨五时半起。八时半出，乘三轮入馆。力子电告以事不能来。彬然、均正、锡光等与余谈，近午乃散，决今晚召开座谈会。

洪光仪在黑板报大放厥词，意图煽动风潮，殊可恶，平日喜弄玄虚，玩火自娱之流，恐不能不负严重责任耳。

诚之续稿两章寄到。《涵芬楼烬馀书录》五册已由振甫寄来，极感。写信与魏建功，托为地理知识书封面。下班后乘三轮归。

清儿与琴珠偕来，六时半同饭。

七时复偕清乘三轮赴馆出席座谈会。到彬然、雪山、均正、伯恩、志公、幼于、必陶、佳生、沛霖、叔循、履善、清华、亚南、锡光、应治、光仪、裕康、宝懋、元章及余。应邀未到者三人，祖璋、至善及久安。（贾、叶引去，王则附车返绍兴也。）由彬然主席，漫谈编辑事物学习等诸项。最后提出批评光仪之失态，乃反唇相稽，仍肆蛮劲。彬然草草收场，已十一时一刻矣，即循路步归。至外交部街口，润儿来接，乃与偕行而返。清儿、诗圣亦同行至胡同口始别。

到家甚热，濯身小坐，十二时后始就寝。

7 月 15 日（六月十二日　丙辰）星期

晴，热。午后二时发风，阵雨即止，仍炎热。

晨五时三刻起。八时半出，乘三轮赴史学会。晤晓先、佳生、毅生、静厂、仲沄、翰笙诸人。兼晤陈家康。九时半开始，听叶誉虎讲辛亥革命前后，于袁世凯攫得政权、北洋军阀内讧以及洪宪称帝、廿一条、胁迫张勋拥清复辟、欧战参战问题等皆有述及，颇多珍闻,至十一时许始毕。盖叶氏多身历其境,得预内幕消息,以是言之凿凿耳。此举为近代史组所发起,拟遍访在京耆老,洽请依次莅会演讲,俾有所纪录,供研讨及参考,亦征献之美意也。余颇为欣受。十二时出会,乘三轮归饭。

芷芬、汉儿率三外孙俱在,因共餐焉。饭后少休,余仍出,乘三轮往八条访圣陶、云彬、晓先谈。适值风雨,俟雨过天朗,乃偕晓先往十条访介泉,谈至五时半,偕返圣陶所,即就饮焉。晤刘延陵之子和声与其妇。饮后坐院中畅谈,云彬、晓先、文叔俱来会。仲任亦至,谈至九时半乃辞出,与介泉同步至东四大街而别。余即乘三轮遄返。

及家,知滋儿奉珏人往游北海,并挈升基同往。兼知清儿、建昌亦尝来谒,同往北海云。余濯身小坐,珏人等即归。未几,佩华亦自新华归。

十一时各就寝。

7 月 16 日(六月十三日　丁巳)星期一

炎热。

晨六时起。八时三刻乘三轮到馆。处分杂事。复振甫,告《涵芬楼烬馀书录》收到,顺论《廿五史补编》增补事。复予同(编十五号)寄王庆成邀约文件。复漱儿,告近状,并知会何永年已划取廿万元,可就近收回转帐。复申凤章,论俄语手册未能即速印出之故,顺加规箴,以其前书颇不逊也。复诚之,劝一意完成此断代诸史,送续稿报酬二百七万又七十元汇去。(稿费前过薄,今争加三分之一。)

看《训诂学概论》。下班后,仍乘三轮归。

六时半小饮。夜饭后坐院中纳凉赏月,惟无风,仍不见凉。十二时始入寝也。

7 月 17 日(六月十四日　戊午)星期二

炎热,午后室内气温达百度,夜月虽好而有云气,彻宵不凉。

晨五时三刻起。八时出,乘三轮赴馆。十时半出席会报。力子、彬然、均正、锡光、诗圣俱到。雪山未至,于群竖失态事有所论及,拟十九日下午召集同人当面解答,并于是晚召开业务会议云。下午接予同十七号书(仍误重为十六),代转纯嘉所提要求核销宕款事。下班后,仍乘三轮归。

六时半小饮。夜饭后濯身,坐院中招凉,仍至十一时后始就寝,依然难寐也。

7 月 18 日(六月十五日　己未)星期三

晴,热,下午起风,遂有云翳,夜深始见月。

晨六时起。八时半出,乘三轮入馆。处分杂事。接毅生书,议定《爱国历史小丛书》出版契约,备缮订。接刚主书,谓星期当来晤,并交所撰《南明史略》稿。致力子送锡光所拟讲话要点去,备甄采。

看《训诂学概论》。下班后,仍乘三轮归。

六时半小饮。夜饭后清儿来,与家人共坐院中乘凉,谈话至十时乃归去。余等亦旋就寝。

近日天气易着凉,润、湜、升基均患腹泻。

7 月 19 日(六月十六日　庚申　初伏)星期四

晴,热。

晨六时起。八时半出,乘三轮赴馆。处理杂事。鞠侯讣帖屡催,尚未印出,今日写好,分致藏云、以中两信,备发送,只得稍候,殊感不快。

下午四时,力子来讲话,于工会所提及黑板报编委所提诸问题均予以明快解答,至六时许始散。洪光仪虽黠儇,亦难逞狡辩矣,然而未必从此平靖耳(以有人操纵故)。

七时就馆晚饭,到力子、雪村、灿然、静芷、彬然、均正、锡光、联棠。饭后开业务会议,几等漫谈,无所肯定。九时半散,步至方巾巷口,乘三轮遄归。

润儿出看电影,十一时返。余俟润归乃睡。湜儿昨往北池子防痨协会(宣仁庙)检查,获悉毫无问题,大为引慰。

7 月 20 日(六月十七日　辛酉)星期五

雨,转凉。午后晴,傍晚又阴。

晨六时起。八时半乘三轮入馆。处分杂事。鞠侯追悼会讣帖已印好交来,即将廿份封入以中信中,与藏云函同时发出。写十六号书复予同,略示纯嘉要求可允之范围,附讣帖卅份去,属与无止酌定分发。馀下追悼会讣帖交与伯恳、幼于,查明应发各人,分别发送。鞠侯事只得廿九日开会矣。

接吴树德无锡来信,知在聋哑学校任级任教师,至为引慰。下班后,仍乘三轮归。

六时半小饮。夜饭后,濯身纳凉。湜儿挈升基看电影于国际书店,十时半始返。佩华十一时三刻乃归。

余十时已就寝矣。

7 月 21 日（六月十八日　壬戌）星期六

晴，热。下午阴，三时许尝有微雨，晚晴，落照甚赤，夜星灿。

晨六时起。八时半乘车到馆。力子来谈。彬然未至。《爱国历史小丛书》契约缮正，作函送毅生，请洽签，并告明日下午史学会元明清史组座谈会，不拟到，惮热故也。

颉刚前介魏建猷《英法联军侵华史料》一稿久无下落，催询均正，谓已送云彬阅过，回来后忘之矣。亟取出属秘书科作函径退魏君。余遂详复颉刚说明退稿因由，并告近状。

下班后仍乘三轮遄返。六时半小饮。夜饭后，润、湜、阿凤均出，往青年宫看话剧《冷战》。十二时半始归。滋儿以感冒在家休息。佩华七时许即归。

夜坐院中纳凉，与珏人、琴珠、滋、佩、升基讲故事。余俟润等之归，始入睡。

7 月 22 日（六月十九日　癸亥）星期

炎蒸，通宵未凉。

晨六时半起。竟日未出。看毕齐佩瑢《训诂学概论》。此作苞孕繁富，而头绪甚晰，并世未见其匹也。

下午四时，业熊来，六时半与共夜饭。饭后湜儿偕之出，同往中山公园音乐堂参加聂耳逝世纪念音乐会。珏人以次，本俱拟外出，以事未果行。

夜纳凉院中，苦无风，乃啜冰啤以遒之。十一时半，湜儿归。始入寝。

7 月 23 日(六月二十日　甲子)星期一

炎热,午后有翳,大点雨即止,仍日出。入夜起阵,未果雨。终宵浴汗,殆甚于南方矣。致足讶也。

晨六时起。八时半出,无车,步往馆中。处分杂事。下午三时,约锡光、伯恳、诗圣、光仪、云瑞、艺农谈布置鞠侯追悼会事。以热故,患偏头痛甚剧,忍坐至下班,始乘三轮归。

六时半夜饭。饭后濯身,坐庭前一无凉意,虽有霍闪,迄不见雨,闷甚。十一时许始勉入就寝。

7 月 24 日(六月廿一日　乙丑　大暑)星期二

晴阴兼施,颇有秋意,日间犹热,入夜乃凉。

晨六时起。八时半出,乘三轮入馆。九时半出席会报。力、彬、正、光俱到,仍由诗圣司记录。

刚主十一时来访,余早退会场,以晤之。其所著《南明史略》稿四本,即交余。谈至午引去。有预支稿费意。

接予同廿一日发十八号书,对所支版税大鸣吃亏之苦,盖士敩主持东南办事处时迄无结帐,而范又抑住不肯稍放耳。

看陈匪石《宋词举》。下班后,仍乘车归。

六时半夜饭。饭毕少休,濯身,坐院中纳凉。家人围立,剖西瓜分享,余则饮冰啤。儿辈且分尝焉。十时许入寝。

7 月 25 日(六月廿二日　丙寅)星期三

晨阴,旋晴。仍热。入夜尤郁蒸。

六时一刻起。八时半乘三轮入馆。十一时,刚主来谈,近午始去。写十七号书复予同十八号，附致振甫托理《明实录》及《吴向之遗稿》等使归一。下午，姚吉金来，又劝之。

接漱儿廿三日书，禀告近状，在外诸人均安好也。

接以中廿三日信，介绍卢震京稿，余前信犹未接得，故仍以鞠侯事为问。五时半下班，仍乘车归。

六时半小饮。清儿来省，因共饭。饭后濯身，纳凉，清儿九时去。十一时，各就寝。

宵寐甚欠帖适也。

7 月 26 日（六月廿三日　丁卯）星期四

晴，热。郁蒸，入晚起阵，有电闪，雨时断时续，气遂闷损难堪。

晨六时起。八时半乘三轮赴馆。力子、彬然来，均晤谈久之。复以中退卢震京稿，并询前信到未。复吴树德勉慰之。盖欣故人之子之有托也。

看刚主稿，材料殊富，见解亦新，惟讹脱字甚多耳。

下班后仍乘车归。六时半夜饭。饭后濯身，仍汗，阻雨不能出，坐庭院中，室内又闷热，苦极。初不料北地如此其蒸暑也。十时后，勉就寝，竟难贴席，朦胧而已。

7 月 27 日（六月廿四日　戊辰）星期五

晴，热，下午四时起雷阵。有顷，风雨骤至，平地水深没踝，庭树大枝为摧。五时止。须臾日出虹见，残照甚明。入夜，星且烂然矣。

晨六时起。八时半乘三轮赴馆。撰联挽鞠侯。（用谁名义未定，或即署力子名。）

午后清儿来言,达先已自汉归抵京,带到干荔枝一包,紫毫笔十枝,谓晚间或来看余云。

振祥来谈,出素扇属书。接廿五日君宙信,对开少退稿颇不满。盖渠等将杂志看作地盘,不免把持耳。

雨过下班,仍乘三轮归。甫坐定,有三客来访,一何松云(住大雅宝胡同三号);一汤茂如(住前赵家楼甲十号);一赵太太(住什方院),乃抗美援朝总会发动之地方人士(余亦被列为地方人士),号召内一区居民完成捐献运动者也。与谈久之。约再联系商谈而别。

六时半小饮。夜饭后,清儿来,移时,达先挈建昌亦来,谈至十时乃归去。佩华亦自新华归矣。就寝已近十一时,睡眠较昨为好。

7 月 28 日(六月廿五日 己巳)星期六

晴,热。

晨六时起。八时前到馆,候公文谈,雪山已先在。嗣后彬然、力子陆续来。八时五分,公文、朝同、农山、达先俱集,乃聚谈。先由公文略告中图上海分公司成立状况,并及此次召开管委会应谈各要项。继由农山报告在沪、穗、湘、汉各地视导情形。达先补充之。散已十时半。余今日九时本有史学会成立大会之约,以不能分身,属佳生代言不能到之故。午后,佳生返馆,知章程已通过,选举理事结果则尚未揭晓耳。下午为鞠侯追悼会大书挽联,一代工会,一代范秉琳,一则代力子,即昨所撰者录如下:

勇于负责谦以持躬不愧群伦表率
颠沛伤生忧勤厄志竟摧新国栋梁

口气身分皆尚合。

湜儿来馆，下班后看克郎球比赛，下班时余先乘三轮归。湜则至六时半始偕滋儿同返也。

夜饭后，坐院中纳凉。滋儿逛东安市场，九时许偕佩华归。

十时各就寝。

7月29日(六月廿六日　庚午　中伏)星期

阴，有微雨，午后晴，傍晚起阵，未果雨，气乃凉。

晨六时起。八时半出，乘三轮赴南吉祥胡同雪村家，会彬然、雪山、达先。盖昨日所约，一谈店之前途也。彬露开明与青年出版社合并意。署方早有此意图，先来探询而已。余对此政策无可非难，然贸焉执行，且似涉计取，则不无想不通耳。谈至午，即留饮共饭。饭后，村、彬各假寐至二时，五人同出，步至东四六条口，乘电车到西总布胡同口，复步行至总管处，参加鞠侯追悼会。人极寥落，外客竺藕舫、冯宾符、郑森禹、胡仲持、盛叔功、巴小泉等都到，而生产部(尤其杂志社)同人竟大部未来。三时半开会，力子主席，讲话者仅藕舫、仲持及彬然耳。最后由幼于致谢而散。时为四时三刻。身后寂寞今古同慨，复何言哉？

会后，与藕舫谈鞠侯身后情形，力子、雪村、彬然俱在座，五时许握别各归。

到家时，晓先、芷芬、汉儿、元锴、元鉴俱在，芷等会场散出先来，晓先则午前便来候余长谈者也。乃坐下径与晓先谈。盖亦交友道苦与寒宗某君有隙末凶终之痛耳。六时半，晓先辞去。芷等亦行。

小饮夜饭。饭后纳凉，竟不须拭汗矣。九时许即寝。

接以中廿七日复书。接淑儿廿七日与湜儿书。

7 月 30 日 (六月廿七日　辛未) 星期一

上午阴凉,下午晴热,晚仍凉。

晨六时起。八时半出,乘三轮赴馆。处分杂事。下午三时召开室务会议。六时离馆,仍乘三轮归。

夜饭后,小坐纳凉,十时就寝。

升基归去。元错来住。

看张次溪《人民首都的天桥》。写出审阅《南明史略》报告。

7 月 31 日 (六月廿八日　壬申) 星期二

晴,热。

晨六时起。八时半出,乘三轮入馆。十时半出席会报,彬然未到,达先有报告。饭后应伙食团之请,参加会议,对油腔滑调之辈面予儆斥,亦不能顾若辈之不快矣。

看《人民首都的天桥》。敫、清约往夜饭,畏热未赴,下班后仍乘三轮遄归。

六时半小饮,夜饭后,濯身,坐院中纳凉。十时入寝。半夜热醒,殊不可耐。翌晨三时半始入睡。是晨为湜儿写扇。

8 月 1 日① (辛卯岁六月廿九日　癸酉) 星期三

阴,闷热,近午雨延绵,垂晚不辍。

晨六时起。七时半出,乘三轮赴馆。八时听王城报告八一建军节之由来及意义。九时三刻始毕。处分杂事。接诚之七月卅日

————————

①底本为:"燕居日记第四卷"。原注:"辛卯六月之晦清晨自署容安。"

复书,寄回收据。知前汇稿费已收到。接予同十九号书(七月卅日),谈近事,略及颉刚近状,暨诚之将退休云。接七月卅日振甫复书,知《史胜》及《明实录》等俱寻见,已安庋妥放矣。甚慰。

看毕张次溪《人民首都的天桥》。下班后雨中乘三轮归。

六时半小饮。夜饭后小坐纳凉,十时就寝。

8月2日(六月三十日　甲戌)星期四

晴,热。

晨六时起。为湜儿题扇,以其初未学画,摹石乃能形似耳。八时半出,乘三轮赴馆。力子以政务院有会议,未克来。

九时半参加生产部部务会议。福顺木厂赵掌柜来,即以节前修理房屋之工料费四十三万二千元算与之。复君宙。复以中。复予同(十八号)。复振甫。接纯嘉信,附范墓照片来。接毅生信,签还契约。

下班后,仍乘三轮归。六时半小饮。夜饭后濯身纳凉。十时一刻就寝。

8月3日(七月　小建丙申　乙亥　朔)星期五

晴,热。偶阴,遂感略闷。

晨六时起。八时一刻出,乘三轮赴馆。受必陶属,书与西谛,托转介裴文中近稿(《中国无史前文化》)请夏作铭阅定。顺约五日下午往看之。

看张亮采《中国风俗史》。

下班后仍乘三轮归。知汤茂如曾见访,留条约今晚七时半到赵堂子胡同六号开爱国捐献座谈会。

六时半小饮。夜饭后，正拟赴会而芝九夫妇挈其幼子至，谈有顷，近八时乃先行（芝九等少坐亦去），由湜儿伴往。至则茂如、松云俱已在，余多派家属优表，凡廿馀人。茂如主席，报告经过及说明此举意义外，即劝人捐输，目标甚高，当场无结果。余谓各人返家考虑后，尽明日将数字集中报知小组，再计议，始获公洽。散会已十时许。湜儿在门外已久候矣，相将步归。甚感热，濯身坐院中久之，十一时半乃入寝。

8 月 4 日（七月初二日　丙子）星期六

阴，闷热，下午晴。入夜无风，尤感溽暑。

晨六时起。八时半出，乘三轮赴馆。力子、彬然俱晤及。伙食团请求及鞠侯遗族返里津贴事均获解决。南门仓房屋亦函知达先转达雪村迁入居住云。接刚主信，催询稿件下落。经询均正，谓送云彬看，尚未返。余为此将又受尴尬矣。致书汤茂如，以市民立场在服务单位，原认经常捐献外，再捐献百万元，定九月中旬及十一月中旬分两期筹缴。此函即属湜儿亲送与汤。

下班后仍乘三轮返。达先、清儿俱来省，因共小饮，且夜饭焉。饭后诗圣亦至，就院中坐谈至十一时始辞去。达先、清儿偕去。于公司近状交换意见，颇畅矣。余十二时后始勉入寝。蒸热竟未能酣睡也。

8 月 5 日（七月初三日　丁丑）星期

晴，热加甚，炎蒸胜于江南矣。

晨六时起。七时许，晓先至，长谈至八时四十分，同出，乘三轮共赴史学会，出席中国通史组座谈会。晤仲沄、云彬、立庵、毅生等。十一时三刻散。余与晓先走御河桥乘电车北归。余于灯市口下，步往演乐胡同清、汉家。至则珏人、湜儿、元锴已先在。兼晤达先、元章、吉金、葆华，因共饭。下午二时半，乘公共汽车到西四下，步往西谛家。晤之，谈至五时，偕出，附其车行，至台基厂北口下，别乘三轮归。

珏人已先归。知湜、锴、今晚即住演乐胡同未归。滋、佩则往游颐和园矣。六时许，滋、佩归，乃共饭。

饭后，阿凤往清、汉所盘桓。余等濯身坐院中纳凉。十一时阿凤始返。十二时后，始勉入寝。感热，仍与昨同也。

8月6日（七月初四日　戊寅）星期一

晴，热有胜于前昨。入晚微有闪电而已，以此益感闷。

晨六时起。八时廿分出，乘三轮入馆。处分杂事。刚主稿据云彬送回，谓问题至夥，不欲审阅云。均正意再属灿然一看，然后决。余乃作书微露婉却意。快信递刚主也。

看钱子泉《现代中国文学史》（增订本）。下午五时半下班，仍乘三轮归。

是夕，请芝九夫妇及其少子便饭，清、汉俱来会。七时许开饭，八时乃毕。饭后，坐院中啖瓜话旧，至九时半，芝九等辞去。有顷，清、汉亦去。十一时许始入寝。

8月7日（七月初五日　己卯）星期二

炎热更甚于前昨，终宵浴汗，难贴席也。

晨六时起。八时半出，乘三轮赴馆。十时半，出席处务会议。力子、雪山、彬然、达先、锡光、均正、孝俊、诗圣俱到。以讨论事件多,十二时十分始散。犹有若干件须会后解决也。会前,力子召光仪谈工会昨日信,求事原则上不能考虑云。若辈利口任气,背后又有人撑持之,诚不易处置耳。

看《现代中国文学史》。下班后仍乘三轮归。

六时半啖馒首,啜粥,废饮矣。食后,濯身,坐院中招凉,与家人漫谈,十一时始勉入寝。二时后,始朦胧入睡。

8 月 8 日 (七月初六日　庚辰　三伏　立秋) 星期三

晴热超前,入晚闪电而静定无风,益闷。

晨六时起。八时半出,乘三轮赴馆。接刚主七日复书,谓指疵极愿照改云。致西谛询所著新诗中误字,便校改。盖清儿献疑,乃有此问耳。看子泉《现代中国文学史》。

下班后仍乘三轮归。六时半晚饭。饭后濯身,坐院中纳凉。摇扇不能自已也。

十时后入寝。

8 月 9 日 (七月初七日　辛巳) 星期四

晴,热。下午起云,益感炎蒸,入晚雷雨声闻,移时而雨,不大,室内闷郁如焚矣。

晨六时起。八时一刻出,乘三轮赴馆。处分杂事。今日汉儿生日,午间余与珏人、润、滋、湜三儿俱往演乐胡同吃面。元章、云瑞与偕。食后,余仍返馆。珏挈升基、建昌两外孙归。元锴则返其家住矣。

下班后乘三轮归。至六时半再出,乘三轮往中山公园赴中国图书发行公司总管理处之约,在来今雨轩中菜部宴饮也。晤公文、朝同、泰雷、觉民、农山、新城、达人、昌允、仁冰、孝侯、翰青、季湘、国钧、子澄、毕青、王益、静芷、力子、彬然、雪山、育才诸君。谈有顷，就席棚下设两席。食间风作电掣，匆匆食已，附彬然、静芷车东归。在禄米仓中龙凤口下，雨已至，而路已泞，跟跄走归，已九时三刻矣。濯身闇处，无由招凉，终夜浴汗也。恚甚。

8 月 10 日（七月初八日　壬午）星期五

阴，闷热，近午见日，午后复阴，闻雷，旋大雨，傍晚虹见，入夜稍凉。

晨六时起。七时廿分出，乘三轮到馆，留条与诗圣托事。即候静芷、彬然车来接。五十分车至，同乘赴绒线胡同中国图书发行公司，出席第三次管理委员会。八时半开始，由谢仁冰主席，潘达人副之。首由邵公文作上半年工作总结报告，继由张朝同作视导报告，章雪山作财务报告，时至十二时廿分始毕。即午饭。饭后各单位委员约漫谈，讨论事项，交换意见。余属雪山就近会洽，身偕静、彬同车返馆。抵馆已一时廿五分矣。

接振甫八日复书，知怀夏楼所存《鲁迅全集》果系又信之物。顺告华坤之妻病极沉笃，耗费不赀云（余等醵济不及三百万，而实际千万犹不足，何以为继耶？），为之扼腕浩叹而已。

得力子电话，今晚即赴北戴河休养。

下班，在雨后即乘三轮遄返。六时半晚饭。饭后濯身纳凉，始洒然有凉意。十时入寝，仍感刺热也。

8 月 11 日（七月初八日　癸未）星期六

昙，热，傍晚起阵未果雨。

晨六时起。八时出,乘三轮径赴中图总处,出席管委会。公文主席,提案都论及,且待明日作决议。彬然未到,十二时散,即午饭。午后小组讨论,余即留条与公文,说明请假,乘三轮回馆。处理杂事。五时半下班,仍乘三轮归。

六时半夜饭。饭后濯身纳凉。十时半入寝,较前昨稍好,仍感热也。

8 月 12 日 (七月初十　甲申) 星期

晴,热。

晨六时起。八时半出,乘三轮赴南河沿史学会。晤誉虎、仲沄、静厂、灿然、循正、陈述、毅生、佳生诸人。听李书城讲辛亥革命。九时半开始,十二时始毕。书城为当时守汉阳佐黄克强为参谋长者(今任中央人民政府农业部长),于武昌起义前后亲身经历之事,清廷之窳败,革军之虚憍,皆能曲曲表达,虽口吃未免减色,而娓娓动人久听不倦,态度尤诚恳可亲,真老辈风流矣。终场不见云彬及晓先、西谛,至怪。散会后仍乘三轮归饭。家人已食过矣。

下午三时,偕湜儿复出,乘三轮往文津街北京图书馆参观《永乐大典》展览会,正式展览须明日起,今乃受文物局及图书馆之柬邀,先行预展也。晤斐云、西谛、继顾、见思、联棠、公文、季湘等。(盖中图管委会上午会毕,今日下午游览,偶然遇之耳。闻公文将往游卢沟桥也。)湜儿得斐云之介,参观图书馆之善本书库。有顷同出,步入北海公园一游。人多而座不容,竟无由觅得啜茗地也,逡巡一周而出。亟乘三轮遄归,已五时三刻矣。

今日雪村及达先搬家,同迁入北小街南门仓四号。润、滋、湜均清晨即往演乐胡同帮同照料,前往新屋。润、滋午刻归饭,湜则往汉儿所饭。二时三刻乃归也。

六时半夜饭。饭后濯身就凉,依然感不快,十时半始强起入寝。北地酷暑不图变厉至于如此,真可诧怪。

接十日颉刚函,告将译竣全部《尚书》云。

8 月 13 日(七月十一日　乙酉)星期一

昙,闷热,下午四时发风,入晚雨。夜半檐瀑有声。

晨六时起。八时半出,乘三轮赴馆。处分杂事。看钱子泉《现代中国文学史》。公文电话,约三联与开明联名请商务、中华联营来京开会之管委,复托三联主办,候示照行。

接潄儿十一日来信,告近状并及潏儿进步情形。

下班后仍乘三轮归。有顷,清儿偕琴、滋同归。因共饭。饭已,清即归去。

余濯身乘凉,较前昨为快适,且新月亦时破云一见也。十时归寝。

8 月 14 日(七月十二日　丙戌)星期二

昙晴兼施,午后抵夜绝风,闷热甚,深夜雨。

晨六时起。八时一刻出,乘三轮赴馆。十时半,与彬然、达先、锡光、均正、诗圣举行会报,琐事蝟集,殊难排遣之,十二时始散。下午看钱著《现代文学史》。下班后与均正同出,各乘三轮往北海公园,啜茗于漪澜堂。盖今日三联与开明合请中图管委会委员兼及总署诸人也。至七时半,宾主陆续来,三刻开饮,凡三席,洛峰、静芷、应申、仁冰、新城、达人、公文、翰青、雪山等占一席。孝侯、季湘、子澄、国钧、育才、毕青、王益、少甫、泰雷等占一席。余则与静庐、农山、同庆、朝同、达先、觉民、史枚、均正、明心同席。饮啤酒，甚畅，惜天热无风，不免流汗沾濡耳。九时一刻散，附静芷车东归。抵家已九时四十分，亟濯身，坐院中纳凉，十时半雨至，乃入寝。是夕仍浴汗达明。

建昌归去，元鉴来住。

8 月 15 日（七月十三日　丁亥）星期三

阴雨竟日，午后及黄昏雨尤剧，初尚郁闷，继乃大凉。

晨六时起。八时半出，乘三轮入馆。处分杂事。琴珠归饭，带衣来，因添着之。滋儿雨中偕诗圣、必陶、叔循、士淇往医院复诊，摄取 X 光肺部照片，检视结果须十七日始可揭晓也。复纯嘉，嘉其孟晋，并陈所求未能应付状，劝且忍为佳云。

看《现代中国文学史》。下班后雨中乘三轮归。

六时半晚饭。以雨大且久，屋有多处渗漏，甚感不舒，莫奈之何。十时就寝。

8 月 16 日（七月十四日　戊子）星期四

晴，爽，有风，凉快矣。

晨六时起。八时半出，乘三轮赴馆。调孚属人以起潜书见示，即手书答候，盖不相见又多时矣。以彼孱体殊不敢过谈，劳渠心神耳。

九时召各科主任会谈考绩方案。十一时续行会报，解决小油房等处房屋问题。

午后，芝九以送稿，顺过一谈。

看《现代中国文学史》。三时，刚主稿由彬然退回，即修书以评语寄之。虽往复道歉,然已愧对故人矣。知见之不同如此,是诚今昔大异乎?

下班后仍乘三轮归。六时半夜饭。饭后润、滋两儿奉珏人游北海公园,荡舟湖上览月出,九时半乃归。

升基由澄儿挈归,元鉴亦由湜儿送回。

玩月中庭,十时许乃入寝。

8月17日（七月十五日　己丑）星期五

晴,爽。

晨六时半起。八时半出,乘三轮赴馆。大凡、国维、学麒、国椿四人考大学,今日揭晓,俱录取。大凡且居榜首焉。伊等获隽,自乐得升学求进之阶,而开明骤失多人佐理,顿感困难,亦事之矛盾,不可解者矣。

滋儿偕诗圣等往卫生所复检照片,俱有问题,光仪须全日休息,诗圣须半日休息,滋则须受气胸,明日再往施行气胸术,然后决定休息否也。殊为担心,何同人之多病耶?久安今日返京,此次南归,就婚于上海,其间返绍游杭,前后遂达一月耳。

看钱著《文史》。下班后,仍乘三轮归。六时半夜饭。今日中元节,北海公园年例有放荷灯及焰火之举,本拟往看,一趁热闹,乃心绪恶劣竟鼓不起兴,只索作罢,坐院中待月而已。

八时许,芷芬、汉儿挈元鉴来省,谈至十时半辞去。余等亦各就寝。

8月18日（七月十六日　庚寅　末伏）星期六

晴,爽。午后略有云翳,夜月仍姣好。

晨五时三刻起。八时四十分出，乘三轮入馆。处分杂事。看毕钱著《现代中国文学史》。持论不免护旧，而保存史料甚丰，足资探讨，且心所谓危，尽情一吐，亦仁知各见末始，非狂奔乱骛者之当头一棒耳。

下午写信，分致予同（十九号）、振甫，一寄版税细帐，一托检存私章也。三时三刻，偕均正、必陶、祖璋、志公往出版总署访彬然，憩其寓中。四时半步至署内文化宫，听圣陶报告改革学制的决定。五时五十分毕。在场晤天行、云彬、墨林、晓先、芝九、允和、伏园、剑华、文叔等。六时一刻出署，与祖璋偕行，由北总布胡同步归。

六时半夜饭。湜儿午后往看澄儿，在彼夜饭后始返。

滋儿今日上午九时半由清儿伴同往卫生所注射空气针，乃两次打不入，因属全日休养，廿五日再往复诊云。遂令即归卧静摄。佩华以新华开会，十一时半乃归。

余坐院中看月，十时半入寝。

8 月 19 日（七月十七日　辛卯）星期

晴，热，傍晚起阵，入夜雨。

晨五时三刻起。十时许，珏人、琴珠挈元孙及阿凤往南门仓章家，以贺新迁，且清儿今日生日也。有顷，余亦缓步以往。晤雪村。有顷，滋、佩至、业熊、澄儿至，芷芬至。元章至。最后汉儿至。合以诸家小孩凡卅馀人，分坐三席吃面，甚为热闹。下午二时始稍稍散。余下午三时本须参加元明清史组座谈会，以疲倦，即偕滋儿步归假寐。未几，珏等亦归。盖家下惟润、湜两儿留守耳。

四时半，余起。又拟往游北海，或赴演乐胡同参加听曲，适缘云涨电掣,恐罹雨,遂未出。惟琴珠以芳娟生日,独赴新华南饭馆参与夜宴也。余等晚饭毕,坐院中未久,雨即至,俄而,琴亦归矣。九时三刻,各就寝。

8 月 20 日（七月十八日　壬辰）星期一

晴朗,午前后略热,早晚凉。

晨五时三刻起。八时一刻出,乘三轮赴馆。九时应邀列席《语文杂志》筹备座谈会。盖至善等兴发,着力添办此一杂志也,十一时始散。岳生见过,谈至午辞去。伊为应召在京开全国物理会议而来,须留京多日乃返沪也。

滋儿今日到馆部署一切,陈明均正即日起遵医属在家休养。

接十七日君宙信,为退稿事不免牢骚。接十七日予同廿号书,谈近事并个人出处。余即以二十号书复之,亦一吐胸膈焉。

看胡才甫笺注《沧浪诗话》。

下午三时半,刚主来访,盖快信收到后,特由津前来剖白者,痛谈至五时一刻始去。约将稿件寄津,附函请修改云云也。殆亦藉此下场矣。此事余实为难,今后益不敢预人之事耳。实逼处此,奈何不即消沉乎?

下班后仍乘三轮返。诗圣今起下午休息。

六时半夜饭。饭后坐院中延月,九时半即入寝,未及月上也。

8 月 21 日（七月十九日　癸巳）星期二

晴,爽,较昨稍热。

晨五时半起。八时前入馆（乘三轮赶往）,以听取达先向工会作视导二次报告故。十时半始毕。接开会报,彬然、均正、锡光、诗圣、达先俱到。于房屋事锡光又大出主张,此人好为大言,而不负责,妪煦笼下而自植,殊难相处也。十二时散。

下午三时,允和见过,讨论编历史教科书事,往复质证,五时始辞去。明日或将重来续商也。

复漱儿,详告近状,滋儿病况亦及之。珏人感冒,卧床竟日。

下班后乘三轮归。

六时半夜饭。饭后与润儿出散步,由禄米仓、小牌坊、大方家胡同、南小街绕回。

濯身后坐院中小憩。十时入寝。

8 月 22 日(七月二十日　甲午)星期三

晴,热。早晚凉。

晨五时三刻起。八时一刻出,乘三轮赴馆。处分杂事。看《沧浪诗话笺注》。下午三时,允和来谈编史。四时半出席各科考绩会报,纠纷错杂,终难得尽悦人意之方耳。五时三刻始散。仍乘三轮归。

六时半,清儿来省,因共饭。饭后,清偕琴珠往访光暄、守勤。九时许琴归,知清径返矣。有顷,佩华亦归。十时就寝。

8 月 23 日(七月廿一日　乙未)星期四

晴,热胜昨,夜凉有雨。

晨五时半起。八时廿分出,乘三轮赴馆。处分杂事。彬然未至(有电话须下午至)。达先来,略谈,便去中图矣。

看《沧浪诗话笺注》。饭后,何永年来访,取去划款。

朝鲜停战谈判以美方无诚意,且肆情破坏,藉资拖延。两月以来毫无进展,美方之心已昭然若揭,近且袭击开城中立区,是彼方甘为戎首，我方不得不作进一步之措施耳。贪狼不剪，和平难望，苟安自便，万非所望于今之世矣。

学麒、国维两强生考取大连大学，请准辞去开明，定明日成行，今晚五时三刻，工会发起举行欢送会，并欢迎许莼舫、王煦棂、黎东群三新同事。余与彬然俱参加之。（余与彬然代表行政方面，彬三时来。）久安主席，三新同事自我介绍外，彬然、学麒、国维、大凡、亚南、均正及余俱说话。谈次，顺以祝贺久安新婚为题，竟以欢声终。移时就院中聚餐，凡六席，滋儿亦赶来参加，七时半散。余与滋儿缓步以归。

多饮增热，濯身延凉，与家人闲谈。惟润儿以应同事之招赴孟家晚餐，且顺游什刹海，十时始返。余已入寝矣。

8月24日（七月廿二日　丙申　处暑）星期五

晴，爽。

晨五时半起。八时半出，乘三轮入馆。平伯见过，谈有顷即去。处分杂事。看《沧浪诗话笺注》。下午四时，允和来馆，将史本初段纲要商毕。

下班后，与允和偕归，各乘三轮行。伊约汉儿及云彬等来拍曲，因共饭以俟之。饭毕，笛师盘生至。有顷，北大文科研究所于君至。又有顷，汉儿至。最后云彬偕顾珠至。先由允和、汉儿合唱《琴挑》。继由顾珠唱《断桥》。允和唱《番儿》，顾珠唱《折柳》。最后由汉儿唱《望乡》，时已十时半。其间芷芬、达先先后来省，至是，达前去，云彬、于、顾亦去。汉、润送允和去。然后与芷、汉复纵谈，十一时半，芷、汉始辞去。余等就卧已十二时矣。

8 月 25 日（七月廿三日　丁酉）星期六

晴，爽。

晨五时三刻起。八时半出，乘三轮赴馆。彬然未至，应会商之事只得暂阁。总署即日召开全国出版行政会议，恐将延旬积日焉耳。处分杂事。

清儿陪滋儿往卫生所复试空气针，经与医商，定不施针，专意静养而返。

午后写信寄潩儿，告近状，并询沪上亲戚安否。下班后，仍乘三轮归。

六时半夜饭，饮啤酒。九时半即寝。

8 月 26 日（七月廿四日　戊戌）星期

晴，时昙，热。

晨五时半起。九时，本有史学会九三日本投降座谈之约，以无特殊意见，未往。十时一刻，偕润、滋、湜三儿出散闷，步行至史家胡同西口，同乘环形路电车北去，到鼓楼南下，步由烟袋斜街过银锭桥，循什刹海、前海西岸至前会贤堂前，赁小艇一，父子共乘荡海子。润儿鼓桨，颇得法，艇绕新墩之东，溯洄入银锭桥，徜徉乎后海。波光山色相映成趣，夹岸垂杨下时有小艇出没，趁时茶棚又复成市，不啻置身杭州西湖矣。乐甚！舟至后海西河沿，欲穷西海之胜，乃德胜桥置闸不得出，登岸从桥上北望而已。有顷，回棹复至原处交艇，已十二时四十分。盖在艇中已历一小时五十分矣。遂循河沿东北行，憩于露香园茶棚，饮鲜啤，啖烤肉，以烧饼代饭果腹而止，已将二时。离茶棚出，复循前海西河沿南行，过游泳池之东

边压堤桥入北海公园之后门,历春雨林塘、画舫斋、濠濮间,复南度
陟山桥,拾级登琼华岛白塔,即揽翠轩啜茗,颇感热,挥汗矣。三时
一刻出园,各乘三轮归家,拭身就息。

六时半夜饭。蠁生、至美请客,清、汉、芷芬来邀同往,余已饭,
谢未往。珏人同赴之。九时许,均正夫妇及清、汉等伴珏归。小坐
闲谈至十时,乃别去。余等亦入寝。

8 月 27 日（七月廿五日　己亥）星期一

阴霾,近午雨,时断时续,傍晚始霁,气仍闷热。

晨五时半起。七时出,乘三轮赴馆。与均正、锡光、祖璋、宝懋
会齐后(卅五分),联步往贡院西街市干校大礼堂,盖应总署之招
参加第一届全国出版行政会议旁听也。坐最后条凳上,颇吃力。
八时半开始,乔峰致开幕词(数分),沫若讲话(一小时),圣陶报告
(四小时),于当前出版界存在之混乱、恶劣现象及行政上关顾欠
周之处,尽情暴露,暗示今后即将严密管制也。下午一时卅五分始
毕。散出后,偕润儿踏泥冒雨北归。二时始得饭,盖重行作炊矣。
饭后疲甚,属润返署后,电话通知总处,余不入馆,在家偃卧。

四时半起。稍感舒苏,自愧老大不任久坐如此(挺坐硬板凳五
六小时,腰背酸楚,几难植立)。惟有放废而已。六时半夜饭,饭后
看润、滋、湜着象棋。九时便就寝矣。

湜儿今日缴费注册(共三十六万二千七百元)。九月一日开学云。

接廿四日予同(廿一号)、振甫复信。

8 月 28 日（七月廿六日　庚子）星期二

晴,又热。晚凉。

晨五时半起。八时廿分出,乘三轮赴馆。九时半会报,彬然、均正、锡光、诗圣俱到,决定购进羊尾巴胡同卅号屋十一间半,备同人宿舍用。又决支付版税办法多则(均正意)。十一时半散。

下午二时,本须往听胡乔木报告,以久坐恐不支,属伯恩持券往。(余同昨,惟锡光早将券授诗圣,而身自守己席。)

略翻《饮膳正要》。下班后仍乘三轮归。

六时半,芷、汉、润先后自会场来。夜饭讫,坐院中杂谈,七时半,芷、汉去。综合昨今所听报告,此后出版业殆不可能容许私营矣。

九时入寝。

8 月 29 日 <small>(七月廿七日　辛丑)</small> 星期三

晴,热,傍晚起云,黄昏雨,闷甚。

晨五时许即起。八时半出,乘三轮赴馆。处分杂事。看蒙文通《古史甄微》。根柢甚深,见解亦超,不可忽视之作也。

下午写信复颉刚,赞其翻译《书经》之功,并勖以撰写经学史之任。前与予同谈,亦及此事,至是促渠等合作。余亦愿奋其炳烛之微明,追随其后,贡一得之愚,庶稍慰于没齿云。

下班后仍乘三轮归。六时半晚饭,饭后坐院中招凉,乃微雨忽来,迫使入室,闷燠甚,勉就寝,殊难过也。

8 月 30 日 <small>(七月廿八日　壬寅)</small> 星期四

搁朝阴雨,禺中霁。午后放晴。入晚又上云,以故闷湿损人也。

晨五时半起。七时廿分冒雨出,乘三轮赴馆。听彬然传达政务院周总理报告,顺便宣布开明书店将与青年出版社合并云。力子十时许来,盖昨晚自北戴河返京矣。健康尚佳,当以顷所闻告之。

王庆成持予同函介见,云三日前来此,奉派在中宣部干训班学习一年。谈次甚见温雅,不类时下青年,颇似陈叔谅。余深契之。移时辞去。

午后,看《古史甄微》。

写信复予同未毕。下班后仍乘三轮归。

六时半晚饭。知澄儿曾挈埮、垲两孙来饭云。

饭后濯身,坐院中纳凉。露湿不堪久延。九时许即入寝。

8 月 31 日 (七月廿九日 癸卯) 星期五

晴,温。

晨五时半起。八时半出,乘三轮赴馆。处分杂事。看毕《古史甄微》,惟自序尚未及之耳。

写毕复予同书,因顺复振甫,即以廿一号信托转焉。余近恫浅妄者之以语文专研嚣嚣自鸣也,颇感恶心,与予同书中略及之,其中有一段云:语文而冠以中国字样,则自与一般语文不同。若不睹训诂之条,而猥谥曰语不达六书之旨而漫称以文,终不足以折愚之心也。此二语诚今日昌言搞好语文者之写照矣。

下班后,仍乘三轮归。

六时半夜饭。七时盘生来。有顷,允和亦至,惟云彬、汉儿皆未来,仅由允和唱《番儿》一折,《佳期》一段而已。馀均清谈,近十时散去。

守勤来访琴珠,九时半去。

余等十时后就卧。

9 月 1 日 (八月大建丁酉　甲辰　朔) 星期六

晴，爽。

晨五时半起。八时半出，乘三轮赴馆。彬然、力子均未至。处分杂事。看毕《古史甄微》自序。

琉璃厂店屋让售与人民银行，价一亿一千万元。已收定银一千万，俟成契交割。北小街南门仓屋已与陆桢祥谈妥，以九千万元购进，草约订定，（约年内付清房价，在未付清前按月付租金一百万，七月分起租。）今晚互约在韩家潭悦芳和小叙，作为成交。下班后，余偕锡光、元章、宝懋赴之，至则桢祥父子及玉麟等俱先在，且于邻座遇李林森焉。九时始罢，步由陕西巷、李铁拐斜街、观音寺、大栅栏，至前门大街，始与众别，乘三轮遄返。到家已九时五十分矣。

濯身小休即寝。

接潏儿廿九日复书（昨日到）。

9 月 2 日 (八月初二日　乙巳) 星期

阴昙兼施，暂热仍凉，正秋候矣。

晨五时半起。九时许，伯恩来看滋儿。有顷，竹君、芳娟、大凡亦至，又有顷，继文、漱玉来。谈笑杂作，颇热闹。十时，伯恩先去。琴珠抱元孙往光暄家。竹君、芳娟同去。大凡亦返总处矣。十一时半，文、漱亦去。午饭时，清儿挈建昌偕雪村夫人与密先至，乃重具餐餐之。下午一时半，余与润、湜两儿挈建孙出，步至青年会，乘电车往天桥，复步入天坛，径登圜丘，然后历皇穹宇、祈年殿，从西坡下，憩息于茶棚，时三时一刻，坐至四时半行。乘三轮至天桥电车站，仍附北行电车还青年会。属湜儿挈建孙乘三轮先归。余与润从容由干面胡同、禄米仓步以返。归时，清等已去，知雪村曾来看滋，余未之晤，歉甚。

七时晚饭，以湜送建归，及滋、佩外出，须其归后同餐也。

九时即寝。

9月3日（八月初三日　丙午）星期一

晴，爽。

晨五时三刻起。八时半出，乘三轮赴馆。处分杂事。九时四十分与清儿同出，伴余往东四南米市大街第一卫生所保健科检验体格，依次候检，先透视，次查耳鼻眼齿，次查血压、心脏、脊椎及其他骨骼、腹部、外生殖器、肛门，次查视力、辨色、听力、身长、体重等等。十一时一刻始毕。取得健康检查记录归馆。据告：缺牙槽脓炎，须矫治。肛门有轻微外痔，可暂不矫治外，馀俱正常，非但肺部无恙，心亦不扩大也。惟血压最高一八八度，最低九〇度，则殊严重。医告即当屏除烟酒，并须多事休养云。余自知甚明，乃以耽酒故，不免讳疾忌医，从未作彻底之检查，近以左侧偏头痛时作，目泚亦时觉粘糊，左耳且时鸣，偶有所触极，易动怒，兼感怔忡，缘是不得不一问医家耳。今即灼然，则入手之方只有先去烟酒，再为徐图休养也矣。

下午接达先廿九日西安书，告安抵彼处，并云当访碑林，为余购致开成石经也。下班后仍乘三轮返。

六时半夜饭。七时许，裁缝张姓来，盖滋儿约来制衣者。九时许始去。

十时就寝。

9 月 4 日（八月初四日　丁未）星期二

晴，爽，微热。

晨六时起。八时半出，乘三轮入馆。九时一刻主开室务会议，彬然与焉，力子尚未至。十时半，力子至，乃出席会报，决房屋购售及调度计政诸端。又定周内召开业委会，商议与青年出版社入手合并事。十一时五十分散。

看朱贡三《史记天官书恒星图考》。

接王庆成来书，洽译稿，即询均正，预计伊等成见甚深，恐无望也。

下班后，仍乘三轮返。今晚《语文杂志》有座谈会之约，余以惮于夜行，未赴，适清儿为司纪录，随琴珠归饭，乃属向沛霖、锡光打一招呼。

夜饭后，坐院中看星，略取准于贡三所说，颇有得。九时半入寝。

湜儿今起正式上课，七时前须到校云。

9 月 5 日（八月初五日　戊申）星期三

晴，微热。

晨六时起。八时半出，乘三轮入馆。处分杂事。杂志社为进用黎东群名义待遇事又生枝节，至善强出头，责办公室不先征取伊等同意云云。亚南、叔循等附和之，书面相质，态殊横，明日处务会议必当获一解答也。开明之坏端在若辈，口头越进步则表见越乖张，殆末运已臻，戾气得以乘之邪。

书复达先,详告近状,并以康健检查所得示之,深表倦勤矣。度日内伊将离秦,因径寄汉口分店,属转交焉。

下班后仍乘三轮返。六时半夜饭。湜以青年团开会,夜饭时始归。润儿以署中集体看电影,未归饭。深夜十一时始返。余已就卧矣。

9 月 6 日(八月初六日　己酉)星期四

阴,午前雨,午后加甚,气遂大凉。

晨五时半起。八时半出,乘三轮赴馆。本有处务会议,以彬然未至,力子属延期至星六开。杂志社书面力谓此等事不值书面驳,应请彬然、均正召伊等开导之,达君事最好请云彬再恳切函劝,内渡为宜云。

九时许,有外文印厂王锦文者来访余,延见之,则上海永兴昌老板张瑞生之戚,特来传言访候近况者也。远承关切,殊深感动,不图市井中乃有笃旧若此者,士夫真不足道也。皇愧皇愧!

读《庄子》,尽内篇五篇。

下班后雨中乘车归,已感冷。六时半夜饭。访候少坐,打五关数盘,仅通其二。八时半写信与彬然,即以晨间力子所属二事转达焉。明晨交润儿面递之。

十时就寝。

9 月 7 日(八月初七日　庚戌)星期五

晴朗,凉爽。

晨六时起。未入馆,属琴珠以印章交锡光,并书告休息一天也。九时半,与滋儿出散步,由宝珠子胡同出东总布,遇伏园,承告芦丁之效,慰藉有加,谈有顷,复行。迤逦从贡院西街,折东出建国门缺口,正观象台之北侧也。过护城河南行,入东便门,又在外城矣。由蟠桃宫北岸西,并铁路线行,乃抵崇文门,复入内城,经苏州胡同、闹市口、方巾巷、顶银胡同、甘石桥、豆坑胡同,仍由宝珠子归。

饭后小卧,三时始起。润儿为余购到五洲芦丁及维他命 C 药片各一瓶,晚饭前即开始服用。六时半夜饭。饭后,汉儿、允和、盘生、芷芬陆续至,汉、允、芷且先后两次具餐焉。八时唱曲,允、汉合唱《游园》,允又唱《扫花》,余闲谈而已。允和所拟教本纲要已脱稿,示余求正,为指一二属改。十时,允和、盘生去,芷、汉则十一时后始去。

余就寝已十二时矣。

9 月 8 日（八月初八日　辛亥　白露）星期六

晴,爽。

晨五时半起。八时半乘三轮赴馆。十时出席处务会议,中心问题在与青年出版社如何合并耳。十二时十分方毕。饭后,圣陶知余血压高,特过家相访,乃余在馆中,复承过馆见访,谈至二时半,始别去。可感也。

接颉刚六日复书,于经学史骨干已立,至有见地,节录如次:

　　窃意董仲舒时代之研究经书为开创经学,我辈生于今日,其任务为结束经学,故至我辈之后,经学必变而为史学,惟如何必使经学消灭? 如何必使经学之材料转变而为史学之材料,则我辈责任綦重……所谓立一骨干者,盖孔子以六艺教授,欲以周公之道行之后世,是为正。墨子反周法夏,掊击儒家,是为反。孟子一方面接受孔之亲亲,一方面又接受墨之尊贤，是为合，合又为正。而荀子主以礼法，易王道，是为反。及今文家起，一方面发扬孟之王道，一方面又扩展荀之礼法，造成汉代外儒内法之制度，是为合，合又为正。而古文家反之，欲以古史料压倒纯任主观之经说。今古文争二百年，而马郑起沟通今古，号为通学，是为合。合又为正。然其沟通多不合于理，故王肃反之，郑、王之学争四百年，而唐人作正义合之。正义为正，而两宋诸儒反之。清代学者表面上主排宋取汉，而实际上固惟善是从，则又合之。然清之经学渐走向科学化的途径，脱离家派之纠缠，则经学遂成古史学。而经学之结束期已至矣，特彼辈之收经学转而为史学，是下意识的。而我辈则加以明朗化耳。

三时半出席业务会议，与青年出版社合并事已确认，建议董事会推出彬然、余、均正及锡光为开明方面之筹备委员，五时毕。六时晚饭，饭后乃各散。余亦乘三轮归。

琴珠、湜儿往大华看电影。珏人、滋儿则往看澄儿之家。九时左右均返。

十时就寝。

9 月 9 日（八月初九日　壬子）星期

晴，爽。夜弦月甚明。

晨六时起。八时四十分出，乘三轮往南河沿金钩胡同史学会，出席中国通史组座谈会。讨论翦伯赞所拟文法学院用《中国通史》讲授提纲（一年用）。晤仲沄、伯赞、云彬、广铭、佳生。十一时五十一分散。尚未有结果，恐须经长时期缜密讨论也。

离会仍乘三轮遄归午饭。饭后小卧，近四时始起。六时夜饭。

夜与家人闲谈为乐。十时就寝。

9 月 10 日（八月初十日　癸丑）星期一

晴，爽，夜月姣好。

晨六时起。八时半出，乘三轮入馆。发柬通知在京各董监，定明晚五时开董事会，并致函西谛专约，兼告近日体气不佳，以电话接不通也。

读《庄子》。

接振甫复书，谓余抽屉中物将为带来，惟"容叟"牛角章则遍寻未之得耳。

散班后仍乘三轮归。六时半夜饭。饭后看滋、湜、佩轮着象棋（今日起，佩华亦请准在家休养）。九时半就寝。

9 月 11 日（八月十一日　甲寅）星期二

晴，略热。午后上云，既而渐闷，三时许雷作雨至，间以雹，大如龙眼，幸移时即止，仍日出，入夜月色好。

晨六时起。八时半出，乘三轮赴馆。上午本有会报，以无甚大事，且力、彬均未至，遂不果行。

庆成洽稿，屡催均正，今果以不拟接受报，即据以婉复之。

雨前力子至，雨后彬然至。有顷，雪村至。又有顷，觉农至，桢祥至。六时开董事会，循例报告主要议题，乃为与青年出版社联营事，其间对核销洗人丧葬费颇有人指摘，正触及时，西谛至，当场坚主即行合并者为彬然与雪村，余皆有斟酌之辞，而西谛、觉农颇不欲骤施，最好先解决私股云。最后对业务委员会此一建议本次会议不作决定，请邵董事长向出版总署协商后再提会商决之（即依此作决议案）。就馆晚饭，九时始散。乘车归已将十时。稍休，啜茗，服芦丁乃就卧。

9 月 12 日 (八月十二日　乙卯) 星期三

晴，爽，夜月甚姣。

晨六时一刻起。八时半出，乘三轮赴馆。处分杂事。阅定昨日董事会纪录。接中国史学会第一届当选理事名单，知余以九十八票当选后补理事。

接达先九日西安来书，知十日动身赴汉，十三日乘轮赴渝。是余寄汉口之信当可见到矣。书中并云碑林已去过，开成石经已购得，付邮寄京。附来详单，须邮到再细对之。

读《庄子》，讫于《知北游》。下班后仍乘三轮归。

六时半夜饭，食蟹，今岁初得擘蟹之乐，惜以断酒，已无佐下之具矣。

灯下打五关三盘。九时三刻就寝。

9 月 13 日 (八月十三日　丙辰) 星期四

晓来雨，延绵连日夕，气乃大凉，袷衣不胜已。

晨六时一刻起。体颓不自振，因书条交琴珠携告锡光，不拟到馆，耽逸在家矣。饭后小睡，三时半始起。六时半夜饭，十时寝。

竟日读《庄子》，九时毕之。屏弃一切，专务读书，平生至乐亦仅见之日也。夜半月色窥窗，至感清寂。

9 月 14 日 (八月十四日　丁巳) 星期五

晨阴，旋开，午后畅晴，凉爽。

早六时起。八时半出,乘三轮赴馆。处分杂事。看元人杨朝英集《阳春白雪》。达先为购致开成石经拓片三大包已由西安中华书局邮到。下班乘三轮携以归。先发《周易》看之,墨拓尚精,未全检,不识是否未断前所拓存者耳。

六时,清儿至。有顷,芷芬至。元鉴亦前来。又有顷,汉儿至。润儿亦自署中散值返,乃团聚进面。盖今日受晓先夫人之托,由珏人代办士秋三十初度家宴也。晓先自亦具此别招他友,因未来。盘生来,芷、汉已往中山公园看《长征》话剧,遂回。八时,先送元鉴归。清儿留家大谈,诚可谓乐叙天伦。至十时始去。

余等亦各就寝,时明月正中天,清光四溢也。

9 月 15 日(八月十五日　戊午　中秋节)星期六

晴,爽,午后微热,傍晚发风起云,颇有雨象,俄尔开朗。入夜月甚姣洁。

晨六时起。八时四十分出,乘三轮赴馆。彬然来,力子未至,电话约傍晚到馆,参加晚会。因与彬然谈,知仍纡回进行与青年出版社合并事。

接达先十二日汉口来书,知余前书已达,病状亦知之,劝不必定时到馆,暂勿请假,以俟青年出版社合营办妥再谈,并告十三日即附虁门轮入蜀云。当即作书复之,告开成石经已收到。休息事容与力、彬恳谈后再作进止。附寄渝店信中,想可早到耳。

昨日接宽正书,介绍柳树人(南京大学毕业,朝鲜籍)写稿,但今尚未到,无从答复,姑待之。

接史学会柬,十七日上午九时开第一届第一次理事会,届时自当一往。下班后留馆待开晚会,近七时,中图同人始到,乃先聚餐,员工合宴,凡十席,余与力子、学文、彬然、均正、祖璋、纯舫、煦柽等同坐。七时半毕餐,四十分晚会开始,余先致辞,说明意义三项:一转入中图同人,应经常联系,此为嚆矢;二为力子祝七十寿;三为开明作廿五周年纪念。继由力子致辞挒谦中深切阐述余称述三项之意,并敦劝交勉,殊为得体。此老真健者也。次马元载、王荣兴讲话,次即娱乐节目,有合唱,有独唱,有京剧、越剧、昆曲等,最后有话剧《帼英从军》之演出。芳娟、大凡、艺农、东群、弘琰五人合为之,成绩尚佳,九时半完毕。余与珏人、滋、湜两儿、琴珠及雪舟、诗圣等踏月联步以归。至小雅宝口始分路。

到家小憩,十时三刻始各就寝。

9 月 16 日(八月十六日　己未)星期

晴,较昨暖,夜月尤皎。

晨六时起。八时四十分出,乘三轮赴史学会,应近代史组之招,听陈铭枢讲十九路军及福建人民政府之经过,九时一刻开始,十二时一刻始毕。前后因果脉络灿然,惜为时所限,犹不能畅发厥绪也。铭枢军人,言尤爽直,评骘人物亦无所容隐,虽粤音不免北人难懂,而描述生动,时杂诙谐,余颇感兴味焉。离会出仍乘三轮归。(在会中与静厂、毅生、漆侠诸人晤谈片晌。)

午饭后二时,与珏人、升基(上午珏往看澄家,携升基来家午饭)乘三轮往南门仓访候雪村,以前晚闻渠在家蹉跌足踝,受伤未出也。连日阻事,未克往视,今乃看之。比晤,已起坐,且能行走矣。与谈至近四时,乃偕珏人、升基归。

夜饭后,雇车送升基归去。余在院中待月,十时始寝。

9 月 17 日(八月十七日　庚申)星期一

晴,温。

晨五时一刻起。八时半出,乘三轮赴史学会。九时半举行理事会,到吴玉章、范文澜、徐特立、郑振铎、吴晗、翦伯赞、陈翰笙、翁独健、徐炳昶、邵循正、白寿彝、金毓黻、叶恭绰、宋云彬、尹达、郭宝钧、季羡林、马坚、唐兰及余二十人。公推玉章任主席,恭绰报告选举理事及后补理事经过。旋讨论中国史学会章程草案,修正通过,乃互选沫若为主席,玉章、文澜为副主席,向达为秘书长,振铎为副秘书长。陈垣、伯赞、独健、循正、寿彝、尹达、吴晗为常务理事。最后由玉章讲话,十二时十分散。会中备饭两席,余留与同人谈,因饭焉。振铎、云彬、伯赞、独健、宝钧偕余同座,略饮啤酒。一时半散,余与云彬偕行,过东安市场,且步且谈,在金鱼胡同西口,各乘三轮归。

归后小睡,三时一刻起,未再出。六时半晚饭。夜伫月,十时就寝。

九时,银富送愈之书来,约明午在文化俱乐部吃饭。

9 月 18 日(八月十八日　辛酉)星期二

晴,暖。夜月皎朗。

晨六时起。八时半出,乘三轮赴馆。处分杂事。庆成昨来馆见访未值,留条致候。十时,力子、彬然、均正、锡光、诗圣及余聚谈,顺作会报。决定考绩总结办法。十一时三刻散。十二时一刻,愈之见过,约同行赴文化俱乐部。乃与力子、彬然同出,彬附愈车,余与力子同乘抵彼。时西谛已在,少选,五人聚餐,谈开明与青年出版社合营事（本约觉农同谈，今晨四时已飞赴捷克矣）。愈之反复说明有此必要，西谛亦放弃再考虑。爰约定明午仍在原地召开董事会，俾商得一决议案也。二时罢，余仍返馆，附愈之车行。

大凡之父慧剑来书，为大凡升学事有所申说，且向公司道歉云。

下班后，乘三轮归。

六时半夜饭，清儿来，同啖蟹。饭后闲谈。清儿九时半去。

十时就寝。

9月19日（八月十九日　壬戌）星期三

晴，暖。

晨六时起。八时半出，乘三轮赴馆。处分杂事。复庆成。十一时三刻，彬然车来，桢祥亦早到，乃与诗圣及桢祥同附乘其车，雪村已在车中，遂径驶南河沿文化俱乐部。有顷，力子、雪山至。又有顷，西谛亦至。于是聚餐共谈，举行董事会焉。

力子报告与胡署长商谈经过，认为与青年出版社合营有此必要，因决议接受业委会之建议，并指定余等四人为筹备委员。

二时始散，仍附彬车返馆。书复严慧剑。下班后乘三轮归。

六时半夜饭。饭后颇思往北海看月，鼓不起兴，未果也。九时半即寝。

9月20日（八月二十日　癸亥）星期四

晴，暖。夜有微云。

晨五时三刻起。八时四十分出，乘三轮赴馆。十时召开办公室全体业务座谈会，十二时毕，对青年出版社合营事各抒所见，有极中肯綮者。

下午,处分杂事。吉金来求工作,济以五万元。下班后仍乘三轮归。

六时半夜饭。九时即寝。

珏人偕佩华往八条候云彬夫人,顺送其行。盖云彬将归杭,专任省府委员,并主持浙省民盟盟务也。归时承赠盆栽两事,极幽蒨,可感!可感!

9 月 21 日(八月廿一日　甲子)星期五

晴,暖。

晨六时起。八时五十分,乘车到馆。处分杂事。吉金送自传来。午后与元章长谈。于其迁家来京与否,及吉金情形均有论及。

今晚本拟过访云彬一谈,以在晓先电话中知渠今夜在民盟开会,遂未往。

下班后仍乘车归。六时半夜饭。润儿检查身体,肺部仍旧,因建议会食时用公箸公匙云。不但心绪陡为增劣,而日常生活不免更多纠纷也。

九时三刻就寝。

9 月 22 日(八月廿二日　乙丑)星期六

晴,暖。

晨六时起。八时半出,乘三轮到馆。九时半,力子、彬然俱到,乃举行会报,对同人考绩作好总结,并决上年度结帐分发红利事。十一时五十分散,定下星二开处务会议云。午后三时半离馆,乘三轮往八条访云彬,兼候圣陶老太太。云彬今晚即挈家南行,与谈至五时半,乃辞归。仍乘三轮行。到家已六时廿分。

有顷,润儿自署归,遂共夜饭。饭后打五关数局,九时许即寝。

9月23日（八月廿三日　丙寅）星期

阴,午后微见日,晚又阴,气暖。

晨六时起。七时许,与润、湜两儿出,乘车赴前门车站会汉儿,参加中图公司旅行团北游青龙桥。编入第二组,与均正夫人及亚铨、汉儿等同列,相将登团体车。凡百馀人,开明之元章、纯舫、竹君、芳娟、天昌、艺农、东群等皆与焉。八时开车,历东便门、朝阳门、东直门、安定门、德胜门、西直门、清华园、清河、沙河、昌平诸站,始抵南口,换机头,从列车后推以上行,盖自此入居庸峡道矣。又穿山洞五道,历居庸关、三堡等站,乃抵青龙桥,时正十一时十九分。下车后沿公路往关城。城圮,非复当年南门居庸外镇,石额仅存。出北门即察哈尔省境,在北门锁钥石额下徘徊,久之始登长城,虽十步三停,终于登临附近地带最高一烟墩。拄杖上下,仅折一杖头之帽,腰脚竟未感十分疲乏也。见者以老当益壮相勖,余哑然颔之而已。一时半,降抵居庸外镇之下,乃策蹇返车站。包头通车自北来,余等仍购团体票以俟之。二时十分登车,五时一刻抵朝阳门,乃与汉、润、湜及元章、均正夫人等先下,入城关后分道,余等父子三人从南水关、小牌坊等路步以归。

知均正、介泉、庆成、芷芬俱见过,介泉、芷芬皆入坐稍憩始去。均正、庆成则及门回车云。此次之登长城,距前在京作寓时与颉刚、介泉、子玉偕往,时已逾三十年,塞上雄风依然,惟倾圮加甚,苍凉无极而已。

六时半夜饭。九时半就寝。

9 月 24 日 (八月廿四日　丁卯　秋分) 星期一

晴,暖。

晨六时起。竟日未出。琴珠携归予同廿一日发沪京廿二号信,于洗人墓工铺张事有所辨白,以谓如此做法,不免令人难堪云。此次核销固出某方挑剔,而觉农、西谛亦大打官话,一若经办者故意浪费,然不得不提出也。

六时半夜饭。九时即寝。

9 月 25 日 (八月廿五日　戊辰) 星期二

晴,凉。

晨五时三刻起。八时半出,乘车赴馆。

晤力子、彬然,谈公司近事,定延期(星四)开处务会议。出版总署发动出版各家参加土改,开明可争取三人,今日彬然传达后,叶至善、胡嘉二人应征云。胡智炎贸然自沪来谋职,一时无从安排,众意仍购票打发归去。谒余时,余即以此告之。下午作书复予同(编廿二号),告董事会核销范丧费用经过,委宛相语,宜得谅解耳。下班后仍乘车归。

清儿与琴珠偕归,须臾,芷芬亦至,润儿旋返,乃围坐食蟹,而润则往萃华楼饭,贺其友马君生日也。饭毕,清、芷往开明总处听方白报告(参加土改情形)。

滋、佩以体不甚适早睡。润九时半归。

十时就寝。

9 月 26 日 (八月廿六日　己巳) 星期三

晴,凉。

晨五时半起。八时半出,乘车无着,走入馆。处分杂事。十时偕工会参观团往劳动人民文化宫看全国铁路展览会,甚挤,排队以入,立日中半小时。模型、图片美不胜收,且随处有说明员指示解释,广场上又布置小型铁路,凡车站、货仓、桥道、涵洞、电信设备之属,靡不备。依时演习,殊令观者神往。惜为时所限,为众所挤,不得不草草终场而出耳。与祖璋、清儿、琴珠行抵故太庙前,已十二时五分,琴珠即乘车归家午饭。余与璋、清候电车不至,缓步返馆,俟诸人毕集,乃得饭,已一时许矣。

昨接绍虞寄小雅宝信,询股票事,今日下午详复之。下班后乘三轮归。

六时,珏人偕湜儿应清儿之招,同往红星大戏院看《白毛女》。余等在家闲谈,以俟其归。九时半乃返,知红星已满座,改往青年宫始得看之耳。

十时就寝。薄被已觉不胜微寒矣。

9 月 27 日（八月廿七日　庚午）星期四

晴,大凉,午前微雨。

晨五时半起。八时四十分出,乘车赴馆。十时一刻出席处务会议,通过同人考绩总结,并提议拨款酬劳同人,相当于从前之奖励金云。候董会通过即可实施。会上报告同人参加土改事,至善当场脱避,诿祖璋代之。青年人之受考验,此真实例矣。平日气焰万丈,驱促风云,目无馀子,乃临到紧要关头,不恤自埋自掆苟安,畏难如此,至可叹诧也。十二时散会。下午处分杂事,对胡智炎、姚吉金事俱分别办出。下班后仍乘车归。

六时一刻夜饭。饭后家人聚谈,九时半就寝。

湜儿以校课须理,十时半始睡。

9 月 28 日 (八月廿八日　辛未) **星期五**

阴霾,午前后微雨,薄寒矣。

晨六时一刻起。八时四十分出,乘三轮赴馆。处分杂事。智炎来言,今日赴沪,因托趾华照料之。看归玄恭《万古愁》曲及万季野《新乐府》,俱昆山赵氏《又满楼丛书》本。下班后,仍乘车归。

六时半夜饭。饭后,滋、佩往看清家,十时乃返。余九时半就寝。

9 月 29 日 (八月廿九日　壬申) **星期六**

晴,薄寒,须棉。

晨六时起。八时四十分乘车赴馆。晤彬然。九时半出席生产部全体会议,十一时三刻散。力子未来,电话见询,略谈。杂志社主持人骄横乖张,不成话说,均正无法掌握,即锡光亦随阿不了而有怨言。如此自流,将伊胡底?愧甚愧甚!饭后晓先、剑华来馆闲谈,移时始去。下午看章式之遗著《两当斋集》。下班后仍乘车归。

六时半晚饭。饭后湜儿出看电影,九时半归。十时就寝。

珏人于午后尝偕滋、佩往游西单市场,顺看天安门前国庆新布置云。

9 月 30 日 (八月三十日　癸酉) **星期**

晴,凉,有风。

晨六时一刻起。振甫一行今晨抵京,十一时许,元章偕之来家,握谈甚畅。

元锴、元鉴两孙先至。十二时三刻汉儿携元镇来,乃共饭。饭时伯恳来访,晤振甫,谈有顷,偕去。二时,余与元章、汉儿、锴孙等出,伊等归去。余则乘三轮往八条访晤晓先,兼晤绍铭。坐有顷,即偕晓先出,访十条介泉谈,妙绪环生,久坐不倦,五时半始辞返。晓先归八条,余亦径归。仍乘车行。

六时一刻晚饭。饭后,银富送彬然信,并附参加国庆观礼标识,属明晨八时前往署中集合同往天安门云。又接孙彦衡信,托与中图往来建立分销关系。又亦秀带来香烟一条,漱石带来棉鞋一双。夜捡出制服,命润、滋持往干洗店亟为一烫,备明日用。

十时就寝。

10 月 1 日(九月　小建戊戌　甲戌　朔)星期一

晴,暖,和煦,午后微风即止,终晴。

晨五时起。唤润、滠俱起。六时,润入署留值,滠赴校列队参加国庆大游行。七时半出,步往出版总署文化宫。晤雪村、建功、明养、公文、久芸、史枚、静芷、明心、静庐、均正、彬然、芷芬(甫自太原归)等,取齐后,八时一刻乘车出发,由东总布胡同、南小街、朝阳门大街、猪市大街、王府大街、弓弦胡同、沙滩、北池子、东华门、前筒子河入太庙便门,停车于河边柏林中。如此绕行,盖避免与游行队伍相值,预为指定路线耳。列队步出太庙,入天安门广场,同车者皆入左台(在东三座门北),余独掣得右台观礼证,再步往西三座门北,人已挤满,在最西一台第一排之最西端占一立足位。左右顾,无识者,默立而已。十时,典礼开始,礼炮鸣,检阅即随以举行。先陆海空各兵种部队,并有民兵参加。军容之盛,极雄伟庄严,古所未有也。部队经过西三座门，已午后一时半矣。继以少年儿童队、工人大队、农民大队、各学校、各中央人民政府直属机关、中共中央直属机关、各民主党派、各团体。及礼成散会，已三时半。天安门无法越过，乃顺步西行，由南长街北行，沿途无街车，勉行至景山大街，大高殿东，始得一车，自初莅观礼台，至此，已阅六小时，在台时始终未离一步，未饮水，未解溲，未吸烟，兴奋已极，一切忘怀矣。上三轮后不能东行，由景山西街而北，绕越至东城，抵家已五时(车价五千元)。适墨林、绍铭访珏人归去，在门口遇之，已上车，未及数语也。少坐，解溲，盥洗讫，饮茶进点，稍稍舒苏。

六时半夜饭。饭后湜儿复出(六时归)，仍会同学至天安门广场为军民联合狂欢会。润、滋(润亦后余归)偕阿凤往广场看焰火。余及珏人、琴、佩在家遥望。八时后，焰火施放之，炮声甚剧，而为邻树所遮，隐约见光而已。有顷，探照灯表现，先纯光，既而施以诸色玻罩，于是，五彩之芒灿灿四射，忽聚忽散，忽交互成文，忽擎天矗立，九时半，润、滋、凤归，备述盛况。湜儿竟未归。十一时始就寝。犹望湜也。

10 月 2 日(九月初二日　乙亥)星期二

晴，暖，无风，较昨更和。

晨六时四十分起。八时许，云瑞见过。九时许，清儿挈建昌来。近十时，湜儿始返，盖昨夜二时自广场散，即偕同学住校中也。十一时，元错来。珏人即偕之去，饭于汉儿所。午后一时许，圣陶见过，与长谈。二时许，澄儿抱垲孙来。三时，业熊挈埼、基、墀、埙四孙来。清儿挈建孙于三时廿分去。余与圣陶纵谈。润、湜亦侍坐，至四时三刻，警卫鄂凤祥来接，始送圣陶归去。

五时半,珏人乃归。

六时夜饭。七时,业熊、澄儿及堉等诸孙归去。余竟日未出,而谈话较多,入夜颇感疲惫矣。九时许即寝。

10 月 3 日(九月初三日　丙子)星期三

朝曦旋阴,午前后微雨,有风,未几放晴。气颇温。

晨六时十分起。八时半出,步入馆。力子、彬然皆未至。处分杂事。看唐张鷟《龙筋凤髓判》。复孙彦衡,并致函徐炳生为道地,盖孙经营之读者书店欲与中国图书发行分公司建立代销关系也。晤士铮、启德,带到漱儿托携之信。振甫将余在怀夏楼案头杂物囊括以来,今日交余,甚感之。

越剧名艺人袁雪芬来京参加国庆,今日假青年宫出演《梁祝哀史》。公开售票(只今晚),同人颇有怂恿者,乃属声权代购楼座二张。

下班后乘三轮归。六时半夜饭。饭后偕珏人出,乘三轮往东单青年宫看越剧。在场晤伯恳及雪舟夫人、祖璋夫人、永清夫人。近八时始开演,十一时半散。乘车返家,少坐即寝,已十二时矣。

越剧善采众长,服装效果俱极注意,近二十年来不断改进,宜其崭然翘异于剧曲界矣。

10 月 4 日(九月初四日　丁丑)星期四

晴,温。

晨六时起。八时四十分出,步入馆。晤力子、彬然谈事。决定八日起,下午办公时间提早半小时,并致电渝店,属将存纸斥售云。

看李调元《淡墨录》。下班后乘三轮归。

六时半晚饭。夜士铮来访滋儿,谈至九时辞去。有顷,余即寝。

10 月 5 日（九月初五日　戊寅）星期五

阴霾，午后晴，仍温。

晨六时起。八时一刻出，乘车赴馆。接绍虞复函，知将偕予同往皖北参加土改，并附来股票挂失据。即属幼祥将前存应发之件悉寄与之。致函钱亲家伯衡，慰其次子培之诖误被议事。

处分杂事。看《淡墨录》。下班后仍乘车归。

六时半夜饭。九时半即寝。

10 月 6 日（九月初六日　己卯）星期六

阴燠欲雨，近午晴。

晨五时三刻起。七时四十分出，乘车赴馆。八时，力子至，越半时，彬然至。乃召集同人讲话，力子、彬然先后就考绩学习及与青年出版社合营诸端宣达之，十时始毕。

处分杂事。看《淡墨录》。下班后仍乘三轮返。

未离馆前，钱君匋来访，偕均正去。

六时半夜饭。夜仍看《淡墨录》。十时就寝。

10 月 7 日（九月初七日　庚辰）星期

晴，温。

晨五时三刻起。八时四十分出，乘三轮往南河沿史学会，出席常务理事扩大会议。晤仲沄、援庵、宝钧、独健、伯赞、叔平、旭生、毅生、循正、马坚、寿彝、誉虎、静庵、灿然诸人。修正会章，并讨论编印历史月刊事。办刊物图始实难，良久无结果。最后决定先推若干人筹备，议有具体方案再召集会议商定之。余亦被推参与，辞而不获,又多一事矣。十二时半散,乘三轮返,与叔平偕行。

午饭后一时三刻许,偕润儿乘车往午门城楼历史博物馆参观"伟大祖国的建筑"展览会。自洞穴时代渐次发展,以迄近代,举凡宫阙苑囿,城垣寺塔,桥梁墓穴,莫不广搜博采,依序陈列,藉实物、图片、模型,以表见焉。四时许始出,步由端门、天安门,度金水桥,乘三轮以归。

珏人率滋、佩、琴、湜往章家吃面,以建昌前日生日,今乘星期之暇,邀往欢聚也。余与润儿未往,在家看元孙。

阅毕《淡墨录》。九时后,珏人等陆续归。

十时就寝。

10 月 8 日 (九月初八 辛巳) 星期一

晴,温暖。

六时起,八时半出,步入馆。处分杂事。看文苏符《先拨志》。始于明季党案始末,言之缕悉,诚所谓一等史料矣。

接予同五日来沪京廿三号书,复余去书廿二号。告七日赴皖北参加土改,并知绍虞亦患血压高,颉刚曾行路晕眩,扶墙而归云。老友近况如此,弥足深念,不暇自念已。欲复之已无及,须皖北来信始可致答耳。

下班后步归。(今日办公时间初改下午一时至五时矣。)

六时许夜饭。饭后润儿再入署上课,九时始返。

十时就寝。

10 月 9 日 (九月初九 壬午 寒露 重九节) 星期二

晴,暖,夜饭,夜月尚好。

晨六时起。八时半出，乘车赴馆。十时出席会报。力子、彬然俱到。决定元章待遇，与胡之刚均于十月起撤销降等处分（因滇店帐目延未结报，自去年十二月起降等示儆，仍限期结报，今理楚，遂有此举。）十一时半散。午后，看《先拨志》，始毕之。

致书颉刚，慰问并告近状。作缄与正一，还其储款，告未能物色佳瓷之故，道歉焉。以前所购乾嘉瓷盘大小各一赠之。此信即属佩华携致之。盖佩华明日须南返省亲，兼易地疗养也。（经复查仍未痊，新华准续假。）下班后仍乘车归。

牙痛作，午晚饭俱打折扣。九时半就寝。

10 月 10 日（九月初十日　癸未）星期三

阴森有风。仅午前后略露阳光而已。气温陡降，夜月遂掩。

晨五时三刻起。八时半出，徐行入馆。处分杂事。致书君宙，寄股利收据去。公司请求公私合营案今日奉到出版总署批复，已呈得政务院文化教育委员会同意，可先投资五亿，即令完成改组手续，具领云。

下班后乘车归。牙痛略平。六时半夜饭。七时一刻，佩华南归。润、滋送往车站，视其开车乃返。

十时就寝。

接致觉六日书，近况可念也。

10 月 11 日（九月十一日　甲申）星期四

阴森终日，午后绵雨，冷于昨。

晨六时起。腾空卧室，俾匠葺治顶棚。盖屡修益危，不得不多化工夫矣。八时半出，步入馆。电话催匠人，竟不至。昨日明明约定来做,故赶早撤清,乃临时爽约,殊可恨,然亦无可如何耳。

力子、彬然后先至。商定呈复总署,先请具领官股云。余近来受血压影响,精神阑珊极矣,亟欲休息,而以诗圣方在半天休假中,似放不下,今日无可再耐,与力、彬及锡光、诗圣说明,拟每日下午返家将息,当承同意,日内或即实行也。下午一时四十分,微雨中乘车至绒线胡同,应公文之招,参加中图总处座谈会。晤公文、同庆、久芸、张熊、绍华、觉民、洁人、联棠、雪舟等。自二时半开始,六时半始毕。即在彼处夜饭。饭后乘三轮径归。

接梦岩信。十时就寝。

10 月 12 日 (九月十二日　乙酉) 星期五

阴冷,夜乃见月。

晨六时起。八时四十分出,乘三轮赴馆。姚绍华偕朱基欣来访,知中华编辑所即将移京,子敦偏中已痊,退休已获准云。谈有顷去。复梦岩。复致觉。寄谕漱儿代支笙伯、昌硕及宗海、宗鲁股利,划去属分交。

下班后仍乘车归。匠人来修屋,卧室后梁竟折,别架一梁,自下承之,尚须三日始竣事。如易去,则须揭去屋面捡换椽子,费时费工倍蓰,不訾也,只索将就医疮而已。盖屋身本质已窳,多费实犯不着耳。

银富来帮同照料,与共夜饭乃去。湜儿参加校中旅行,今晚往天津看华北土产展览会,须十四晨始返。

九时即寝。

10 月 13 日 (九月十三日　丙戌) 星期六

黎明前大雨洒窗,似雹,未几即止,终日阴霾,夜乃见月。气与昨同。

晨五时半即起。八时半出,乘三轮赴馆。力子十时来馆。彬然未至。呈复出版总署先请拨付官股。青年出版社昨今两日俱召开明会计人员了解经济状况,昨由诗圣、履善、宝懋往见李庚于甘雨胡同团中央出版委员会。今由履善、宝懋往东四南大街,该社总管理处见其经理李湜,谈询甚详云。

下班后仍乘三轮归。匠工今日暂停,谓须俟泥干始续施工。颇感麻烦。

六时半夜饭。润、滋俱往汉儿家晚饭。九时归。余亦随寝。

10 月 14 日(九月十四日　丁亥)星期

阴,午后略晴,夜月姣好。

晨六时起。八时四十分出,乘三轮赴史学会,参加月刊筹委会。晤仲沄、觉明、循正、毅生、尹达、伯赞、孟源及谭丕权、方君,(摩些人昆明来,忘其名。)谈至十二时半始散。刊物定名为《史学通报》,先推定编辑委员卅二人,余仍被列入,竟不能诿卸也。自会所散出,与觉明、循正、毅生同行至南河沿北口,循正别去。至东安门大街东口,毅生乘公共汽车去。余仍与觉明步由金鱼胡同东行,且行且谈,于回疆情况言之历历。至米市大街始别,乃乘三轮径归,已一时一刻矣。

饭已,看匠人施工,有顷,偃卧,四时乃起。庆成见过,谈良久去。知光岐已痊,即将出院云。

傍晚,匠人去,修理已竣,正待打扫矣。

汉儿来省,因共夜饭。饭后打扫卧室,施床陈柜,大致就绪,数日扰攘,今始略定。九时半,汉儿去。

十时就寝。

10 月 15 日（九月十五日　戊子）星期一

晴，和。

晨六时起。八时半出，乘三轮赴馆。处分杂事。十二时归饭。午后一时半，偕滋儿出，乘车到东华门，入故宫，经文华殿前登协和门，沿东侧行，经昭德门前入太和门，上太和殿参观历代艺术展览会，自史前以至明清，依次陈列，凡陶罐以至雕牙剔红，渐进渐精，虽重点示例，已美不胜收。历两小时始草草一过而出。再进中和、保和两殿参观少数民族展览会，有衣装示例，有生活模型，有实际文物，极佐了解。以整队来参之小学生极多，不得不匆匆阅过也。复进憩于后左门吸烟片晌，乃入乾清门，历览乾清宫、交泰殿、坤宁宫，北出天一门，经钦安殿，穿御花园出顺贞门、神武门、北上门至景山大街，时已四时三刻，乃乘三轮遣返。

五时廿分，琴珠归，携到花雕四瓶，盖坚吾托彦宾带京见贻者。殊感盛惠。夜饭前，开饮一杯焉。

九时即寝。

浞儿自津归，游览甚为满意云。

10 月 16 日（九月十六日　己丑）星期二

阴森，午后略晴，气较凉，夜月仍好。

晨六时起。八时半出，乘三轮赴馆，蹬车者对邻周姓病，七月未能工作，今始强行试蹬，余乃首登之，愧未能优给也。十时出席会报，力子、彬然、均正、锡光、诗圣俱到，集中青年出版社问题，须首次筹备委员会开后方有具体事宜可谈耳。十一时半散，十二时归饭,仍乘三轮行。

下午未出,发箧得福建长乐明宣德六年太监郑和所立天妃灵应之记碑拓片(三年前道始赠),甚喜,将以奉赠觉明,俾研究时一助参考焉。

六时许,温酒自慰,仍饮一杯。

湜儿以校中活动,八时始返,重具晚餐。清儿曾于下班后来省,约本星六偕珏人往天津参观土产展览会。

九时半就寝。

10 月 17 日(九月十七日　庚寅)星期三

阴森如昨,夜深有雨。

晨六时起。八时半出,乘三轮赴馆。处分杂事。书复坚吾,谢赠酒。十二时归饭,仍乘三轮行。饭后,珏人偕滋儿往看澄儿家,余则小卧偃息,三时始起。四时半,珏人先归,滋则赴市场购物,并至车站打听天津车次,备星期珏等往看土产展览会,越时乃返。六时,清儿来饭,伴余小饮。饭次,振甫至,饭后与谈,八时半去。

清饭后即行。盖往出版总署上党课,九时径归其家矣。

十时就寝。

10 月 18 日(九月十八日　辛卯)星期四

阴雨。

清晨六时起。七时半出步入馆。甫坐定,灿然已来,盖今日请其为展开学习讲话也。有顷,彬然至。八时召集同人讲话,力子亦至。灿然先讲人的阶级性,次讲审阅稿件必须把握政治观点。十时一刻始毕。其言甚辨,且绕风趣也。谈有顷,灿然辞去。十一时半,力子去。梓生来谈。十二时,余与彬然偕出馆,仍乘三轮归饭。午后小睡未熟,挨延一时即起。写信复君畴,告股利已汇出,并谢关心顽躯。

傍晚雨益甚,竟夕绵延。九时半就寝。颇不贴睡,天气之影响身体有如此者。

接迪康十七日信,询公司近状,关怀花红而已。

10 月 19 日（九月十九日　壬辰）星期五

阴雨延绵,气为湿郁,殆作冷也。晨六时起。八时四十分出,在细雨中步入馆。处分杂事。

十二时雨中步归午饭,遂未出。

接智炎信干事盖中图沪处仍支吾也。接君宙、致觉书,俱为余血压过高,备致关心,或劝静摄,或竞购药相饷也。故人情长,弥可感叹。复予同（京皖一号）,告此间近状。复迪康,告星期日清华等将去津,托物色旅舍。

至善欲参考平英团材料,向余询问,午后检资料,属琴珠携与之。傍晚即还。

六时一刻晚饭,仍小饮。九时半就寝。

10 月 20 日（九月二十日　癸巳）星期六

阴雨,午后放晴,夜有月,气乃冷。

晨六时起。八时半出,步入馆。彬然来馆,谈多时。处理杂事。十二时归,与清儿、琴珠偕返,各乘三轮行。到家,澄儿及埙、垲两孙俱在,盖今日系湜儿十七岁初度,来吃面也。下午二时,余以积霾初晴,颇欲出外散步,一舒郁结,乃与滋儿信步行,自东龙凤口出禄米仓,由仓东夹道、仓后身迤逦西北行。出大方家胡同、南小街、礼士胡同、石碑胡同、前拐棒胡同、万历桥、前炒面胡同,到东四南大街,抵四牌楼折东行,由东四东大街、朝阳门大街,出朝阳门过关桥,沿城河东岸南行,至大雅宝东首城阙入,度桥越坡阛,以内积水汪洋,绕出大牌坊,再入大雅宝胡同,由宽街、小雅宝以返。抵于家入门已四时,澄等已去矣。

六时,清、琴等归来,湜亦返,遂共面。余仍小饮。食已,芷芬、汉儿及鉴孙至,再具面饷之。夜谈至八时,清先去。九时半,芷、汉等亦去。

十时各就寝。

10 月 21 日(九月廿一日　甲午)星期

晴,和。

晨六时起。七时一刻银富来,为购赴津对号车票三张,因与共早餐。八时,珏人偕滋儿出,乘三轮赴前门车站,将与清儿会齐,同往天津。银富亦去。

饭后,琴珠表弟柳君偕其同学刘君来访,盖新考入重工业部干训班,昨始自无锡来此报到者。谈有顷,润儿与之言。余则乘三轮赴史学会参加元明清史小组座谈。仅到王崇武、王钟翰、王剑英及师大穆君,并余五人耳。随便谈话,剑英以朱元璋评判问题提端发论,无结果。五时散,仍乘三轮归。

余之赴会也,满拟晤及觉明,因以《天妃灵应碑记》携与之,未见,甚怅。即以此件属刘寿林君转交。

六时许小饮。夜饭后,与润、湜、琴闲谈,九时半各就寝。

10 月 22 日（九月廿二日　乙未）星期一

晴,和。

晨六时起。八时半出,步入馆。处理杂务。十二时归饭,乘车行。湜儿今日以教师学习放假在家。下午四时出开会,七时乃归夜饭。

润儿及阿凤往大华看《白毛女》,余与琴珠、元孙在家。六时小饮。夜饭后,与湜儿下象棋两局。有顷,润等归。九时半就寝。

十一时半,剥啄声喧,披衣拔关,则珏人偕清、滋两儿自津归来矣。清即宿于家。时晏未及归去也。

接正一信,谢赠乾窑盘。接颉刚信,告近状,并慰问余病。

10 月 23 日（九月廿三日　丙申）星期二

晴,和,略有风。

晨六时一刻起。八时半出,乘三轮入馆。十时半出席会报。力子、彬然、均正、锡光、诗圣俱到。决定例案多起,并知青年出版社已定于本周内与开明正式会议云。十二时归饭,乘三轮行。

君宙寄到血压可宁等,盛意极可感,真无辞引谢也。午后作书复致觉,谢关垂。又复濮文彬,告股利已径汇去。又致迪康,谢招待珏、清、滋等。（三信写好俱未及发,须明日寄。）

晚五时,允和来访,谈至六时半去。一月未见,不觉谈久,留之饭未果。

夜小饮。饭后与湜、滋着象棋。九时半就寝。

10 月 24 日（九月廿四日　丁酉　霜降）星期三

晴,和。

晨六时起。以昨信交滋儿发出。八时一刻出,乘三轮赴馆。处分杂事。十二时归饭。徐步行。

下午滋儿奉珏人往游故宫,余则写信复君宙、颉刚。均致谢慰藉。(于君宙则谢馈药,于颉刚贺其生子。)

元孙午后由琴珠抱至第一联合门诊部,为注射预防百日咳液。二时三刻归。仍往馆工作。四时三刻,珏、滋归。

六时夜饭。七时前与滋儿步往馆中,参加民主促进会开明小组成立会。必陶主席,九时半散,仍与滋儿步以归。

十时就寝。

10 月 25 日 (九月廿五日　戊戌) 星期四

晴,有风,较昨更冷。

晨六时一刻起。八时廿分出,乘三轮赴馆。处分杂事。彬然来谈。十二时归饭,仍乘三轮行。

晓先夫人来饭,饭后与谈至二时。余偕滋儿出,步至史家胡同西口,乘环行路电车北行,到北海后门下,购票入门,循北岸而西,游小西天、历五龙亭折返东度桥,沿东岸南行,过陟山桥登琼岛,遍游看画廊、烟尽态亭、承露盘、小昆丘、延南薰环碧楼、抱冲室诸胜,由西麓下,过堆云积翠桥坊,南出大门。行至北长街、筒子河旁,乘二路公共汽车东归,在灯市东口下,步由史家胡同、禄米仓返。

清儿来省。

佳生来辞行,明日下午发皖北参加土改矣,因共夜饭。饭后,清即去,余与佳生谈良久,乃辞去。

九时即就寝。

10 月 26 日（九月廿六日　己亥）**星期五**

晴，冷，初御驼绒袍。

晨六时起。八时半出，乘三轮赴馆。处理杂事。寄予同京皖二号书。十二时归饭，仍乘车。

下午滋儿往卫生所复诊，知稍好，最好仍休养，以格于事势，明日只得销假矣。

六时夜饭。饭后，滋儿奉珏人往演乐胡同看汉儿，顺访均正之家。

业熊来谈工作，欠顺手，颇灰念。余等譬解之，终不释然也，奈何？九时许，珏等归。十时，业熊去。余等皆就寝。

10 月 27 日（九月廿七日　庚子）**星期六**

晴，冷，晨有薄雾，微风。

晨六时起。八时半出，乘三轮赴馆。晤彬然谈。滋儿今日到馆销假，均正属试办生产部秘书事务。湜儿昨晚归来，发热，投以午时茶，令蒙被就卧，今日特为告假休息。

绍虞以体弱关系，未及参加土改，予同信来知之，因作书寄沪慰之。十二时归饭，仍乘三轮。下午闲翻架书，藉资颐息。琴珠下班归，带到君宙、迪康、翙新三书：君宙询寄药到未；迪康复请余游津；翙新则属为投稿《语文学习》也。

六时半小饮。夜饭后，滋、湜等互量寒热，滋已平复，湜尚有几分也。

九时半就寝。

10 月 28 日（九月廿八日　辛丑）**星期**

朝雾,禺中微雨,洒尘即止。午后晴,气不甚冷。

晨六时起。八时与润、滋两儿出,偕步至东安门,乘一路公共汽车往外城,到虎坊桥下,将寻胜陶然亭。沿虎坊路而南,绕城隍庙而西,(城隍庙已改派出所及住户,不能入内展视。)由黑窑厂向南,出三门阁,迤逦西南,遂抵陶然亭。登临之余,无息足处,盖俱占为民居,不复可以啜茗坐谈矣。怅然而下,访得鹦鹉冢、醉郭墓、康心孚墓、赵灵飞墓(即赛金花傅彩云也)。循原路返,值雨,乃过所设窑台茶社啜茗暂憩。亦尝有登临之乐。十一时离台,由黑窑厂北行,出粉房、琉璃街,仍抵虎坊桥,遂过韩家潭悦芳和午饭。饭后,由陕西巷、李铁拐斜街、观音寺、大栅栏抵正阳门大街,便度桥入正阳门,顺展大士、关帝两庙,径由中华门越广场,入天安门、端门,参观东朝房之原始社会发展经过及最近殷墟发掘成绩两展览会。自会场出,已四时,乃出阙左门,循筒子河到东华门,乘三轮遄归。

到家时,芷芬、汉儿、锴、镇、鉴三孙及吴述琇皆在,谈至五时半去。六时半夜饭。

湜儿热已退矣。九时半就寝,以倦故,转得酣睡。

10 月 29 日（九月廿九日　壬寅）**星期一**

晴,尚和暖。

晨六时起。八时半出,乘三轮赴馆。处分杂事。十二时归饭,仍乘车。

下午一时许,达先、清儿、建孙来谒,盖达先今日抵京,自蓉、渝、汉、皋归来矣。谈别后情形。二时半,清先行赴馆工作。近四时,达始挈建去。五时半,琴、滋归,携到廿七日漱儿家报,及同日君宙、以中两函。漱告将先送漱石、弥同偕佩华来京,伊年底亦来小住云。君宙复言馈药。以中为福崇证印鉴。

六时半小饮。坚吾所送瓶之罄矣,当重申断酒也。

夜饭后,看金篯孙《安乐乡人文》,日间振甫所赠书。有振甫序,颇佳,殊能抎其文心耳。

十时就寝。

10 月 30 日（十月大建己亥　癸卯　朔）星期二

阴沉,禺中雨,延绵过午,晡时霁,略露阳光,复阴合,气遂郁滞。

晨六时起。八时一刻出,乘三轮赴馆。李庚、彬然已在,越半时,请李庚讲青年出版社状况,历两小时毕。其辞即去。十时半,举行会报,力子、彬然、均正、锡光、诗圣俱集,达先亦至,于调孚续假事有所决定(另订补贴办法)云。十二时半,雨中乘车归。

下午在家读《安乐乡人文》。三时半小睡,四时便起。六时半夜饭。九时就寝。

10 月 31 日（十月初二日　甲辰）星期三

晴,有风,转冷。

晨六时起。八时廿分出,乘车赴馆。处分杂事。复以中。十二时归饭,仍乘车。

澄儿挈埙、垲两孙来省。

午后,复迪康。复君宙。午前允和来馆就谈编史纲事,欲支分节解,告之余亦无能为力也。

滋儿下班归,携到予同(皖京二号)、云彬信各一函,予同询近况,云彬则取股利也。

六时,清儿至,因共饭。饭已,湜儿始归。有顷,清往总署上课,将径返其家。

九时就寝。

11 月 1 日 (十月初三日　乙巳) 星期四

晴,和。晨有薄雾。

六时起。八时廿分出,乘三轮赴馆。处理杂事。晤力子,彬然未来。十二时归饭,仍乘车行。一时三刻复乘车入馆,会锡光、宝懋诸人,步往闹市口官帽胡同九号严志俭家,贺思明制版厂成立一周纪念讲话,四时半毕。遂与锡光等参观思明厂及华义振兴印刷制本两厂,在桢祥所茶憩至六时,仍往志俭家晚餐。肴系韩家潭谭记所办,颇丰腆,宾客同人凡六席。晤芷芬等,九时始散,乘车径归。

十时许就寝。

接汪孟邹廿七信,为吴似鸿说项。接濮文彬廿九日信。

11 月 2 日 (十月初四日　丙午) 星期五

晴,和,略冷。

晨六时半起。八时十分出,乘三轮到馆。九时召开室务会议,秘书、会计两科全体列席,谈青年出版社合营准备事项,近午始散。十二时归饭。

下午三时,允和来商编史事,抵晚未休。今日为润儿生日,建昌、元鉴、清儿、业熊、汉儿、升垲、澄儿、芷芬、达先先后来会,六时半聚餐,共进汤饼,允和与焉。八时,澄儿、垲孙去。夜九时,允和去。汉、滋送之。十时半,业熊、芷芬、达先、清、汉两儿、鉴、建两孙去。十一时就寝。

元孙感冒哆嗦,昨今两夜俱不安。白大娘曾介绍一王姓小姑娘名立生者来抱侍元孙,昨日上午来,今日下午引去矣。为此,殊觉难于安顿也。

11月3日（十月初五日　丁未）星期六

初晴,旋阴,午后又晴,但不甚朗,仍冷。

晨六时起。八时一刻出,乘三轮赴馆。偕均正、祖璋、必陶、莼舫、煦桎、伯恳、振甫、宝懋、沛霖、志公同赴出版总署,听愈之、圣陶作此次全国政协传达报告。十二时廿分散,步归午饭。

昨接陈叔谅书,汇到卅万元赙鞠侯,今属履善代转幼于,当专复告之。

元孙寒热已退,请总布医院张大夫来诊,谓无他恙,配药消痰而已。

六时小饮。夜饭后,写信两封,一致云彬,一致予同（京皖三号）,皆畅谈近惊,当于明晨发寄。九时半就寝。

11月4日（十月初六日　戊申）星期

阴,午前后微晴,傍晚又阴。

晨六时半起。八时,珏人偕润、滋、湜三儿往演乐胡同佐汉儿搬家,盖今日迁往石驸马大街人民教育出版社矣。有顷,余出,乘三轮往南河沿史学会听胡庆钧报告大凉山彝族情况。九时半始,十二时半散。晤退厂、芝九、伯赞、灿然。

自会所出,乘三轮往汉儿新居。诸人俱在,云瑞、继文、漱玉、蕴玉、业熊亦见之。余参观人民教育出版社经理部后,即饭芷芬家。时润等均先引去矣,至三时半,余始偕珏人乘三轮径归。

六时饮葡萄酒一杯,即饭。九时就寝。

11 月 5 日 (十月初七日 己酉) 星期一

阴森,禺中飘雪,向午晴,饭后复阴合,遂感薄寒袭人矣。

晨六时半起。八时一刻出,乘三轮赴馆。科学院考古研究所王崇武来谈,拟编撰年表及历史辞典等,属开明出版,作为援朝捐献用。盖仿毅生、马坚之例,来商协助也。余与磋议久之,俟有具体办法再谈。

写信复翊新。十二时归饭,仍乘三轮行。

下午,晓先来家,又贴商编史事,余为此事所缠,至感烦虑矣。二时去。写信分复孟邹、叔谅、文彬,心为一松。二时三刻,晓先夫人来看珏人,谈至四时三刻去。六时晚饭,湜儿本学期第一阶段各科成绩报告携呈,为写意见,仍属带交其班主任。

夜饭后,打五关三盘,九时就寝。

11 月 6 日 (十月初八日 庚戌) 星期二

晴,薄寒。夜弦月初上,甚明,中宵尤斓也。

晨六时半起。八时一刻出,乘三轮赴馆。晤达先。今日本召开处务会议,以彬然有事,力子亦不暇,遂尔停延。处理杂事。十二时归饭,仍乘三轮行。

下午小睡片晌。银富来,为擦窗整治诸事,近四时乃去。六时,饮葡萄酒一杯。润、琴出外夜饭于萃华楼。滋儿夜饭出开团小组,十时始返。余俟其归乃入睡。

11 月 7 日 (十月初九日　辛亥) 星期三

晴,时阴,但风不大,较昨为暖。

晨六时起。八时廿分出,乘车入馆。晤达先,即去。盖今日处务会议又须延至明日矣(凑彬然有暇)。

接叔湘书,属预支版税百五十万,假与觉明,余即作书备送,而觉明至,乃面交之。与长谈至十一时始辞去。十二时归饭,仍乘车。

澄儿挈埙、垲两孙来省,因共饭。饭后为允和寻史材,即分别标目于其所撰纲要之眉,俾自发书贯串之。四时五十分,澄挈埙、垲去。六时夜饭,饭后润复入署学习。滋则往大华看《勇敢的人》。七时许,湜儿始归饭。九时,润、滋先后归。

余灯下观赏《顾氏画谱》,十时半乃寝。

11 月 8 日 (十月初十日　壬子　立冬) 星期四

晴朗,清冷。

晨六时半起。八时廿分出,乘车赴馆。十时出席处务会议,达先到,均正缺席。十二时散,即归饭。以无车,疾行抵家。

午后未出,续为晓先、允和搜集材料。

元孙昨晚又发热唔嘈,今日琴珠请假在家,前由白大娘介绍之王立生今日辞去,袱被归其家。此人稚龄,恋母,又语言不通,遣归为宜。

六时小饮葡萄酿,即饭。夜打五关三盘,并续赏《顾氏画谱》。

九时三刻就寝。

11 月 9 日（十月十一日　癸丑）星期五

初阴,旋晴,冷不甚烈。夜月姣好。

晨六时半起。八时半出,步入馆。九时应均正召,参加听受翻译会议,传达报告。十一时半散。十二时归饭,乘三轮行。

下午晴窗展画,赏景本《耕织图》。六时小酌葡酿,进面。以今日为珏人生日也。诸儿女均拟来贺,因珏人须往青年宫看中华杂技团电影,改明日行,惟澄儿未及知,仍挈堉孙来。

允和亦至,乃各具面享之。六时半,珏人偕润、滋两儿往青年宫(湜儿则自校径往)。余及澄、堉、琴、元四人与允和杂谈。七时,盘生携笛来,允和为唱《扫花》、《学堂》二折。八时,允和偕盘生去。八时半,珏人及润、滋、湜归。澄、堉旋归去。

九时半就寝。

11 月 10 日（十月十二日　甲寅）星期六

晴,冷。

晨六时半起。八时四十分出,乘三轮入馆。处理杂事。十二时归饭,仍乘三轮。

下午五时,芷芬来谈。半小时后清、澄两儿、基孙、达先先后至。盖俱来补祝珏人生日者。六时一刻,余偕滋儿出,滋往青年宫看电影,余则乘车往东安市场森隆,为开明宴请印刷同业田他盦,顺邀桢祥、林森、玉林、志俭、彦宾作陪。余与锡光、均正、宝懋、元章、诗圣参之。七时开饮,九时许散。与诗圣徒步由干面胡同归。到家知汉儿、鉴孙亦来饭,已先偕芷芬归去矣。达先、清儿仍在,复谈至十时许,始辞去。

十一时就寝。

11 月 11 日（十月十三日　乙卯）**星期**

雾不开,禺中遂雨。初不破块,午后竟延绵,近晚止。夜有星月,近晓又雨,气不冷而微感闷。

晨六时半起。八时三刻偕润儿出,各乘三轮往史学会,听高崇民(东北区人民政府副主席)讲西安事变之经过。十二时一刻始散。极明晰有条秩。在场晤云彬、晓先、允和。盖云彬应民盟开会而来,将小住数日也。

珏人偕滋、湜、琴十一时往前外韩家潭悦芳和候余等。余与润自会散出,即乘三轮赴之,已将一时矣。从容会食,并酌葡酿,二时始罢。以雨故,先雇车两乘送珏人、琴珠归。湜则到校开会。亦乘公共汽车行。余与润、滋徒步从陕西巷、李铁拐斜街、观音寺、大栅栏出前门大街,过正阳桥,达东站,攀乘电车到总布胡同西口下,仍步由外交部街、南小街、什方院而归。

六时夜饭。湜儿七时归。九时半就寝。

11 月 12 日（十月十四日　丙辰）**星期一**

阴雨,近午开雾,气不加冷,地不收燥。下午又阴,但未再雨,夜尚有月。

晨六时半起。八时三刻出,乘三轮赴馆。绍华等三人来访,介宝懋与谈。了一来馆访均正,余为见之,略谈后,预支版税百万元去。致马坚,送原来《亚洲各国历史小丛书》出版合同草案去,请酌加修正即签订。

接绍虞复书,谓第二批土改大队出发,或仍须参加也。十二时乘车归饭。

下午二时,允和来访,为查书四五处,近四时去。有顷,晓先至,亦为史料商榷,五时去。

六时夜饭,饭后润、滋、湜往大华看电影。七时,余偕珏人乘三轮往青年会体育馆参加该会昆曲社会员会友联欢晚会,看演出昆曲《训子》、《惊变》、《弹词》三折,吹腔《打樱桃》一折。八时一刻开演,至《打樱桃》下场,已十时三刻,尚有《贩马记》未及看,即与珏人离会,仍乘三轮遄返。地湿人稀,至感荒寂,幸未终场耳。在场晤云彬、圣陶、晓先、允和、顾珠、墨林、文叔、芷芬、汉儿等。余离场时,伊等亦俱行矣。

十一时半就寝。

11 月 13 日(十月十五日　丁巳)星期二

昙,时阴,气温与昨同。

晨六时半起。八时半出,乘三轮赴馆。力子、彬然俱来,以生产部赶开部务会议,原有会报未克举行,余仅与力子谈洽而已。十二时归,步行抵家,所约诸人尚未至。有顷,云彬、立斋、晓先、芝九都集,乃共便饭。随谈种切,久无此乐矣。饭后,一时半,晓先、芝九先去。二时,余偕云彬、立斋同出,云还新华饭店开会,余与立斋则乘三轮往故宫游览内东路外东路,在皇极门啜茗,四时半出,仍由神武门行。立斋径赴八条晓先所,余亦径归。

珏人以锴孙生日,往汉儿家。今晚宿彼矣。

五时一刻,晓先自署来,坚拉同饭其家。相从乘车往。晤圣陶、墨林、立斋,乃在晓所共饭,且饮葡萄酿焉。饭后,复谈至八时一刻,余与立斋辞出,立返宾符家,明日行,且南归矣。(此来为开翻译会议,住宾符所。)余独归。

十时就寝。

11 月 14 日 (十月十六日　戊午) 星期三

晴,有风,但不甚冷。酿雪乎?

晨六时半起。八时三刻出,乘车未得,步入馆。写京皖四号书寄予同。告代付光岐住院费,并顺及近况,劝光岐回南休养为佳。处分杂事。十二时偕沛霖、志公、必陶、至善、振甫、宝懋步往东安市场四川食堂,盖公司宴请老舍、了一、亚平、树理、蕻良,并邀圣陶作陪也。至,则圣陶、老舍、亚平、了一、彬然、均正已先在。俟至一时馀,树理、蕻良均不至,乃开饮。川味殊不恶,酒亦尚可,托由老舍提调之故耳。二时半始散,余乘车径归。

下午未出,偃息片晌。珏人午前即自汉所归。

六时夜饭。饭后,珏人与琴珠出市物,八时始返。余则与湜儿杂谈,示以问学途径。十时乃各就寝。

11 月 15 日 (十月十七日　己未) 星期四

晴,冷。午后昙,夜月仍姣。

晨六时半起。八时四十分出,徒步入馆。彬然不来,力子至,与谈,近午始行。梓生来谈。致书觉明,请星期下午到史学会晤言。十二时归饭,乘三轮行。

下午弄元孙为乐,殊感累。

六时夜饭。九时半就寝。

接马坚复书,同意修改合同文字。

11 月 16 日（十月十八日　庚申）星期五

晴,和。

晨六时三刻起。八时三刻入馆,乘三轮行。

十时半召集办公室全体同人座谈,同人对青年出版社合营事颇关心,而余一切不知,殊愧于置答,此诚所谓身在局中,而情隔事外耳。十二时散,乘车归饭。

下午为晓先、允和寻史料,得两节,凡十馀段,四时止。

五时半,清儿与琴、滋同归。因即夜饭。饭后,珏人偕清、滋、琴及阿凤往青年宫看《幸福的生活》电影。湜儿则自校散学后径往会之也。

接予同十三日来皖京三号、四号(早晚分发者),亦关心青年出版社合营事,苦无以详告耳。余与润儿看元孙,分番抱持。九时许,珏人等归,再具餐,令湜饭。

十时就寝。

11 月 17 日（十月十九日　辛酉）星期六

晴,冷。

晨六时半起。八时五十分出,乘三轮赴馆。彬然召同人作学习报告。力子来馆,未及会谈,仅商承例行数事而已。雨岩来洽事。十二时归饭,仍乘车。午前写信复佳生,未发出。午后写京皖五号信,复予同,亦未及发出也。

五时三刻出,乘车至前外韩家潭悦芳和,应大同、李林森之招,宴饮于此也。大同分厂来京已一年,效思明所为,作一纪念耳。晤张静庐、祝志澄、田他盦、赵晓恩、唐彦宾、陈玉林、陆惠福诸人,而开明同人居大部,余及均正、祖璋、锡光、宝懋、元章、继文、诗圣、艺农皆与焉。其他大同同人及眷属,凡五席,亦盛举矣。九时散,与诗圣等步至大栅栏东口,乘三轮遄返。

十时半乃寝。

接颉刚十四日复书。

11 月 18 日（十月二十日　壬戌）星期

昙,不甚冷。

晨六时三刻起。未出。十一时许,珏人偕润、滋、琴往东安市场市物,顺在五芳斋进点代餐。甫门未久,觉明见过,谈至近一时始去。留之共餐,以事须他适,未果。知下午史学会恐开不成(以大多数人须往听彭真报告故)。谓当电话知照刘寿林云。送觉明出,庆成至,因延共饭,以已饭辞,余乃独进餐,已一时矣。湜儿始归(晨往参加音乐会),遂同饭。饭后与庆成谈至二时半,珏等归,庆成即去,托投稿中华也。

下午本须参加元明清史组,以觉明言竟,未往。

六时夜饭。饭后,珏人偕润、滋、湜三儿往青年宫看话剧,十一时半乃归。余坐听转播京剧,以候之,比其归始就寝。

11 月 19 日（十月廿一日　癸亥）星期一

晴,和。

晨六时半起。七时三刻与润、滋、凤同出,余乘车赴馆,伊等则赴车站接佩华、漱石、弥同也。八时为同人讲文字剖析,九时毕。处理杂事。致予同、佳生信,今日俱发出。接君宙书。十二时归饭,清儿亦来,皆徒步。

到家,则漱石等均安抵矣,因共饭。饭后,珏人偕漱石、弥同往小油房胡同访雨岩诸家。余看顾元孙,三时后,珏等始归。

六时夜饭。夜与漱石、佩华等谈。十时乃就寝。

11 月 20 日(十月廿二日　甲子)星期二

浓雾转为濛雨,气不甚冷,而履地感寒,殆酿雪之朕也。

晨六时三刻起。八时半乘三轮赴馆,以候彬然之来。十时半始举行会报,力子主席,决例案多起,十二时散。雨中徒步归饭。

晓先夫人来看漱石,因同餐。饭后,珏人伴漱石等往访锡光、亚南两家,晓先夫人同去。四时半,珏等归,晓夫人则径返矣。

六时夜饭。九时就寝。

11 月 21 日(十月廿三日　乙丑)星期三

风寒,初霰继雪,旋止,终阴。

晨六时三刻起。八时半出,乘三轮赴馆。处分杂事。觉明见过,谈移时去。亲以所著《西征小记》贻余。《瓜沙谈往》则未之及也。十二时归饭,风烈甚,车逆之行。初寒真若彻骨矣。

午后未再出,与诸外孙相逗为乐。

澄儿挈埲、垲来看弥同,午前十时至,午后四时去。

六时夜饭,清儿来,饭后以上课去。

九时半就寝。

11 月 22 日(十月廿四日　丙寅)星期四

晴,寒,地冻,风势稍戢。

晨六时起。灯下穿衣。八时四十分出,乘三轮到馆。力子来,彬然以不适未至。余与力子、均正谈店事。

写信复庆成，盖昨接来书，欲为其尊人谋事，此时此地无所施力，只得实告耳。

十二时归饭，仍乘三轮行。晓先夫人在，共饭后，伊陪漱石、弥同游故宫，属阿凤随往照料之。四时半漱石等归。

接马子实复书，将修正《亚洲〈各国〉历史小丛书》出版合同签来，明日当可答复之。

湜儿前日从隆福寺书摊携回旧拓《淳化阁帖》十册、近拓《三希堂帖》卅二册，请示购否？余审《三希〈堂〉帖》无续帖，且拓墨不一致，本子亦参差，属退回该摊，而留《阁帖》（贾七万元）。

六时夜饭。饭后，湜儿就案作功课，九时许返寝。

十时，余亦就卧。

11 月 23 日（十月廿五日　丁卯　小雪）星期五

晴，寒。

晨六时半起。八时半乘三轮入馆。人梗来访，谈历史小丛书交稿事。致书子实，签还《亚洲各国历史小丛书》合同，并附声明。十二时饭，乘车归。

下午一时半，乘三轮赴绒线胡同中图总处，出席第四次管委会座谈会。晤雪山、孝侯、农山、达人、昌允、同庆、公文、兆同、久芸、国钧、静芷、静庐、达先、泰雷等，谈定明日正式开会作报告，星一讨论议案云。五时散，即饭其处。

饭后，与达先附出版总署车到署，再步归。九时，达先去。

十时就寝。

11 月 24 日（十月廿六日　戊辰）星期六

晴，寒。

晨六时半起。八时出，乘三轮入馆。八时半，彬然来谈停办《进步青年》事。十时，出版总署车来，乃与彬然偕登，同静芷、静庐遄赴中图总处，出席第四次管理委员会。

上午听公文作七至九月工作概况报告，久芸补充之。下午二时续开，听兆同报告检查工作总结。四时，署中派司长黄洛峰莅会讲话，五时三刻毕。仍就处夜饭。饭已，附洛峰、静庐车东归。先送翰青至东四三条，然后送余至禄米仓中龙凤口下，乃步返。

是日，室内始生火取暖，顿觉温煦如春矣。

湜儿以校中晚会未归饭，余坐以待之，拂拭新买《阁帖》。十时半，湜始归，余亦随寝。

11 月 25 日（十月廿七日　己巳）星期

晴，有风，殊寒。

晨七时起。拂拭旧帖，不觉已至九时半，史学会本有蓝公武讲民初国会，竟不及往听，颇为惆怅，只索整治书橱，大见移腾，亦顿改前观也。此亦一包袱耶。十时，滋、佩陪漱石、弥同往游颐和园，阿凤从之。

下午述琇、元鉴来省。湜儿出，应团召有集会也。四时半，述琇、元鉴去。六时，漱石等始归。适绍铭及晓先家约漱石往饭，屡使相促，殊为焦急，比其归，即由珏人伴漱、弥往八条。余等乃饭。饭后，湜儿归，又煮年糕食之。

八时许，珏人归，知漱、弥留住八条矣。

十时就寝。

11 月 26 日（十月廿八日　庚午）星期一

晴，寒。

晨六时半起。八时半出，乘三轮径赴中图总处开管委会。寒威逼人，抵处两臂两腿几失知觉矣。北地真大异南方也。九时开会，十二时息。饭后，晤世泽、竹君，谈至二时，复开会，四时半完成。凡通过五大案，包括增产节约，变更组织及各部处负责人选，普遍成立分公司，专业分工等。其关于各原单位银货交易等办法，拟明日在会外协商云。

散会后，余携静庐、觉民、泰雷、明西、昌允乘中图汽车，行至金鱼胡同东口下，步由干面胡同、禄米仓、中龙凤口归。

六时夜饭。饭后，滋出上团课，润以看电影未归饭，八时半返。九时半，滋返。漱石、弥同夜八时归。

振甫来谈。

十时就寝。

11 月 27 日（十月廿九日　辛未）星期二

晴，寒。

晨七时起。八时一刻出，乘三轮赴馆。达先已在，彬然、力子继至。十时半出席会报，于中图管委会决议及与青年出版社接洽事，均有报告。十二时十分散，与达先联步归饭。

午后一时，达先去。珏人偕漱石、弥同往看澄儿家。余在家照看元孙及火炉，大为吃力。四时三刻，珏等始返。

五时半，润、滋、琴先后返。六时夜饭，湜儿后归。夜饭后，作书复稚圃,寄皖北阜南县,属李夹道村农委会转,不识一再转徙中能否递达耳?

十时就寝。

11 月 28 日（十月三十日　壬申）星期三

晴,不甚寒。

晨六时半起。八时三刻出,乘三轮到馆。处分杂事。写信三封:一致叶正一,谢赠药;一致钱伯衡,贺添孙女;一致予同,询近况,并告庆成事。与发稚圃信同时寄出。

十二时归饭,仍乘三轮行。

晓先夫人在,知士秋十二月一日在宁结婚矣,因留午饭。漱石、弥同往饭亚南家,一时许,亚南之妹蓉宝送伊等来,复伴往北海公园游览。晓夫人遂同辞出。四时四十分,漱石、弥同归。

六时夜饭。清儿来,饭后清入署上课,湜儿始归。

九时半就寝。

11 月 29 日（十一月　小建庚子　癸酉　朔）星期四

晴,颇温,或将变乎?

晨六时半起。八时半出,乘三轮入馆。十时,力子、彬然至,与谈各事。均正、必陶俱有稿事相洽。昨接人梗书,于历史小丛书有报告也。先属公函复之再说。

十二时归饭,仍乘三轮。芷芬在,因共进面。午后二时,芷芬去。三时,晓先来,今夜即须赴宁,为主士秋婚事也,谈移时去。

漱石、弥同午前往八条访晓夫人,顺便送礼。余仓卒无由购办,即折十万元为仪云。

与青年出版社合营事兹接讯,明日上午九时在团中央召开筹备会议,并约达先亦去参加,届时当可得一谈商梗概也。

五时,漱石、弥同归。六时夜饭,七时湜儿始返,再具餐焉。

接漱儿廿四日来信,告近状并询弥同好。

九时半寝。

11 月 30 日（十一月初二日　甲戌）星期五

晴,和如昨。

晨六时半起。八时出,乘三轮赴馆。与均正、锡光、诗圣、达先会。接彬然电话,约八时半锡光等三人先行去青年团中央,属余及均正候渠车同行云。余与均正候至九时十分,静芷、彬然车来,乃共乘以赴团中央,与团方李庚、李湜、许立群、荣高棠、王业康、中宣部包子静相晤,遂开筹备委员会,以初次会谈,只谈原则、结论,先成立编辑、组制、综合三小组。余被推在组制小组中。定下星二下午在开明开会云。大氐各小组俱有成议后,始可正式合并也。十一时半散,仍乘车返总处。

十二时归饭,仍乘三轮。饭后属佩华复漱儿,报一切平安。五时,偕珏人、漱石、弥同乘三轮往石驸马大街南沟沿汉儿家。应芷、汉之招。到客宋云彬、刘薰宇、周振甫、陆联棠、张允和、胡墨林并笛师沈盘生。七时开饮,肴为谈家菜,前在严志俭处所食者是,颇丰腆。食已,汉华、云彬、允和唱曲,九时始散。漱石、弥同、允和下榻汉所。余与珏人乘三轮径归。

到家已十时矣,少坐便寝。

12 月 1 日（十一月初三日　乙亥）星期六

晴,寒不烈。

晨六时半起。八时半出,乘三轮到馆。

力子来,彬然未至。余以昨会所得陈告力子。写信致诚之,告前寄撰稿已由语文学习社转介于语文教学社。十二时归饭,仍乘三轮。

下午未再出,弄孙为乐。五时,诸儿放班归。清儿、建昌、士铮、达、振甫先后来集,盖约同夜饭也。饭已,清及士铮以须受课先去。

八时半,达先挈建昌辞去。以须收拾行李,即晚与公文、久芸乘车赴沪处理中图分公司各项应行事务也。振甫以访雪村故,亦伴之去。近九时,湜儿始返,再具餐焉。课外活动如此之忙,非计之长耳。

十时就寝。

12 月 2 日（十一月初四日　丙子）**星期**

晴,寒,微有风。

晨七时起。上午未出。下午一时,琴珠表弟来访,润、琴伴之游北海。二时半,余偕滋儿出散步,行至朝阳门大街,亦拟附公共汽车游北海,以车稀而挤,遂罢。信步往隆福寺一游,殿前广场正在建市场厂屋,非复当年景象矣。纵步由寺前出猪市街转王府大街,绕灯市口而东,俱百货杂摊,即从东单市场移来,而将来即须纳入隆福寺中者也。闲眺阅市,至四时半乃乘三轮遄归。

六时夜饭,漱石、弥同及蕴玉、元鉴来,因同饭。汉儿亦至。饭后,湜儿始归。有顷,汉、蕴、鉴去。盖送鉴过清家,仍寄宿其处,备按日就学也。

九时半就寝。

12 月 3 日（十一月初五日　丁丑）星期一

晴,微风,寒不甚烈。

晨六时半起。七时三刻乘三轮赴馆。八时为同人续讲中国文字演变,注重在明体与辨似,九时下堂。十时半召开室务会议,传达日前与青年出版社合开筹备会情形,顺决建议数项,备提处务会议,十一时五十分散。十二时归饭,仍乘三轮行。

接予同皖京五号信,为光岐事有所答,因作书转圣陶决之。

下午未出。漱石、弥同往清儿家,须小住也。五时半,琴珠、滋华归,言青年、开明合开编辑小组,犹未散也。想见问题之不单纯耳。

六时夜饭。九时就寝。

12 月 4 日（十一月初六日　戊寅）星期二

晴,寒如昨,月色不甚朗。

晨六时半起。八时三刻出,步入馆中。九时半,李庚、王业康偕彬然来,遂提早开章制小组,余与诗圣参加焉。先谈组织原则,商定组织系统草案,即由开明写正印发各筹备委员研究,再提会讨论,俟决定后再拟组织大纲。十一时五十分散。十二时归饭。

下午在家督修院中水沟及补墁水泥,先由银富掏通,再由赵四掌柜施工,垂暮始毕。计用料六万一千元。各谢银富、四掌柜三万元。自住入本屋以来,大小修理已六次,先后达六百万元矣,此次为数为最小云。

六时夜饭。七时湜始返。润、滋夜饭后俱出开会,十时始归。余九时半就卧,觉坐冷矣。

12 月 5 日（十一月初七日　己卯）星期三

晴,寒如昨。尚无坚冰。

晨六时半起。八时四十分出,徐步赴馆。九时,综合小组开会,李湜、王业康及其他两人来馆。我方唐锡光、刘诗圣、郭沈澄、诸宝懋、吕元章参加之,十二时犹未毕也。余写信京皖七号,寄五河复予同,即以圣陶意告之,并及日来筹委会近况。饭时乘三轮归。

澄儿及埙、垲在。饭后,澄陪佩华往第一卫生所复行透视,四时半归。谓现象依旧,似稳定耳。老大疙瘩未能揭去也。

五时,澄挈埙、垲去。

六时夜饭。饭后调孙为乐。九时半就寝。

12 月 6 日（十一月初八日　庚辰）星期四

晴,寒。

晨六时半起。八时三刻出,乘三轮赴馆。十时出席会报,彬然带来《人民日报》转抄读者致该报评开明信,请总署作答。显然从前黑板报之馀波,匿名外扬,作风尤较恶劣。力子颇感咨且,而彬然犹揭高调自壮也。开明事真不可为矣。例报外无他重大事项可记。十二时散,即归饭,仍乘车。

下午闷甚,抽架上《随园诗话》阅之,藉以排遣,不觉尽两卷也。

五时,芷芬来省。六时小饮。夜饭后,芷芬去。

十时就寝。

接漱儿四日信。

12月7日（十一月初九日　辛巳）星期五

晴，寒。

晨六时半起。八时三刻出，乘三轮赴馆。处分杂事。十二时归饭，仍乘三轮。

下午感倦，偃息两小时，近四时始起。六时夜饭。十时就寝。

看《随园诗话》。向鄙子才之轻薄，不甚措意其集子，今偶翻细读，大有动人处。前辈自有不可及者，深悔昔日孟浪矣。

接伯衡复书。佳生复书。

12月8日（十一月初十日　壬午　大雪）星期六

晴，寒。

晨六时半起。八时三刻乘三轮赴馆。综合问题小组今日上午开会，余则与力子纵谈，而已知此番精简，政府部门将有并编也。新闻总署、纺织工业部俱裁撤，海关总署亦降格移置焉。编馀人员先学习，然后分发文教财经部门录用，不使失所云。

振甫假我《旧京琐记》两册，十二时归饭，携返展阅。下午未出，尽半日力毕之。书凡十卷，卷各标目，曰俗尚、曰语言、曰潮流、曰宫闱、曰仪制、曰考试、曰时变、曰城厢、曰市肆、曰坊曲。所记断自清同光以来，迄清末而至。叙事委曲而不感琐屑，典实中杂以诙谐，真令人爱不释手也。作者自署枝巢子，卷首引语及书中自及处知为戊戌进士，曾官刑部浙江司，调邮传部。及农工商部成立，承乏商曹，创立商会云。姓名当俟考。

六时夜饭。饭后，滋儿出理发，琴珠、阿凤出就浴。九时前，先后归。独湜儿至十时乃自校归。余甚恼之。询之，则团中开会，传达报告,明日一早又须赴会也。

接纯嘉信,坚持北来,一为单位之津贴。

12 月 9 日（十一月十一日　癸未）星期

晴,较和。

晨七时起。八时半出,乘三轮赴金钩胡同史学会,听章行严讲辛亥革命片段。自九时半开始,十二时草草毕,犹嫌未详尽也。初意章系政客,涉及己身必多所回避,乃竟听之余,殊未然。于俞恪士庇护及袁慰庭利用等等,俱娓娓敷陈,于宋遯初被刺内幕及张季直拥黄抵孙诸事,亦暴白无馀。恂恂中有豪迈气,的是可儿也。自会出,仍乘三轮归饭。

午后振甫来,乃与共出,乘三轮赴北海。啜茗于漪澜堂,移时离座散步,略事登陟,赏延南薰承露盘、烟云尽态诸处,遂历长廊,出倚晴楼,过陟山桥,迴而北行,登桃林岗,遇索介然,立谈有顷,乃越濠濮间入春雨林塘、画舫斋,旋出北海后门,乘电车到青年会下,相偕由干面胡同、禄米仓归家。

清儿送漱石、弥同来,因共夜饭。饭后,复与振甫谈至八时半,始辞去。清儿亦归矣。

十时就寝。

12 月 10 日（十一月十二日　甲申）星期一

晴,寒,夜月甚姣。

晨六时半起。八时半出,乘三轮赴馆。处理杂事。今日下午须列席业务会议,即属伙食团为余代办蛋炒饭食之。午后一时即开会,到沈静芷、章雪村、陆联棠、傅彬然、史育才、唐锡光、顾均正七人。余与诗圣列席焉。决定捐献数目建议于董事会,并讨论与青年出版社联合组织系统云。二时三刻散。三时一刻,余亦徐步以归。

看《随园诗话》。

六时夜饭,饭后仍看《诗话》。九时半就寝。

12 月 11 日(十一月十三日　乙酉)星期二

晴,不甚寒,夜月莫胡,恐将变矣。

晨六时半起。八时半出,乘三轮到馆。九时半出席处务会议。彬然未至,馀都到。祖璋则昨已赴汉口参加土改矣。会上报告讨论诸项颇多,通过增产节约运动委员会之组织,即将展开此一运动也。惟近来以造货过当,资金殊难周转耳。十二时散,即归饭,仍乘三轮行。

下午未出,照料元孙。盖珏人陪漱石、弥同往隆福寺逛庙也。三时许,珏等归。

接予同皖京六号书。续看《随园诗话》。接诚之书,告华东师大校址在上海中山北路。

六时夜饭。饭后,滋儿复往馆中参加团小组,八时半乃返。

九时半就寝。

12 月 12 日(十一月十四日　丙戌)星期三

晴,有风,略寒。夜月甚姣。

晨六时半起。八时半出,乘三轮赴馆。处分杂事。写京皖八号书寄复予同。予同将转地灵璧,再办一期土改云。十二时归饭,仍乘车。

下午未出,调孚夫人、锡光夫人及亚南之姑母挈小孩两人来访漱石,盘桓至五时许,乃辞去。

六时夜饭。饭后与家人闲谈,并看《随园诗话》。九时半就寝。

接稚圃八日阜南来书。

12 月 13 日（十一月十五日　丁亥）星期四

晴朗,微有风。夜月甚皎,寒。

晨六时半起。八时四十分出,乘三轮赴馆。力子、彬然、锡光、诗圣共商人民教育出版社拟购买怀夏楼房产事。以从前董会决定可以出售,遂以长途电话通知韵锵,属即与达先会同该社赵景源等,邀约有关机构公同估值,报此候核。旋召集各室部科主任及青年团、工会、中苏友协、民进各团体负责人开会,商决组织增产节约运动委员会,余被推为副主任,下周起即发动检查工作云。十二时归饭,仍乘三轮行。

珏人伴漱石、弥同往五芳斋午点,近二时乃返。

三时,晓先见过,出谢蒙、丁士秋结婚照,属分赠潚、清、汉、漱等,并谈去宁、沪、苏各地见闻,移时去。

芷芬来谈,四时半去。

接予同十日灵璧来书（应编七号）,谓旧历年前必返沪也。是延办土改定局矣。

六时夜饭。七时,澄儿来省,九时乃去。

十时就寝。

12 月 14 日（十一月十六日　戊子）星期五

晴,寒。

晨六时半起。八时半出,乘三轮入馆。处分杂事。

写信复稚圃阜南。十二时归饭,仍乘三轮行。

下午未出,看《随园诗话》。

接淑儿与湜儿书,知涵侄南行,弟妇甚苦云。夜间属滋、佩、湜各写一信复之,并寄照片相慰。

六时夜饭,饭后闲谈。九时半就寝。月色明辉。

12 月 15 日（十一月十七日　己丑）星期六

晴,寒,夜月尤姣。

晨六时半起。八时前乘车赶到馆中。力子、彬然正作增产节约动员报告,十时始毕。继与二人谈近事,十一时先后去。十二时归饭,仍乘车行。

晓先夫人在,因共饭。润儿以检得右肺尖有轻度结核,须休养三个月,不识署方如何批示也。余为家人患病事颇着闷,较余自身为尤亟耳。奈何!

下午三时半,晓先夫人去。余点看《事类统编》,间看《随园诗话》,一以摄心,一以遣闷也。

五时,元鉴、建昌两孙来。六时后,清儿、达先亦来,因共夜饭。饭后,继文、漱玉夫妇来。九时半,清、达、文、玉、建俱去。元鉴留。

十时就寝。

12 月 16 日（十一月十八日　庚寅）星期

晴,和。夜月姣甚。竟不感太冷也。

晨六时半起。九时半,与润、湜两儿出,步至王府井,逛百货公司及国际书店,遂由东长安街西行,折入南河沿,径往磁器库普度寺后巷三号业熊、澄儿之家,时已十一时三刻,雪村夫人、漱石、珏人、元鉴、弥同亦先在。有顷,滋儿、佩华、达先、清儿、芷芬、汉儿皆到,共坐进面。盖升埦今年十岁,特乘今日星期休假,提前吃面也。一时半始毕。入访其房东窦姓,谈移时乃出。属珏、佩等先归。余复偕润、滋、湜三儿离业熊家,步由缎库出南池子,过东三座门入天安门、端门、午门,茶憩于太和门,已三时矣。息半时,复入登太和殿,匆匆阅览艺术品,即绕往乾清门,遇介然夫妇,略谈即别。入乾清宫、交泰殿,已四时,守役振铃告时至,速人出宫矣。余等即北行,越御花园出神武门,乘公共汽车到灯市东口下,仍步由史家胡同、南小街、禄米仓而归。

六时夜饭。饭后观滋、湜着象棋。九时许即寝。

12 月 17 日(十一月十九日　辛卯)星期一

晴,和如昨。月色仍好。

晨六时半起。八时三刻出,步入馆。十时半召开室务会议,划定学习小组,并略谈将来进行检查工作方案。十二时散,乘三轮归饭。

午后未出,点阅《事类统编》。六时夜饭。饭后闲谈,九时半就寝。

12 月 18 日(十一月二十日　壬辰)星期二

晴,和,夜月好。

晨六时半起。七时四十分出,乘三轮赴馆。八时参加学习。十时半参加会报。十二时归饭,缓步以行。

下午未出,点阅《事类统编》。七时,汉儿来接漱石、弥同,因共饭。九时始偕去。

十时就寝。

接云彬十五日杭州信,告《礼书通故》可以书相易。

12 月 19 日(十一月廿一日　癸巳)星期三

晴,和。夜深月仍皎,地虽有薄冰,不感寒凛也。

晨六时半起。七时四十分出,步往馆中。八时参加学习,九时后处分杂事。十二时归饭,仍步行。

午后一时,润儿以出版总署介绍书奉余,乘车往东交民巷东口北京医院门诊部诊治高血压,一时半起,即排队挂号,直候至三时五十分始得就诊。经检视,听察,并透视心肺两部,据告俱尚正常,血压亦减至百五十度矣。归功半日休养,殊匪浅鲜也。属再检查眼睛及验小便,俟复诊后再斟情处方云。比出院,已将五时,乃与润儿缓步由东单北归,过憩于福生鲜乳厂时,各饮牛乳一杯,然后再行。到家已将六时半,即会家人共饭。

饭后打五关两局,九时即寝。

12 月 20 日(十一月廿二日　甲午)星期四

晴,和。

晨六时三刻起。八时五十分出,乘三轮赴馆。晤力子,谈公司事。彬然未到。十一时许,力子去。十二时归饭,仍乘三轮。

饭后,润儿先往北京医院挂号,备复诊。一时半,余出,乘三轮径往会之。二时许,即由眼科诊察检视眼球、眼底,并试目力,结果目疾尚无,惟眼镜已不配合现场,最好须重配耳。将材料转内科,再挂号候诊,至近四时得诊,医师易人,仍重解衣听诊,并量血压,据云,血压又降低近十度,已离正常不远。眼科材料、血管已有轻度硬化,但不严重,配药嘱服,谓仍着重休息,万不宜紧张,切须保持平静也。又昨验小便,不正常,有糖质,或不正确,最好今日再留溲待复验。余依嘱如法办理。及取得成药,已将五时,父子乃乘三轮遄返。

六时夜饭。饭后,滋、佩出购物,八时半归。

九时半就寝。

晓先晨来谈,托带信与均正,为稿费须解决也。并知允和在宿舍卧病云。

12 月 21 日(十一月廿三日　乙未)星期五

晴,略寒。报载寒潮将至矣。但无风,尚不十分感冷也。

晨六时三刻起,天犹未明。七时半出,乘三轮赴馆。八时参加学习。所有应行学习之资料,已涉历过,明起当讨论问题矣。十时后,写信三封,一致翻译通报社,嘱将寄发吴致觉之件以后径送苏州。一复予同(京皖九号),告光岐已出院,明年元旦正式复工。一复云彬,告《清儒学案》当物色,毛刘云已痊可。

十二时归饭,仍乘三轮行。

下午润儿未入署,署中已批准休息,现在上午仍去办事,下午即休。明年起得休息三个月云。今日遂偕之同出,步至青年会,上电车径往故宫太庙参观全国石油展览会。内容极丰富,惜结合方面太广,专门技术殊不易解,虽经分组,由专人解释,终嫌了解不够耳。三时五十分出,仍乘电车回青年会,父子联步以归。

珏人昨夜有寒热,今日电话催漱、弥归,及漱等返,已霍然矣。

六时夜饭。葡萄酒三日绝矣。饭后点阅《事类统编》。九时半就寝。

12 月 22 日（十一月·廿四日　丙申）星期六

晴，和，仍不冷，惟窗起微晕耳。

晨六时半起。七时四十分出，乘三轮赴馆。九时参加学习。达先来馆，备会报，以力子、彬然皆不至而罢。近午，达先应彬然召去。十二时归饭，仍乘三轮。

下午未出，点阅《事类统编》。

润儿仍入署处分事务，交接后乃归。下周起批准正式休息三月也。明日冬至，今夜治馔家宴，欢谈至九时始罢。

十时各归寝。

12 月 23 日（十一月廿五日　丁酉　冬至）星期

朝晴，旋阴，微有风，彤云周匝，迄未雪，但陡增寒冷。

晨七时起。九时，建昌来。十时后，业熊、澄儿率堉、基、埁、坝、垲五孙来。芷芬、汉儿率锴、镇、鉴三孙及述琇亦至。十二时，清儿与达先乃到。因先具食享群儿，然后，与达、业、芷等再团坐小饮。仍酌葡萄酒，二时许始罢。

下午二时半，芷芬、汉儿去。四时半，述琇、锴等去。五时，达先、清儿、元鉴、建昌去。即具夜饭与业熊等同食。食后，伊等辞归，已七时矣。

滋、佩出看电影，八时半乃归。复具餐焉。

九时半就寝，倦极矣。

12 月 24 日（十一月廿六日　戊戌）星期一

时阴，夜有雪，濡地即化，未积也。气略寒。

晨六时三刻起。八时半出,乘三轮赴馆。接予同灵璧来皖京八号书(昨日星期到),十九日所发也。复予七八两号书。处分杂事。十二时归饭,仍乘三轮。

下午未出,润儿出就浴于宝泉堂,理发修脚,近四时乃返。

六时夜饭,饭后雪作,光暄、守勤夫妇来访,谈移时去。雪已消矣。点阅《事类统编》。九时半就寝。

12 月 25 日(十一月廿七日　己亥)星期二

晴,寒。

晨七时起。七时四十分出,步入馆。八时参加学习。九时出席第二次青年开明联营筹委会,决定组织系统,预期明年二月一日合并办事,三月一日正式宣告。于一月中旬先成立临时董事会云。十二时散。晤力子,约星四再作会报。匆匆言别,乘三轮归饭。

下午点阅《事类统编》。

六时夜饭,饭后复点阅,十时乃寝。此书幼时略一涉诵,未及深究,今老矣,乃觉其可珍矣。

12 月 26 日(十一月廿八日　庚子)星期三

昨夜有雪,及晨而霁。午前已放晴矣。气寒。

晨七时起。八时四十分出,乘三轮赴馆。处分杂事。十二时归饭,仍乘三轮。饭后,属润儿往北京医院挂号,代询日前复验小溲结果。二时五十分归,告仍有糖分云。余拟过日再往诊,暂且听之矣。三时出,步行入馆。

三时半,参加办公室大组讨论,入手检查工作,决定明日先分两小组进行云。五时一刻散,乘三轮归。

六时夜饭。饭后点阅《事类统编》。十时就寝。

滋儿以团课关系，未能及时归饭，八时五十分始返家，因重具晚餐焉。

12 月 27 日（十一月廿九日　辛丑）星期四

晴，寒。

晨六时半起，天犹未明。八时半出，乘三轮赴馆。十时半举行会报，力子、彬然、达先均到，解决问题若干，十二时犹未毕，乃移座办公室，续听达先沪上接洽所得之报告。近一时始散，亟乘三轮归饭。

允和来，因共饭。二时，允和去。有顷，晓先夫人来。三时，余复出，乘三轮入馆，参加秘书科小组检查工作。就各人经办事务言，多少发见缺点，正记录备检讨焉。五时散，仍乘三轮返家。

清儿同归，因共夜饭。饭后，清儿与润、滋等谈，九时后，始去。

午饭后，余曾点阅《事类统编》，先后尽八卷矣。夜九时后又点阅之，十时后乃辍笔就寝。

12 月 28 日（十二月大建辛丑　壬寅朔）星期五

晴，寒。

晨六时半起。七时三刻出，乘三轮入馆。八时参加小组检查，九时半罢。人梗来访，交《爱国历史小丛书》稿十四种，约明日上午送稿费去。谈移时辞行。均正、必陶俱往青年出版社开会，未及与商此事。十二时归饭。芷芬适来馆谈怀夏楼出让事，因与同返。食饺子。

午后一时，芷芬去。二时，澄儿率埙、垲两孙来。三时，余以人梗稿事复乘三轮往馆,晤均正、必陶接洽之。因夜七时李庚将来馆作动员三反(反贪污、反浪费、反官僚主义)报告,遂留馆未归。属伙食团作蛋炒饭果腹焉。

与孝俊谈,知同人之在中图职校受课者均甚努力,而成绩亦大好也,至以为慰。

七时,李庚、彬然均至,同人毕集,锡光主席。开场后,李庚即展开报告,历一小时半始毕。内容充实,条理清晰,听者都感动。后由彬然报告合并事宜及蜚语处置等琐事。九时后乃散。余偕琴珠步以归。

滋儿竟先行,抵家门始遇之。

十时就寝。

12 月 29 日 (十二月初二日　癸卯) 星期六

晴,寒。以无风,故不甚感冷。

晨六时半起。八时四十分出,乘三轮赴馆。九时半,李庚、王业来,彬然亦前至。乃偕诗圣共参章则小组会议。组织系统已先假以确定,即本此确定草拟新机构公司章程及组织大纲,当推余属稿,约一月十日前交卷,备提筹委会商决云。

十二时归饭。午后点阅《事类统编》。三时复出,仍乘三轮入馆。三时半,办公室合组商讨检查经过,五时散,明日仍分两组着手云。

六时,雪村、彬然、觉农、桢祥、达先、力子先后来馆,遂与诗圣提开董事会。先合座夜饭,饭后便进行报告及讨论。所有爱国捐献与青年出版社合并及新村出让诸大端,俱有决定。惟同人奖金事则雪村坚持异议,因挑眼而未能决耳。十时始散。幸湜儿早来相候,遂与偕行,徐步以归。

抵家少坐即睡。

12 月 30 日（十二月初三日　甲辰）星期

晴,寒。

晨六时半起。八时四十分出,乘三轮赴馆。处分杂事。备过年矣。本日与明日对调,故今照常办事,明乃移作假日也。十二时归饭。

饭后点阅《事类统编》。三时出,步入馆。参加小组检查,五时一刻始作小结束。仍缓步以归。

六时夜饭,以小除夕颇具盘餐,合家共食。犹有馀,供待明宵用也。

夜饭后,复点阅《事类统编》。

上午,光岐来访,未遇。

晚七时,珏人偕漱石往青年会看昆剧,票则允和所送者。浞儿参加辅仁大学音乐晚会。十时半,珏等归。近十一时浞乃归。余已睡矣。

接绍虞书。

12 月 31 日（十二月初四日　乙巳）星期一

晴,寒。

晨六时半起。八时出,乘三轮赴馆。以今日开明召集中图同人及总处同人作迎新联欢会也,本约八时半举行,而人皆珊珊其来,至十时半乃克举。力子、彬然皆以事未至,余主席,为致辞。继余讲者有达先及雪舟,馀则所谓馀兴也已。十一时半散,汉儿及升埙随余归,因共饭。

珏人、漱石、润、滋及弥同则往东安市场五芳斋午点焉。午后,珏等归。雪村夫人吴淑荪及清儿亦旋至,谈闲。

二时许,滋儿伴漱石、弥同往游北海看溜冰。四时,雪村夫人等去,汉儿、元鉴(三时来)、升埙亦去。

五时,漱石归,即饭,乘车往汉儿家,弥同从行。

六时,余等夜饭。饭后仍点阅《事类统编》。十时始寝。

湜儿在校参加晚会,归已十一时矣。余俟其归始入睡。

1952 年

1 月 1 日①(辛卯岁十二月初五日　丙午)星期二

晴,寒。

晨七时起。点阅《事类统编》,竟日为之,獭祭可笑,然而童时读书之乐转得回味,醺醺矣。

十一时,润、滋、湜三儿及琴珠、佩华俱出,偕往汉儿家午饭,盖昨所约也。

十二时,余与珏人、阿凤三人以汤饼代饭。三时半,润、琴先归,知雪村夫人及清儿亦在彼饭。饭后,滋、佩、漱、弥往游隆福寺,湜则入校开会矣。四时半,漱、佩、弥归。有顷,滋亦归。顺为余购到芦丁也。六时夜饭,芝九来谈,湜亦旋返。

七时一刻,芝九去,余仍点阅《事类统编》。十时就寝。

1 月 2 日(十二月初六日　丁未)星期三

晴,寒。

昨夜右下腹隐隐作痛,终宵未克安睡。今破晓即起,以手按右腰下尤感刺痛,精神因而大损,虽不能遽断为盲肠炎,亦至少为食积所困耳。晨餐仅饮牛乳。

①底本为:"燕居日记第五卷"。原注:"一九五二年元旦容叟自署于小雅一廛。"

　　八时半仍勉出,乘三轮赴馆。十时半,召各小组长会报,重新布置学习事宜,将针对三反运动展开思想改造也。十一时三刻散。

　　接云彬廿八日信,君宙廿九日信。十二时归饭,仍乘三轮,略一颠动,则下腹右侧感刺痛,甚剧。饭时仅啜粥一碗半而已。下午遂未入馆。引被以热水袋贴痛处而卧,入睡一小时半,觉稍好。四时起,坐息良久。五时半仍进粥。六时,珏人、漱石、滋儿、佩华、弥同、阿凤俱往大华看电影,盖抗美援朝之录音片也。湜儿则约在门前相候同入院耳。

　　余独坐看《随园诗话》自遣,间逗元孙为乐。八时三刻,珏等皆归。

　　九时半就寝。

1月3日（十二月初七　戊申）星期四

　　晴,寒加烈矣。

　　晨六时半起。以腹痛稍好,而右腰前仍隐隐刺戟,大氐为积食所累,只索请假在家休息。竟日未出,便两次,患乃大减。点阅《事类统编》。十二时啜粥。下午六时夜饭吃干饭半碗,粥两碗。

　　九时寝。

1月4日（十二月初八　己酉）星期五

　　晴,有风,严寒。

　　晨六时三刻起。八时四十分出,乘三轮赴馆。十时半参加各小组学习会报,十一时三刻散。十二时归饭,仍乘三轮。下午二时半复出,乘三轮入馆。三时半参加小组学习,五时散,仍乘三轮归。

　　清儿来夜饭,饭后往均正家开民进小组会。

九时许就寝。

晓先夫人来午饭,饭后偕珏、漱逛庙。

1 月 5 日 (十二月初九日 庚戌)星期六

晴,寒,夜月色好。

晨七时起。八时半出,乘三轮赴馆。十时,力子、彬然来,因约锡光、均正、诗圣补行会报,十一时半散。十二时归饭,仍乘车行。下午二时半,复出,乘车赴灯市口育英中学高中部大礼堂,与开明同人及青年出版社同人会,共作三反运动动员大会,由李庚、李湜、许立群、荣高棠以次作检讨报告,自三时至五时三刻乃毕,已垂黑矣。因偕琴珠、滋儿缓步由史家胡同以归。

六时半夜饭,七时半,湜儿乃归。复具餐焉。询之乃在北海溜冰云。

夜饭后,点阅《事类统编》。十时就寝。

1 月 6 日 (十二月初十日 辛亥 小寒)星期

晴,寒。

晨六时起。为联合机构起草公司章程,十时毕。正待续草组织大纲,而澄儿、基孙至,遂不能静摄矣,即止。

饭后伸纸待书,而达先、清儿、建孙至,一番栗六,又为之辍。四时,澄等去。未几,达等复来,因共夜饭。饭后汉儿至,聚谈至八时半,达等去。有顷,芷芬至,近十时始偕汉去。

十时半就寝。

1 月 7 日 (十二月十一日 壬子)星期一

晴,寒。

　　晨六时三刻起。为联合机构草组织大纲。八时半出，乘三轮入馆。十时半召开增产节约运动委员会，加强三反运动，成立检查小组，必陶、裕康、履善当选为委员，即将展开检讨。十二时散，即归饭，仍乘三轮。下午二时半，仍乘三轮赴馆。三时参加小组学习讨论问题。六时散，即乘三轮遄返，已满街灯火矣。

　　到家汉儿适在，盖自出版总署听报告，顺来见省者。因共夜饭。据告，叶蘁生大受检讨，颇为狼狈云。三反运动之热烈于此可见。夜饭后，闲谈，汉儿九时始去。余甚倦，而未能属草，因即就寝。

1 月 8 日（十二月十二日　癸丑）星期二

　　晴，寒。未晓前三时即起，赓草组织大纲，至五时略成，时鸡甫鸣也。平旦之气，于此领会亦大佳。

　　八时半出，乘三轮赴馆。力子来候会报，以彬然不至而罢。谈公司近事，十二时各归饭。下午二时复出，步入馆。三时参加小组，学习文件已粗毕，开始漫谈现状，发掘问题，六时许散，乘三轮于月下归。

　　夜饭时，晓先来访，因共饭。长谈至八时半始去。

　　滋儿夜饭后参加团小组，九时三刻乃返。余已入睡矣。

1 月 9 日（十二月十三日　甲寅）星期三

　　晴，寒。

　　晨六时半起。八时半出，乘三轮赴馆。处分杂事。十二时归饭，仍乘车。下午一时即赶到馆中，参加小组学习。三时集体听薄一波广播反贪污、反浪费、反官僚主义报告，四时毕，仍继续学习，漫谈本身问题。五时散，仍乘车归。

六时半夜饭。饭后滋儿复返馆参加团小组。余则准备明日检查报告讲稿。九时半,滋儿归。余亦就寝。

1 月 10 日(十二月十四日　乙卯)星期四

晴,寒。夜月皎好。

晨六时半起,续理讲稿。十时始出,乘三轮赴馆。十时半参加学委会(即增产节约运动委员会别称)讨论,进行检讨、揭举等方式,彬然、力子俱至,都有讲话,十二时廿分散。余不及归饭,即就清儿饭盒中取食茶叶蛋一枚,聊以充饥而已。下午一时半,召集同人大会,首由余作检查报告,占时五十分,次由均正作报告,占时一小时。馀次由锡光作报告,占时四十馀分,后由李庚讲话,连结青年出版社及开明书店现状而言,颇扼要,讲毕即去。继乃由群众提意见,情况甚热烈。对余所提尚不多,对锡光亦然,独于均正则责难交至,生产事务真不易干也。直至七时始散会。余乘三轮,滋、琴则步行,相偕归饭。有顷,清儿至,谈半小时去。九时三刻就寝。

1 月 11 日(十二月十五日　丙辰)星期五

晴,寒。

晨六时半起。八时半出,乘三轮到馆。处理杂事。十二时归饭,仍乘车,到家时晓先夫人在,因共进餐。餐后即行,仍乘车到馆。一时起参加小组检讨,诗圣、裕康、趾华相继发言,大家亦都向之提供意见。四时三刻后,余请大家对我提意见,颇中肯綮,自此展开批评与自我批评,诚彼此攻错之良好药石也。凡攻余短,必拜嘉之。五时散,乘车归。

六时夜饭。饭后,滋儿复入馆参加团小组。芷芬来,再具餐。

芷芬备言各地进行三反运动之热烈,人民教育出版社及中国图书发行公司诸情况尤见详。雪舟好弄阴谋,今番在中国被众揭发,大为出丑云。九时三刻,芷芬去。十时,滋儿归。有顷,余亦就寝。

接君宙信,告坦白平生事。

1 月 12 日（十二月十六日　丁巳）星期六

晴,寒。夜月好。

晨六时半起。八时半出,乘三轮到馆。力子、彬然俱晤及,谈三反运动展开事。十二时各归饭。下午一时前即赶到馆中,参加小组检讨,听永清、久安自述,并商定明日着手检查方法。五时一刻退,仍乘三轮归。

六时夜饭。八时后,浞儿始返,再具餐焉。询其故,校中亦正展开三反运动耳。九时半就寝。连日紧张,颇感疲累矣。

1 月 13 日（十二月十七日　戊午）星期

晴,寒。

晨七时一刻起。复君宙,嘉慰其勇于自陈,并勉励新生。下午一时赶到馆中,参加小组检查。

接颉刚十日信,告致觉近况甚窘,几至绝粮,并告曾晤硕民,体尚健云。老友穷,独熟视无能为力,痛心甚矣。五时下班,乘三轮往八条,应圣陶之招,先晤晓先,略谈,继晤圣陶,兼及墨林、仲仁、文叔。遂共饮,久不亲酒,今日破戒,为尽两大杯,畅谈至八时半,乃辞归。仍乘三轮行。

抵家,清儿尚在,并知汉儿亦尝来谒云。因与清、润诸儿痛谈发动三反运动之热烈。十时半,清始辞去。余亦就寝。

1 月 14 日（十二月十八日　己未）星期一

晴,寒。

晨六时半起。八时半出,乘三轮赴馆。十时半参加学委会,十二时散,即归饭。饭后匆匆入馆,一时即参加小组检查,五时散,仍乘三轮归。累甚!

六时夜饭,九时即寝。

1 月 15 日（十二月十九日　庚申）星期二

晴,寒。

晨六时半起。八时半出,乘三轮赴馆。处分杂事。十二时归饭,即返馆,往返俱车。一时参加办公室大组,听马孝俊坦白组织低联经过,于此可见,某氏之卑鄙恶劣,阴纵破坏团结之一斑。五时散,乘车归饭。

饭后,与润儿灯下属稿,备明日上午在全体大会作第二次检讨报告。至深夜一时始寝。

1 月 16 日（十二月二十日　辛酉）星期三

晴,寒。

上午四时即起,挑灯整理讲稿。八时出,乘车赴馆。即参加全体大会。大会自八时半开,直至下午十一时始散,中间仅午晚两餐各休息一刻钟而已。仍由必陶主席,余首先报告,历一小时馀,继由均正、锡光各作报告,已过十二时,乃饭。饭后一时一刻续开,首由胡伯恳坦白过去历史。次诸宝懋检举出版科浪费,次彬然作报告,次吕元章坦白贪污,次马孝俊坦白低联。已六时半,即晚饭。

七时一刻续开,首由朱继文坦白贪污,次周应治坦白作风卑劣,次屠大宝坦白贪污,次叶至善检讨作风。已九时半,乃开始提意见,大家对周应治意见特多,足征其为人之鄙劣矣。十一时散,偕琴珠、滋儿步月以归。少坐便寝,已十二时矣。

1 月 17 日（十二月廿一日　壬戌）星期四

晴,寒。

晨七时起。九时三刻出,乘三轮赴馆。十时召开学委会,仍请各小组正副组长参加,议定三反运动如何作总结报告,及各组如何展开讨论总结等事。十一时半散。十二时在馆午饭。三时起至六时止,召集办公室大组对昨日所听报告提意见,当场对吕元章意见特多,以其太不够白也。其他对彬然、均正亦多责备空洞。对应治则望其更作深切坦白交代历史云。今日起,至下星六止,下午俱为此运动延长时间到六时。自馆出,仍乘三轮归饭。

清儿亦至,因共饭。饭后,清、滋传达各小组意见,对余昨日报告深致鼓励,盛意固可感,其如精力不继何为? 嗟叹久之。

九时半,清儿辞去。十时收听上海沪声电台播送钱雁秋弹唱《梁祝哀史》。十一时就睡。旅京以来,今日始得听到沪音也。

由人民银行汇廿万元与苏州吴致觉,托会计科划金韵锵代转计硕民,聊资济助,俱未及作书也。

接予同十三日灵璧来书（皖京九号）,知旧历年内可以赶回上海云。

1 月 18 日（十二月廿二日　癸亥）星期五

晴,寒。

晨七时起。以积倦暂憩,未入馆。十时三刻,与润儿出散步,由南小街北行,转入朝阳门大街,信步从菜市抵东四牌楼,遂入隆福寺街,一看寺内新市场,以在午前,摊子尚多未摆出,匆匆一周即出,在寺前白魁记吃涮羊肉,甚落位。食毕已十二时半,润复入寺闲逛,余则乘三轮径赴馆。

知上午得青年出版社电话,团中央在青年宫召开三反运动会,冯文彬报告。开明各小组俱推代表三人应召参加云。余抵馆,伊等甫归也。下午三时,仍开办公室大组会,谈听取午前青年宫传达报告,知合并进行诸事且暂缓,此一三反运动,将更深入,务使每一个贪污分子均有交代始已耳。六时散,仍乘三轮归饭。

饭后与滋儿谈,颇动火,以渠处事粗率也。

湜儿饭后入校,参加团小组讨论,着手展开检查。十时三刻乃归。余以俟其归,收听钱雁秋、施淑芳播送《梁祝哀史》弹词,坐待之,比见面始各就寝。

1 月 19 日(十二月廿三日　甲子)星期六

晴,寒。正当四九开始,寒威殊欠烈,亦失常也。

晨七时起。八时出,乘三轮赴馆。处理杂事。

力子来,彬然未至,思明欠款曾与力子谈,力子意欠款应另谋归还之方,工价不当遽扣,致为德不卒云,遂批令照付。下午三时,仍召开办公室大组座谈,商如何深入三反运动问题。本组决议向学委会提出如下建议:

> 此次运动以反贪污为主,检查案件以检查小组三人为中心,必要时指派其他人员出外调查,已经掌握线索材料者派人向对象进行教育启发,使其自动坦白。

至五时宣告散会。仍恢复经常工作。六时下班，仍乘三轮遄返。少坐即夜饭。

知清、汉日间俱来省。陆轶尘来馆见访，知应中华之聘，来此已六日矣。询及君宙近况，颇为庆慰云。

夜十时收听钱、施挡，以线路关系，不甚清晰，越半时即罢，解衣就寝。

1月20日（十二月廿四日　乙丑）星期

初昙，旋晴。午后作风，夜深转烈，平明又止矣。气略加寒。

晨七时起。闲坐，看诸孙嬉戏，以其隙点阅《事类统编》。十二时午饭。饭毕偕湜儿出，乘三轮往中山公园，略涉一周，在花坞逗留稍久，即出园，再乘车往北海公园看溜冰。以风起，扬尘扑面作痛，匆匆即出，仍乘车径归。到家已四时一刻矣。

六时夜饭，九时就寝。

1月21日（十二月廿五日　丙寅　大寒）星期一

晴，寒，入夜有风。

晨六时半起。八时一刻出，乘三轮入馆。处理杂事。十时召开节约委员会及各小组长会议，宣布处理贪污办法，并加强调查工作，十一时半散。十二时午饭。

下午三时仍开小组会，传达学会决议，并由个人再度自己检讨。六时退班，仍乘三轮归。

清儿后至，因共夜饭。饭后略谈，八时清去。九时三刻就寝。

1月22日（十二月廿六日　丁卯）星期二

晴，寒。

晨六时三刻起。八时一刻出,乘车赴馆。

力子、彬然来,九时许出席会报,略告概况而已。十时半出席学委会会报,十一时三刻散。十二时午饭。

下午二时半,集体听贸易部斗争贪污大会录音广播,四时半毕,仍继续学习。六时离馆,乘车归家。

芷芬在出版总署开会,过我,因共夜饭。饭后芷与润谈,九时后乃辞去。十时半就寝。

1 月 23 日(十二月廿七日　戊辰)星期三

晴,寒,深夜有风。

晨七时起。八时一刻出,乘三轮赴馆。同人皆应青年团中央之招,往青年宫听冯文彬报告,独余与锡光留守。

中图解款五千万,人行借款五千万,俱于下午收到,始克发放薪工。开明历史上稀有之窘状也。午前与必陶谈。下午三时,仍学习。五时,达先来,即属为同人介绍中图如何展开三反运动事,在会议室举行,六时一刻毕。余即离馆乘车遄返,已夹道灯火矣。

六时半夜饭。湜儿十时始归。盖团会也。余俟伊归面乃就寝。

1 月 24 日(十二月廿八日　己巳)星期四

晴,寒,微有风。

晨七时起。八时一刻出,乘三轮赴馆。力子来,彬然仍未至。与力子谈三反进展情形,并请示断限。十时半出席学委会报。十二时饭。下午一时,桢祥来谈。三时参加小组会,每人作初步总结,六时一刻乃退。乘车归。

清儿偕琴、滋同归,遂共夜饭,作长谈。九时五十分,清儿辞去。余等亦就卧。

1 月 25 日（十二月廿九日　庚午）星期五

昙，寒，似有雪意。

晨七时起。八时半出，乘三轮赴馆。处理杂事。十一时出席学委会报。

十二时饭。下午二时，彬然来馆一转即去。

三时召开办公室大组会，工友皆与焉。历时至六时廿分散。无甚结果，盖本无其事，而强欲自承，实难勉致也。

乘车遄归，唉涮羊当餐。餐后滋儿复入馆，参加团小组，十时归来。余俟其归乃寝。

1 月 26 日（十二月三十日　辛未　除夕）星期六

晴，寒。

晨七时起。八时半乘车赴馆。处理杂事。中图总处解款一笔来，勉度年关。力子、彬然来，举行会报，于调孚续假事决再延长三个月。十一时半，学委会报决定今日暂停开会，应有交代者尽本日下午十时止，缄达或口头报告于检查小组云。

下午桢祥复来谈。五时下班，即乘车径归。

六时半，合家吃年夜饭，饮绍酒两杯。饭后老小杂坐，闲谈家常。数日来，紧张气氛遂在融泄中消失之。十一时半就寝。

远近爆竹之声终宵不绝，年景不减往岁也。

1 月 27 日（壬辰岁正月　小建壬寅　壬申　朔）星期

晴，寒。

平明起。进团圆汤,橄榄茶,合家贺岁。

九时三刻,圣陶见过,长谈,留与共饮。下午四时,清儿、建孙来拜岁。有顷,达先、芷芬亦至,谈至五时半,圣陶去。六时,芷、达等俱去。

六时半夜饭,仍小饮。九时即寝。

圣陶来,作竟日谈,二十年无此乐矣。必于岁寒后凋之会,始克体味总角之深情,若泛泛盈,天下又何足珍哉!

1 月 28 日（正月初二日　癸酉）星期一

昙,寒,薄暮云翳渐退,又成晚晴矣,竟不得雪。

晨七时起。竟日未出,雪村夫人、达先、清儿、业熊、澄儿、堉、㙗、垲四孙、汉儿、镨、镇、鉴三孙并中图同人钱慰先之女俱来。午饭济济盈庭,几无隙地。芝九父子、大椿先后来,以人多,稍坐即引去。午后四时,雪村夫人一行及汉儿一行去。五时,雪村、梓生来,六时去。业熊一行夜饭后八时乃去。润、滋、湜、琴、佩六时往雪村家晚饭,九时半始归。

十时就寝,累甚。

接漱儿廿六日来书。

1 月 29 日（正月初三日　甲戌）星期二

晴,寒,有风,垂暮、破晓尤甚。

晨六时半起。竟日未出,看《随园诗话》。湜儿上下午俱到校开会。润、琴、滋、佩挈基孙于十时出,同过澄儿午饭。漱石挈弥同往饭亚南家。

十一时,均正、国华偕过,近午去。

饭时仅余与珏人共耳。午后士方、士中来，旋去。下午三时，漱石、弥同归。四时半，润、琴归。知曾往汉儿家，滋、佩则留彼夜饭矣。

余午晚俱小饮，隔年沽酒罄矣。当停饮也。

九时，滋、佩、基归来。有顷，余亦就寝。

1 月 30 日（正月初四日　乙亥）星期三

晴，寒。

晨六时三刻起。九时，正欲出行，晓先至，知介泉亦将来也，乃迟之。有顷，介泉至，大谈，因共饭。承鼓励备至，劝勿萌退念。下午二时，光岐、诗圣先后来。介泉、晓先乃去。光岐稍坐亦去。有顷，彬然夫妇来，述琇、元鉴来。诗圣去。五时，彬然、述琇等去。云瑞来，遂留之夜饭，七时半去。竟日酬谈，殊累，好在明日上班办事矣。

午前，小川、玉英来，未饭即去。

夜看《随园诗话》。十时就寝。

1 月 31 日（正月初五日　丙子）星期四

晴，寒。

晨六时半起。八时出，步入馆。处分杂事。力子来馆，谈移时去。学委决定今日暂停学习一天，照常工作。下午五时下班，乘三轮归。

午后晓先夫人、调孚夫人来。

今日元孙周岁，午间达先、汉儿来面。晚，清儿来面。夜九时半，清乃去。十时收听上海大沪广播弹词，十二时始睡。

接廿一日诚之上海信,告断代通史决依属截至五代止,惟交稿尚须年馀耳。

又接致觉廿五日苏州信,谢余与圣陶济款,惟硕民未见只字,殊念之也。

2 月 1 日（正月初六日　丁丑）星期五

晴,有风,加寒。

晨七时起。八时半乘三轮到馆。接稚圃信,知将自皖北归来也。

下午彬然来馆,谈至四时去。仍暂停学习,五时下班,仍乘车归。

夜饭后,与儿辈闲谈,九时三刻就寝。

昨晚睡略迟,竟又影响精神也。

2 月 2 日（正月初七日　戊寅）星期六

晴,寒。

晨六时三刻起。八时一刻出,缓步入馆。处分杂事。下午三时出席处务会议,五时毕,仍参加学习。六时下班,因清儿邀,乘三轮往南门仓晤雪村。至则珏人、漱石、弥同及业熊、澄儿一家俱在。有顷,清儿亦返,乃聚饮。方半,达先始归,共谈至八时半,偕珏、漱等乘车径归家。

十时半就寝。

2 月 3 日（正月初八日　己卯）星期

晴,寒。

晨七时起。九时，与湜儿乘车偕往八条访候圣陶、晓先。适圣陶出浴，晓先出吊（陆棣威逝世），俱未晤，乃与墨林、至善闲谈。十一时，圣陶归，因共饮其家。饭后，墨林、满子去我家访珏人，余与圣陶、湜儿及凤祥（圣之警卫）步往地安门内黄化门街访西谛。西谛近移家此街十七号，未曾往，又渠新从印缅归，遂偕圣陶一访之。晤焉。长谈印缅风土，并途次观感，自二时至六时，未已。丁燮林、李一氓后先至，乃留饮其家。酒则取自圣陶家中也。

饮后，复纵谈至九时，附一氓汽车东归。在赵堂子胡同西口下，与湜儿步以归家。

漱石得漱儿电报，促归，今已购得车票，明晚即须南行，以此来送行者颇多云。

十时就寝。

2月4日（正月初九日　庚辰）星期一

晴，寒。

晨七时起。八时一刻出，乘三轮赴馆。处理杂事。下午三时参加小组学习，沛霖、孝俊辈殊为高兴，元章则不免耳。六时下班，仍乘三轮归。

漱石、弥同今夜十时四十分车返沪，晨间致电漱儿，备接。

夜间芷芬、清、汉两儿、士铮俱来送行。晚饭毕，谈至八时半，士铮去。九时，湜儿、阿凤先送漱石、弥同往车站，分乘三轮三辆行。有顷，芷芬、润儿乘电车继往。清儿亦归，滋儿则参加团小组未与焉。

十时，滋儿归，越五十分，润、湜、凤亦归。知漱石等安然登车待发矣。

十一时就寝。

2 月 5 日（正月初十日　辛巳　立春）星期二

晴，寒。

晨七时起。八时半乘车入馆。十时半，力子、彬然来馆，举行会报，依据检查小组及各部室小组意见，行政上作出决定，将恢复吕元章薪等处分撤销，即日起令元章停职停薪进行反省，限期清账，彻底坦白。下午三时，参加小组学习，四时半散，以体累，即归休。

六时夜饭，琴珠、滋儿皆未归，至八时，银富来请，谓馆中编审小组初开会检讨黄艺农，以情形复杂，涉及政治问题，遂开大会斗争，须余前往处理云。因即披衣重出，步至南小街始得乘车赶往馆中。时锡光正在电话与公安局、青年团方面联系。有顷，彬然至，又有顷，李庚亦至，决先劝令将衣装杂物自动检点，并限令写以往历史候核。抢攘至十一时散会，同人组织守卫，将元章、艺农一并管制。十一时半，李庚劝余先归，余乃偕滋儿徐步返。就寝已十二时一刻矣。

2 月 6 日（正月十一日　壬午）星期三

凌晨雪，午后始渐止，傍晚展晴，气大寒。所谓拗春冷也。

晨七时兴，八时即乘车入馆。碾雪而行，到后先问昨夜经过，尚安静。并知安全委员会开至十二时也。处理杂事。下午三时，参加学习，秘书、会计联合小组就艺农问题展开讨论，并提出意见，送检查小组转达行政云。五时下班，仍乘车归。

六时夜饭。九时半就寝。

连日紧张之至,殊感难任也。

2月7日（正月十二日　癸未）星期四

晴,寒。

晨七时兴。八时半乘车到馆。力子、彬然先后来,以事情繁,遂举行会报,决定对艺农亦暂缓发薪。在管制期间,渠与元章伙食均由公司暂垫。下午三时,参加大组学习。五时退,仍三轮归。

湜儿前晚归来即有寒热,昨今俱未退,伤风脱力,兼以伤食,恐须大便通畅,始能霍然耳。以南屋较冷,今晚迁卧北屋,即于中间炉火之旁张榻焉。

看《随园诗话》。九时半睡。

2月8日（正月十三日　甲申）星期五

晴,寒。

晨七时兴。八时廿分出,乘车赴馆。处理杂事。此次运动,群情激发,学习时每多过分之谈,偏差难免,然勃勃之气,足以药疲癃而有馀耳。

下午三时继续学习,五时退,即乘车归。

六时夜饭。饭后打五关三盘,稍舒积倦。看《随园诗话》。十时就寝。

湜儿已稍好,惟寒热仍未退尽云。

2月9日（正月十四日　乙酉）星期六

晴,寒威稍杀,日中春意益然矣。夜月亦姣好。

晨七时起。八时一刻乘车到馆。处分杂事。彬然电话来,谓今日下午二时来馆理事,如力子处有便,可电知之。因代达力子。力子果于二时半来,当电告彬然。彬然云须三时乃来。余即与力子谈董会商议各事,并告三反运动发展状况。小组学习未参加,讵知彬然直至近五时始至,诸事俱不及谈,宜其招致同人之不满矣。

振甫去岁除夕前夜返沪,今晨六时许抵京,九时晤之,知曾于兖州下车,去曲阜游孔林,并在济南访戚小住云。

十时,稚圃来访,亦今晨自蚌埠土改回来,芦靴黑棉氅,蓬首泥足,十足乡老矣。

据云,所处阜南县柏山乡,真乃典型的地瘠民贫,一切落后之地,情形因而复杂难处也。

夜六时开董事会,力子、彬然先在外,雪村、雪山、西谛、觉农、桢祥皆至。先吃饭,后开会,自七时至九时一刻,乃散。通过一九五○年底资金总额、撤销驻沪办事处、解除达君襄理、划定处理三反事件之时间阶段等。九时半乘车归。

十时半就寝。

接漱儿信(告弥同安返)。

2 月 10 日(正月十五日 丙戌 元宵)星期

晴,朗,早晚寒,日中和煦,夜月甚姣。

晨七时起。十时半,晓先见过。纵谈至下午四时乃去。

雪村夫人及达先往禄米仓东街陆家大院看屋,顺道过我,与晓先同去。

五时,芷芬与汉儿来省,夜饭后八时半始去。余竟日未出,珏人与滋、佩午后出看电影。润、琴午后抱元孙出摄影,顺购物。

夜看《随园诗话》。十时就寝。

2 月 11 日（正月十六日　丁亥）星期一

晴，寒，夜月亦好。

晨七时兴，八时半乘车到馆。十时前后处理杂事。十一时召集学委各小组会报，十二时十分散。下午三时，参加学习，五时退，即乘车归。

均正病已三日，无暇往看之。亦积疲所致也。

六时半夜饭。看《随园诗话》。十时就寝。

2 月 12 日（正月十七日　戊子）星期二

阴，寒，大雪，下午止，晚放晴。

晨七时起。八时半乘车入馆。力子来，彬然不至，会报遂未果行。下午三时出席总处全体大会，讨论处理三反事件，划分阶段问题。纷拏纠结，直至六时半，始通过对董会建议书一件，修正公营性质应拉长至批准合作时起。

乘车返家晚饭，已七时馀矣。湜儿参加联欢中朝部队代表晚会，十一时乃返。余坐待其归。看毕《随园诗话》。十二时始睡。

2 月 13 日（正月十八日　己丑）星期三

阴，雪花微飘，午后渐大，傍晚加甚，入夜尤浓密，气却不剧寒。

晨七时兴，八时半乘车到馆。处理杂事。以连日开会，琐务遂阁不问，今稍闲，乃分督各主管人赶为清办。然十难尽三也。一方响应运动，一方责求事效，吾知其蹶矣。奈何！五时下班，雪中乘车归。

清儿、达先来夜饭，饭后，即去出版总署开会。建孙午前由珏人接来,即住我家。至善交来硕民九日手书,谢余寄款,并望复信,知渠清健,至慰也。

九时半,卫生小组叩门,令扫雪。南方无此奇遇耳。只得唤润、湜两儿同阿凤应役。灯下写邮简,分寄硕民、致觉(明日发),略告近状。十时半就寝。

2 月 14 日(正月十九日　庚寅)星期四

早晚雪,午后停,室外甚寒。

晨七时兴,八时廿分乘车赴馆。力子、彬然均未至,均正亦尚在假中。一切无法进行,坐挨时机而已。

达先来传述公文意,欲将京分店账册吊去,便利进行五反运动,商经检查小组同意,可移去云。

史学会编《中国历史概要》初稿(将译入苏联百科全书中)今始由会中寄到(昨日电话催询刘寿林始来)。印成二〇一面,近代史占太半,在详近略远原则上,当然说得去,但就国人立场言,终感太忽视先民耳。稍暇当细看之。

下午一时,组织同人收听保定公审刘青山、张子善大会录音广播,二时半毕。三时参加学习,对华义案之发展,遂有新对象,诸宝懋被重嫌,恐不能忽视也。五时下班,仍乘车返。

滋、佩闹情绪,珏人为之生气,殆家庭气运将转下坡矣。为之浩叹。

湜儿未归夜饭,九时半乃返,询知在五一女中参加《中苏同盟互助条约》签订二周年纪念晚会也。余坐待其归始就卧,已十时矣。

2月15日（正月二十日　辛卯）星期五

阴,寒,午后晴,夜月好。

晨七时起。八时一刻乘车往馆。处理杂事。下午三时,本有学习,因华义问题严重,遂于午前学委小组商定于一时半起开全体职工大会,专对此事展开讨论,同时斗争诸宝懋,直至六时,不能解决,乃休息,五十分续会,并电话、信件分别招力子、雪山、彬然、桢祥、调孚到场参加。届时桢祥到,馀人均以病未至。中间力子赶来,桢祥招玉林、惠福到会说明华义状况,直延至十一时始属桢祥、惠福、玉林退去。专攻宝懋,至十二时四十分始散。宝懋终无所承也。此等场面平生未尝经历,劳倦极矣。

散会出,与滋儿、琴珠月下踏雪走归。到家已一时,途中寒甚,洗脸温手后,始就寝。以睡眠过时,竟不成寐。

2月16日（正月廿一日　壬辰）星期六

晴,寒,早起玻窗厚结冰花,甚丽。

晨七时起。八时半仍扶倦出,乘三轮赴馆。整理昨夜所得诸状。处理杂事。力子来,召必陶、锡光、诗圣谈昨夜问题之初步解决办法。十一时半,余偕力子往出版总署探问彬然,谈廿分钟,仍乘力子汽车返馆午饭。下午三时,以倦累早退,即乘车径归。

澄儿挈埙、基、埒、埙、垲五孙来省,四时半归去。五时许,清儿偕琴珠、滋儿归,谓将往访均正,少坐便去。余属致声焉。

夜饭后,闲翻《随园随笔》,九时许即寝。

月色甚好,夜深愈明。

2 月 17 日（正月廿二日　癸巳）星期

晴，寒烈，午前后有风，夜深月明。

晨七时兴，十一时半，清儿来共饭。饭后接建昌去。一时，余偕珏人、润、滋两儿往东安市场吉祥戏院看京戏，准时开场。先为周元伯、张雯英之《苏三起解》，次为李元瑞、徐志良等之《八大锤》，杨菊芬、李继增等之《李陵碑》，杨菊芬、杨少龙、张元智等之《审潘洪》，五时即毕。伊等为中国戏曲研究院京剧实验工作团第一团。团员初无藉藉之名，演唱却认真不苟，可取也。

散出后，过五芳斋进点，然后逛市场，出西门乘三轮归家。湜儿别路往鲜鱼口大众剧场看《孔雀东南飞》及《丁甲山》。亦中国戏曲研究院戏曲实验学校演出者。六时归。

七时夜饭。饭后，与家人闲谈戏剧中故事，旋看《随园随笔》。九时三刻就寝。月尚未上，清光烁亮矣。

2 月 18 日（正月廿三日　甲午）星期一

晴，午前风作，呼呼有声，午后不止，寒甚。较冬天为烈，夜深月好。

晨七时兴，八时半徒步到馆。处理杂事。出版总署批复三反事件之处理，须以奉批核准合营接受投资之日开始，以前作五反处理是好为牵引者一声棒喝也。下午无学习，照常工作。与锡光、诗圣谈沪处结束事宜。五时下班，即乘车归。

六时许夜饭。湜儿竟日在外，未及归也，七时后始返，重具餐焉。夜饭后，打五关三盘，又闲话移时。九时半就寝。

2月19日（正月廿四日　乙未）星期二

晴,寒。午前仍有风。

晨七时兴,八时半出,乘三轮赴馆。力子、彬然俱到,因邀集均正、锡光、诗圣作会报,对元章、艺农管制问题有所决定,将并出版总署批复均宣布交节约委员会商讨。思明制版所借款事亦有初步办法提商也。

下午四时,节约委员会召各小组正副组长开联席会,彬然主席,青年出版社李庚亦到,于总署指示表示拥护,即将转入五反运动,并将会报意图交由各小组商讨云。五时廿分散,即乘三轮返。

六时半夜饭。饭后打五关两盘,看报、闲谈,藉纾疲闷。

午后曾作书寄予同,告沪处结束。

夜十时,濯足易衣,听沪声广播,杂音缴绕,仅听开篇即罢。入睡已近十一时矣。

2月20日（正月廿五日　丙申　雨水）星期三

晴,寒较前已大和。

晨七时起。八时半出,乘三轮赴馆。处理杂事。思明须支维持费,彬然适来,批借之。中图欠解开明十八亿多,屡催无效,今日久芸电约月内可解十亿,但开明之窘几等数米而炊,真不知如何度过也,为之焦灼。

下午三时,参加小组讨论,昨日联席会议问题缴绕纠结,竟不得要领。五时一刻散,即乘车归。

六时半夜饭。饭后滋儿、湜儿侍余乘车往东安市场看青年京剧团姜铁麟、张德华等演出之第一集《水泊梁山》于吉祥戏院。七时开场,十一时廿分散场。自鲁达拳打镇关西起,直至火烧草料场,林冲夜奔梁山止,开打、布景均尚可观。自剧院出,乘车返家,已十一时四十分,少坐即寝。

2 月 21 日 (正月廿六日　丁酉)星期四

晴,不甚寒。

晨七时起。八时一刻出,徒步与滋儿同入馆。力子、彬然俱到。十时半举行会报,均正、锡光、必陶、诗圣均列议,决定吕元章与黄艺农两人临时处分办法。下午三时,召吕、黄宣布之,并属转诗圣,即缮布告公揭。中图电话约明日可来五亿,不识变卦否。如解到亦不过解决天津纸款而已。其他巨宗仍难应付也。奈何! 五时下班,即乘车返。

六时半夜饭。饭后家人聚谈,嗑葵子为乐。旋点阅《事类统编》。十时就寝。

2 月 22 日 (正月廿七日　戊戌)星期五

晴,寒如昨。

晨七时起。八时一刻乘车入馆。处理杂事。中图解款七亿,付天津纸款四亿,汇沪处五千万还人行二亿(尚欠三亿,大费唇舌矣)暂纾眉急。下午三时,应出版科邀,出席其工作会议,五时十分散,即乘车归。

清儿来夜饭,与谈近事,胸膈一畅也。九时后归去。滋、佩出看电影,九时前归。余点阅《事类统编》,十时半乃寝。

2 月 23 日 (正月廿八日　己亥)星期六

晴,寒。

晨七时兴，八时半乘车入馆。力子来，与谈两日来店中情况，十一时去。下午二时许，彬然来，三时，在会议室听胡佳生土改报告。五时半始散，即乘车归。

夜饭已，湜儿奉珏人往大华看电影，八时半返。

余点阅《事类统编》，十时半始寝。

2 月 24 日（正月廿九日　庚子）星期

晴，寒，午后阴，夜半雪。

晨七时兴。点阅《事类统编》。午饭毕，珏人往视清儿。滋、佩出访友。润、湜两儿一早便出，润午后二时半归。湜则深夜十二时乃返也。下午二时，达先见省。有顷，珏人归，又有顷，芷芬、汉儿来省，四时，滋、佩归，为余购得中和剧院夜戏票三张，本备润、滋侍余往听者。五时许，雪村挈建昌至，乃与村、达、建及润、滋同出过东来顺吃涮羊，岂知羊肉竟告缺如，只有牛肉，遂废然出，别访至爆肚冯，勉得六盆而已。食毕已将七时，乃命润送建昌返，滋则径归。余与村、达乘车赴前外粮食店中和听戏焉。剧目为《失襄阳》、《走麦城》、《擒关羽》、《造白袍》、《刺张飞》、《连营寨》、《哭灵牌》、《战猇亭》、《八阵图》、《白帝城》、《永安宫托孤儿》。由首都实验京剧团李万春、李盛藻、毛庆来等主演。余等至，首出已过，自《走麦城》起，直看至《永安宫托孤〈儿〉》止，前后唱做不懈，十时五十分毕。三人从容出院，各乘三轮归。

坐半小时，湜儿始归。十二时半乃就寝。时雪已大作矣。

2 月 25 日（二月大建癸卯　辛丑　朔）星期一

早起闼头大雪，珏人、润儿、佩华、阿凤扫庭除中积雪，旋扫旋堆,亦一小小搏斗也。余昨宵迟眠,又兼心神不怡,遂未入馆。点阅《事类统编》,尽地舆部江苏省各府州。

午饭后,显昼,雪止。然阴云犹时时凑合,而寒威不烈,傍晚又飞雪矣。差不厚积耳。

琴珠归,带到廿一日予同来书,盖与余去函在途错过也。容再告之。

夜九时半即寝。

2 月 26 日（二月初二日　壬寅）星期二

晴,寒,向阳之雪已见消。

晨七时兴,八时半出,乘三轮赴馆。力子、彬然先后来馆。十时半,约均正、锡光、诗圣举行会报,关于五反事,定明日先开处务会议,分层检查,并召开有关各董事座谈会,关于思明借款事,原则允许订约云。下午一时,听市长彭真昨在四区召开处理工商户大会之录音,广播历时四十分,对此次工商户违反事件仍宽大处理,分三类解决之。三时,各组展开五反学习,余即不便加入,只索归休。

澄儿挈埢、垲两孙在,因与谈家常,至四时归去。

点阅《事类统编》地舆部安徽省安庆府。夜饭后打五关两盘。湜儿七时归。八时又出,九时半乃返。盖新选为班代表,事务倍见忙碌耳。

十时就寝。

2 月 27 日（二月初三日　癸卯）星期三

晴,较昨和,日下积雪消融矣。夜见初月在西。

　　晨七时兴,八时半乘车入馆。十时半出席处务会议,力子、彬然、均正、锡光、至善、诗圣、孝俊俱到,并邀履善、宝懋列席。力子以行政立场自行检查,令各层负责干部共同协助,乃同人间意见分歧大有偏差,恐无结果耳。

　　十二时散,力子出雪山函见示,乃对余前书大为误会,一若彼可不负责任者,是诚不足与语之木偶矣。可叹!可叹!

　　午后写京沪二号函寄予同,告近状,详言出处自持之故,盖伊来信有询及余如何自作安排也。三时即离馆,乘车归休。孟希贤介绍一赵大娘来粗做,留试之,盖元孙日壮,珏人抱持难任,乃添一粗做之人,腾出阿凤专看元孙也。不识适宜经久否耳。

　　夜饭后打五关三盘,旋闲翻架书,继听儿辈开唱片为乐。十时后就寝。

2月28日（二月初四日　甲辰）星期四

　　晴,和,而微有云翳,恐将变矣。

　　晨七时起。八时半乘车入馆。九时三刻力子至,电话中彬然来回今日不愿多走动,不拟前来云。今日之会,彬然昨所同意者,乃临时变卦,使力子失望,殊觉歉然也。十一时,余与力子召工会执委谈协助五反事,群少偏执甚,力子致为不怡。我总觉雪山、彬然太不负责耳。

　　下午接予同廿五日沪二号函。三时归,仍乘车行。到家闷甚,与润儿偕出散步,信行至隆福寺阅市,旋在白魁记吃羊肚汤,后过花圃购得兰草两盆、月季一盆、细叶菖蒲一盆归。晓先夫人来访珏人,夜饭后去。七时,芷芬来,煮面享之,谈至九时去。十时后就寝。

2 月 29 日（二月初五日　乙巳）星期五

阴森，旋晴，不甚寒。破晓曾有雪，下午有风。

晨七时兴。八时廿分出，乘三轮赴馆。书面属会计、出版两科切查有无违反五反事项，依昨日谈话也。午后，全体同人往北大参观浪费展览会，独余与永清、履善留守，四时先退，仍乘三轮归。

啖饺子代饭。点阅《事类统编》，在馆时作函复予同，编京沪三号。

湜儿夜饭后复出，九时半始返。滋儿以团小组开会，八时始归夜饭。

十时就寝。

3 月 1 日（二月初六日　丙午）星期六

晴，寒。

晨七时兴，八时半出，乘车到馆。严志俭及思明工会代表四人来洽解决借款事，伊等理路欠清，殊不易说话也。力子、彬然来，因共谈店事，约夜七时再邀联棠、达先询问种切云。下午接明养函，转陈明全信。接予同二月廿八日沪京三号函。三时归休。

六时，达先来，因共夜饭。七时，与达步往馆中会力、彬、联，谈五反事，竟谈不出何事，而联、达所写材料谓须通过工会始可达。彬然颟顸尤甚，若此等类真难办之至矣。不图开明内情复杂纠纷，遂至不可爬梳之境也。十时散归，达先送至门口而别。

就寝已十一时矣。

3 月 2 日（二月初七日　丁未）星期

晴，寒，有风颇烈。

晨七时起。十时，命润儿往前外粮食店中和剧院买戏票，以今晚有李万春、李盛藻之全部《潞安州》、《八大锤》、《断臂》、《〈王佐〉说书》（新起名为《抗金兵》）也。十一时半回。

午饭后，珏人往南门仓访清儿，偕雪村夫人同过八条访候圣陶、绍铭、晓先各家，四时半归来。余与润、滋两儿于一时出，步往王府井，就国货公司呢绒部看衣料，备制短服中山装，路遇至善，顺逛东安市场，三时半乃乘车归。

六时夜饭，饭后，偕珏人乘三轮往中和，润、琴、滋、湜则走至青年会乘电车继至。七时开戏，先演《铁弓缘》，继乃演《潞安州》，直至《王佐说书》毕，已十一时。六人散出，俱乘三轮遄返。夜深风寒，殊感冷。

十二时后就寝。

3月3日（二月初八　戊申）星期一

晴，寒，风虽稍杀，而午后又呼呼作声。

晨七时兴。八时出，乘车赴馆。写信分复明养及明全，为前作《漫谈大行区》一文有所说明。关于五反所征材料尚未由工会转到，五日或不及写出也。颇为不快。

思杰接常州电报，知其兄病危，假款百万元，与之。即夕动身赴常。

三时离馆，仍乘车返。六时夜饭，清儿来同食。食已，偕滋儿复入馆，参加会议，九时半，滋儿始归。

佩华往卫生所复查病状，依然影响心理，殊感懊恼。

十时就寝。

3 月 4 日（二月初九日　己酉）星期二

晴，午后略阴，旋飘雪，移时乃定，依然日出，气竟不甚寒，微有风。

晨七时兴。八时一刻出，乘三轮赴馆。力子、彬然均来，十时即召集均正、锡光、诗圣作会报，解决例案多起。午后致函工会，请将五日之期展至八日，取得同意。三时返休，仍乘三轮。

六时晚饭，饭后小坐，看《儿女英雄传》说部，十时乃寝。

是日为余生日，达先、清儿、芷芬、汉儿、业熊、澄儿及诸外孙均来吃面。夜深乃去。

3 月 5 日（二月初十日　庚戌　惊蛰）星期三

晴，寒。

晨七时起。八时，清儿来，同佩华就诊于西城。八时半出，乘车到馆。五反运动工作甚热闹，漫画标语四处张贴，不免过于嚣动，恐非正轨也。余有所感，戏作字诂一则以自解。录如下：

　　孨：资劳切，读同糟糕之糟，尴尬也。从资无贝，无贝，当然只处次位；从劳，无头，无劳方领导，当然向壁宣力，徒劳无功，得不到劳方之荣衔也。处境在"两头不得实"中，宜乎无为尴尬之确诂矣。

录罢一笑，所谓由他遣也。

下午三时仍归休，乘车行。材料甫齐，无从下笔，为此闷损，只索看说部。夜十时寝。

3 月 6 日（二月十一日　辛亥）星期四

晴，时阴，微湿，仍冷。

晨七时起。八时一刻出，乘车到馆。力子、彬然来，为答复工会事。亦无主见，仍委余属稿。闲谈至十一时去。

达先晨来谒。下午二时三刻，润儿来馆，偕余出，步往国货公司呢绒部试衣样，以尚未送到，须延一小时再往。乃过东安市场荣华斋饮牛乳，坐憩焉。至四时半乃复往试着。五时乘车径归。六时夜饭。饭后达先复来，与润等谈至近十时去。余亦就寝。

3月7日（二月十二日　壬子）星期五

阴霾，下午微雨，仍冷。

未晓即起，挑灯草五反复书，就雪山两信为主干，馀采联棠、达先、宝懋、履善各书面贯串成篇，直至中午十二时十分始脱稿。

饭后一时乘车到馆，即函达力子，请核稿签署转雪山。

觉明来访，畅谈近事，属规西谛勿忧云，二时半辞去。近三时，润儿来馆，因共出，步至青年会，乘电车到东四逛隆福寺，五时前缓步归家。

夜饭后看说部，十时就寝。

3月8日（二月十三日　癸丑）星期六

晴，时阴，微有风。依然料峭。

晨七时兴。八时十分出，步行入馆。彬然、力子先后至。余所草检讨书由力子签署，并送雪山阅签矣。彬然亦签，余乃加签，送久安。十时，李庚来，为工会作五反报告，余与力、彬格不与，因纵谈杂事，亦解决琐务多件。十二时半，力、彬皆去。

下午一时，为版税未克如期支付事，复函叔湘请谅。（此事本当由公司复，力子属先为婉商，故然。）

二时半离馆径返,乘三轮行。看说部《儿女英雄传》为遣。佩华昨日约医院检视结果,右肺未痊,且有扩大之征,大为懊恼,一家俱为之不安。滋儿亦因而卧病,今日未入馆。

傍晚,清儿来省,夜饭后,叙谈至九时乃去。

连日苦闷,今晚沽绍酒一斤,暖酌其半,聊自慰藉,亦顾不得血压高不高矣。十时就寝。

3 月 9 日(二月十四日　甲寅)星期

阴,寒,旋开霁,近午见日。午后略有风。

晨七时起。九时,偕珏人及润、滋、湜三儿乘电车往游天坛,先登圜丘,次历皇穹宇,再登祈年殿,徘徊片晌,即在东配殿角合摄一影而出,顺逛先农坛东侧之杂货市场,并天坛西侧之木器市场。十二时半乃乘三轮往韩家潭悦芳和午饭,二时许始毕。湜儿以参加团小组,乘公共汽车先行。余与珏、润、滋徐步由陕西巷、李铁拐斜街、观音寺、大栅栏逶迤达东车站,再雇三轮分乘以归。

到家已四时半,知顾寿白来访,未接晤,至憾,留条知住西长安街春园旅馆廿二号。今日疲莫能兴,只得俟明日踵访之矣。

六时夜饭。饭后滋儿移床北屋,大氏须略耽一时也。

看说部《儿女英雄传》。十时就寝。

3 月 10 日(二月十五日　乙卯)星期一

晴,有风,仍寒。

晨七时起。八时半乘车入馆。料理杂事。同人为五反事兴头十足。

电话两询寿白,皆以出外未接通。下午,春园电话来谓,顾大夫已返成都矣。余本拟晚饭后往访，今竟言归，殆缘悭乎？遂未往。

下午二时半返，仍乘车行。接八日福崇南京信，知与南京大学已脱离，拟寻编译工作云。为怅叹久之。

六时夜饭，微饮前日馀沥。

夜饭后，滋儿复入馆，参加团小组。湜出访同学，均于九时半后归。

十时就寝。

3 月 11 日（二月十六日　丙辰）星期二

晴，寒。

晨七时起。八时半出，乘车到馆。力子、彬然俱来。举行会报，定召开董事会。力子以同人宣传偏差，召工会负责人谈话，颇不快。下午二时五十分归，仍乘三轮。

看说部，并打五关两盘。六时晚饭，饭后乘车往访晓先、圣陶。圣陶以须赴苏联大使馆招待会，谈数分钟便行，约明晚饮其家。余便与墨林、晓先、雪英长谈，九时乃辞归。踏月至北小街南门仓口，始雇得三轮乘以归家。

十时就寝。

3 月 12 日（二月十七日　丁巳）星期三

晴，寒。

晨七时起。八时半乘车入馆。处理杂事。下午一时许即归。

澄儿及堨、垲两孙在，盘桓至四时三刻去。

润儿为余将新制中山装取来试穿，尚惬。

六时乘车往访圣陶、晓先,遇允和,即在圣陶家饮酒晚饭,谈开明五反事,颇承慰藉,盖余会逢其适与于现役,不得不受此白累耳。

十时始辞出,乘车于月下径归。十一时就寝。

3 月 13 日(二月十八日 戊午)星期四

晴,寒。

晨七时兴。八时一刻出,步入馆中。满壁皆肆意谩骂语,力子、彬然视之,反应不同,一生气,一迎合,足征味道既异,究难并置一器也。谈话结束,彬然允将文件移转于他,由他再征询有关各方意见,然后答复工会。

中图之开明同人派代表六人来见,由彬然接谈,大约关于住房及奖金问题。真乃挨步荆棘,未必便能转入康庄耳。

下午二时半离馆,乘车归。

三时,偕润儿出闲步,由大雅宝东口城阙度壕,往日坛附近看出版总署新建之宿舍。本拟游坛,以门闭未得入。遂迤逦而南,入建国门,循贡院大街而西,经东观音寺折北万厂胡同,由顶银胡同西出方巾巷,北入南小街,东转羊尾巴、折北由宝盖胡同、羊圈胡同径归小雅宝,一气走了七八里,越时一小时半,亦近日奋力练行之一斑矣。

五时啖蒸饺。六时夜饭。饭后缝工张姓来,属将原来中装大氅改短,俾适用于中山装耳。

十时就寝。

3 月 14 日(二月十九日 己未)星期五

阴森而寒,似有雪意。午后曾略见日光。

晨七时兴。八时半乘车入馆。处理杂事。下午二时,李庚来。写当前问题若干则送彬然,请先准备明日商谈,以李庚欲解决若干原则也。三时归,仍乘车行。

到家未久,雪英来,谈至近五时去。未几,晓先至,清儿至。芷芬至,不约而集,因共夜饭。

饭后,晓先略谈即去。清儿、芷芬备致慰问,直谈至九时半乃去。

十时半就寝。

3月15日(二月二十日 庚申)星期六

晴,明。日中颇暖和,大类阳春矣。

晨七时起。八时出,乘车入馆。彬然、力子先后至。十时,李庚来,招集彬然、均正、锡光、李湜、业康及余,为合并事开座谈会。李庚出拟就合并步骤及改完组织大纲两草案,彼此交换意见。总之,此一精神决非寻常两单位联合组织,而是开明接受团中央领导也。一班干起劲之同人尚在梦梦中间争己利,真不知量之至矣。但今后办事更不易耳。奈何!

五反再作检讨,今日又须交出,彬然尚未写好,只得书告工会,延期至十七日下午送达书面云。三时归,仍乘车行。

心绪不舒,打五关为遣。又看说部暂安。

六时夜饭,饭后续看说部,十时就寝。

3月16日(二月廿一日 辛酉)星期

晴,寒。

晨七时兴。竟日未出,看毕《儿女英雄传》。傍晚五时半往访

力子,乘三轮径赴西四砖塔胡同三十三号,应彬然昨日之约也。乃
六时到彼,与力子长谈至七时半,始见彬然与雪村同来,遂共饭于
力子所。饭后谈开明与青年合并事,总感前途问题重重耳。十时
始散,仍乘三轮东归。

到家已十时四十分,珏人与滋儿夜饭后往中和看《武十回》,
十一时半返,余候其归来乃就寝。

3 月 17 日 (二月廿二日　壬戌)星期一

阴森终日,傍晚竟雨,入夜转甚,气仍寒。

晨七时起。八时一刻步行入馆。处理杂事。电话与西谛、觉
农联系,知今晚俱有暇,乃别邀达先,通知雪山同来,又电告力子、
彬然、雪村,即夕六时半在总处召开董事会。

午后一时,润儿来馆,出所誊彬、村合草之检讨书呈余,当为缄
转工会,反响如何,且待下文,亦正未能逆料也。

二时许即归,乘车行。五时半复出,已细雨如雾,一时不得车,
乃缓步入馆,至则力子、彬然、西谛、雪村、雪山、达先、诗圣俱在。
有顷,桢祥至,即开饭(觉农约饭后来)。饭后七时开董事会。报
告近事未毕,觉农到,讨论青年出版社所拟合并进行步骤,原则通
过。有若干处须出版总署解决者,请署方核办。同人又提出旅费
要求,无法照准,此亦同人面临考验之日矣。千言万语仍只为私人
利益打算耳。彬然当能应答之。十时始散,雨中步归。

就寝入睡,已十一时矣。

3 月 18 日 (二月廿三日　癸亥)星期二

雨,午后霁,傍晚见日,夜星烂然。仍寒。

晨七时起。八时半出，乘车入馆。力子、彬然俱未至，无可谈。处分杂事而已。下午三时乘车归休。

五时半饭。六时即出，乘车往黄化门大街访西谛，昨所约也。晤谈至九时半乃辞出。行至景山后街始乘车径归。

芷芬、汉儿俱来省，又与之谈至十时一刻，乃归去。

润儿往吉祥看马连良、张君秋演剧归来，已十二时，余俟其返乃寝。

3 月 19 日（二月廿四日　甲子）星期三

晴，和。

晨七时起。八时半乘车赴馆。处分杂事。下午一时便归。即偕润儿出，步至灯市东口，乘公共汽车到阜成门内沟沿下车，访白塔寺，匆匆一巡而出，复回车游北海，荡舟两小时。水色山光，大受供养矣。不图扰扰挚挚中，竟得此父子遨游之乐，致足慰也。彼浮云苍狗，殊不必撄我心耳。四时半，舍舟登岸，步由陟山桥，循东边出后门，乘电车东归。在青年会北首下车，复缓步以返。正六时。

达先、清儿来省，因共夜饭。饭后，珏人、滋儿、阿凤往吉祥看戏。业熊来，叙谈至十时，与达等同辞归。

十一时三刻，珏人等归。十二时就寝。

3 月 20 日（二月廿五日　乙丑）星期四

晴，和。

晨七时兴。八时半乘车入馆。力子、彬然俱至，谈近事，十一时去。下午三时归休，仍乘车行。均正夫人来访佩华，与谈久之。

六时夜饭。饭后与湜儿乘车往吉祥剧院看戏。剧目为《战濮阳》、《桑园会》、《锁五龙》及《龙凤呈祥》。主角为谭富英、裘盛戎、梁小鸾。七时起,十时半毕。散出仍与湜乘三轮以归。

十一时半就寝。

3 月 21 日（二月廿六日　丙寅　春分）星期五

晴,和,傍晚起风,终宵撼户掠檐,喧不能寐。

晨七时兴,八时一刻出,乘车入馆。接陈万里书,知住白云观西仓库。

彬然以答复中图代表函稿送来,属即缮发。

下午二时人来,知昨与李庚谈,但仍吞吐其辞,殊不能是何居心也。三时归休,仍乘车行。

抵家小坐,便携润儿出闲步,从南水关抵朝阳门,循大街而西,由万历桥折而南归。走路不少,气乃大舒。

六时夜饭。饭后张缝工送所改大氅来。与家人闲谈,九时三刻就寝。

3 月 22 日（二月廿七日　丁卯）星期六

风,霾,傍晚风止,夜星有烂。

晨七时兴,八时半乘车入馆。力子、彬然来馆,谈公司经济调度,邀锡光、均正、履善、宝懋共话,十一时三刻散,未及谈他事也。力、彬行后,钟达钢来看力子,面递中图、开明旧同人复书,针对昨日彬然起草之信而发,因即函送彬然,俟渠阅转力子。

饭后与锡光谈,三时后乘车归。

开明问题丛生,同人故掀风波,巧为藉口,而又有人从中鼓煽之,恐非口舌所能争耳。余会逢其适,代人顶缸,冤矣。

六时夜饭,饭后打五关三盘,闲翻架书而已。十时后就寝。

3月23日(二月廿八日　戊辰)星期

晴,有风,阴处仍见薄冰。

晨七时起。上午未出,午后偕润儿乘车往八条访晓先。圣陶先在晓先所,坐谈一时许,晤墨林、蠖生、绍铭。继在圣陶所坐谈至四时,乃辞出。与润儿徜徉,由东四大街转礼士胡同,迤逦而归。

过四牌楼南万宝酒店买绍酒一瓶,归酌之。六时夜饭。饭后与诸儿杂谈,九时三刻就寝。

3月24日(二月廿九日　己巳)星期一

晴,返寒。

晨七时起。八时半乘车入馆。彬然电话属取文件(即中图同人往还函)即派人取来,作函转送力子。处理杂事。下午三时归,仍乘车行。

五时彬然见过,谈明日下午将代表开明在出版总署与青年、中图四面商定今后新机构经济关系云。既有具体解决,固所深慰。第不知仍否拖泥带水耳。

六时半辞去。晚饭小饮,尽昨日所沾者。夜与诸儿杂谈。十时就寝。

又脱一牙。

3月25日(二月三十日　庚午)星期二

阴,寒,夜深雨,达旦始止。

晨七时起。八时半乘三轮赴馆。九时后,力子、彬然来。十时,世泽、永锐、达钢、沪生、汉华五人代表转入中图之同人来访力子,谈前提悬案事,彬然及余同出席讲话,至十二时始散。大体不甚违离,惟新兴返籍津贴则坚决拒绝耳。后果如何殊难预必也。

下午三时归,仍乘车行。五时半,清儿偕滋儿同返,约全家往惠尔康吃烤鸭。余偕润儿缓步先行。清、滋、佩则奉珏人乘车继往。惟琴珠以先约与履善等看电影,未及参与。比到,彼坐憩片晌,湜儿乃至,食菜四盘,烤鸭一,薄饼三十张,计价九万元。清付之。食后,逛东安市场,遇澄儿。有顷,清等乘车先发,余与润、湜仍缓步而归。

十时就寝。

3 月 26 日(三月 小建甲辰 辛未 朔)星期三

阴雨,下午止。气寒。

晨七时起。八时半入馆,乘三轮行。望彬然信不至,未识昨日之谈如何也?工会黑板报等于揭发阴私、乱传挑拨,殊失起码做人之道,自谓前进,其实相率而入于无耻之境耳。可叹!可叹!

看毕中国史学会《中国历史概要》初稿,备向仲沄提供意见。三时半归,仍乘车。临行,业康见过,谓明日下午李庚将约余谈。或者昨日傅等已有眉目可循乎?适接中图总管理处函,约后日下午二时到彼坐谈,则明日之谈即可据为话资矣。

到家接文权、潸儿信,即复之。

六时夜饭。饭后本欲作书与漱儿,以案为湜儿所占,未果。

九时半就寝。

3 月 27 日（三月初二日　壬申）星期四

晴，寒。

晨七时起。八时半乘三轮赴馆。在未入馆前写信与潄儿，并昨潜、权之函同时付邮。十时半会报，力子、彬然、均正、锡光到，诗圣未到，宝懋列席。决定指示上海处理存纸事宜，及思明觅保时得先将现做工款通融照付云。午后，诗圣始来。三时半归休，仍乘车。

芷芬、清儿、汉儿俱来夜饭。饭后，余与清儿复步入馆，伊参加民进小组，余则应李湜之约，与彬然、锡光同谈也。据报告，关于统一发行各事已获解决云。

八时半即散，仍独行而归。芷、汉尚未去，因纵谈至十时，乃归去。余亦就寝。

3 月 28 日（三月初三日　癸酉）星期五

晴，气湿，薄暮日中下雨，入夜竟雨，且有风。并不冷。

晨七时起。写信致仲沄，对《中国历史概要》提出误处五点，校正误字二十馀处，并将原书改正本送还之。不识反响何如耳？

八时三刻乘三轮入馆。彬然本约来店作报告，忽电话告知作罢，并下午中图开会亦不去，殊为怅怅也。

下午一时半离馆，乘三轮往绒线胡同中图总处，应召开座谈会。晤公文、久芸、农山、文迪、绍华、觉民、史枚、翰青诸人。二时开始，就各家出版计划及对发行工作意见等随谈。五时一刻散，即乘三轮遄归。途中红日当空，而雨点沾衣，可怪也！

六时半夜饭。饭后坐雨无聊，润儿之屋又渗漏，闷损更甚。

近十时即寝。

3 月 29 日 (三月初四日　甲戌) 星期六

晴,气渐和,入夜略有风。

晨七时起。珏人昨夜头痛发烧,今晨强起,仍即卧。

八时入馆,乘车往,路犹湿。以全部清洁大扫除,不办公,余略施揸拂,登高搬重均无能为役矣。甚惭。我治事之室幸赖琴珠、小川两人为余洁治。十时半即乘车归。

彬然电知以扫除故不来矣。力子却来,以无处可坐,亦立谈,斯须即行。

午饭后,与润儿出,乘三轮出建国门,绕东便门入外城逛蟠桃宫。其地俗亦呼为"娘娘庙",三十年前曾与介泉、子玉同逛(旧历三月初一至初五日庙会)。今来瞻仰,仿佛隔世矣。沿途浮摊仍长达里许,而庙中香火仍盛,老道、衲衣、婆娑依然,有欣愉之色,亦一奇也。自离道观,历览摊肆,扬长而西,入崇文门,乘电车到王府井南口,经新华书店、国货公司,购书、取手表,复入东安市场一巡,在金鱼胡同天义顺买卤瓜酱菜数事,乘三轮径归,已三时三刻矣。途遇熊秉钺,立谈片晌而别。

六时夜饭。饭后,滋儿出,就浴于宝泉堂,九时乃归。

十时就寝。

3 月 30 日 (三月初五日　乙亥) 星期

晴,不甚冷,夜月明。

晨六时半起。竟日未出。珏人热虽退,而午前又发冷,继以大热,殊类疟疾,颇为担心。润、滋、琴、佩俱应邀往饭于汉儿所。晓先九时来,其夫人饭后,盘桓终日,傍晚始去。润等午后四时始归。

继文、漱玉来,谈移时去。

六时夜饭,饭后少坐,八时许即寝。

3月31日(三月初六日　丙子)星期一

晴,有风,又见寒。

晨六时半起。八时许出,乘三轮赴馆。时珏人又感头痛,并形寒,恐疾又作矣。到馆后即属清儿电话邀请王恩普大夫来诊,答云须下午二三时分始可至。

九时,彬然来馆,向同人作报告,于青年出版社真正意图正式传达,十一时毕,即去,未及多谈也。午后计发三月底应发升工。三时归,仍乘车。

越半时,恩普来诊珏人,断定疟疾,处方用蔓荆、白芷、前胡、柴胡、青蒿汤,即由润儿往王府井永仁堂引取。五时,清儿来省,先是澄儿于午后挈坝、垲来省,四时后去。清儿则留家晚饭,并视珏人服药。服后有反应,手足俱麻,按摩良久始瘥。八时半,清儿去。

接漱石廿九日复珏人信,知大小都安好,惟弥同出水痘耳。

余决向董会声明,与开明残局相终始,经询清、澄、汉、润、滋、湜诸儿,俱谓然。不日当分头向同会诸公陈说原委,然后发信。

十时,珏人服二煎后安卧,尚无不适,惟热未退尽耳。

十时半就寝。

4月1日(三月初七日　丁丑)星期二

晴,较昨和。

晨六时半兴。珏人热未尽而畏疟再至,即服奎宁三片。八时半乘车到馆。彬然未来，力子来，会报无法进行。余因与力子谈求去事，承渠默契。十一时半，力子去。

午饭后，清儿归省珏人，返报热仍未退，似非再求诊治不可云。余屏当即归，仍乘车。见珏人委顿殊甚，惟疟确未作也。且俟汉儿来后再商量。五时三刻晚饭，饭后即出，乘车往黄化门大街访西谛，与长谈至八时半，乃辞归。承指示多端，坚不以引去为然。

比归，芷、汉俱在，知汉、湜尝往徐大夫（芷芬表姊婿）处请出诊，以出外开会，未晤及，约明晨九时来诊云。有顷，汉儿先行。余与芷芬及润、滋、湜三儿商余出处问题，伊等考虑结果咸主依西谛所云，待明日再就圣陶一商决之。芷芬去，已十一时。余亦就寝。

4 月 2 日（三月初八日　戊寅）星期三

晴，和，正好阳春之景，夜月朦胧恐变。

晨六时半起。八时半乘车赴馆。遇滋儿正骑车自馆出，谓顷得电话，知徐荫祥忙甚，须下午五时后始可来，恐家下空待，特往报知，且速清儿回馆。盖清儿八时即来家待徐招呼者也。

十时半，力子、彬然俱来，招均正、锡光、诗圣补行会报，解决零星问题不少。十一时三刻散。下午四时归，缓步徐行。

五时一刻，清等俱来，越半时，徐大夫至，诊视结果谓无大病，充量不过副伤寒耳。为注射配尼西林一 CC 半，并配片药两日量，以忙于开会，即去。未及深谈也。

六时半夜饭。饭后，珏人起大解，轻泻一快矣。想寒热今晚当可退尽耳。为之大慰。

十时就寝。

4月3日（三月初九日　己卯）星期四

晴，和。

晨六时半起。珏人寒热已退尽，仅感疲乏耳。坚属高卧，勿起动。八时半，建昌来，盖放春假矣。四十分出，乘车往馆。处理杂事。饭后清儿归省珏人，知汉儿及锴、镇两孙俱在我家，盖亦以春假来觐耳。

下午四时归，仍乘车。早作书寄濬、漱两儿，划款廿万去，今年漱卅、淑卅、小同十，各为正生日，每人致六万为纪念，余二万交漱石买鸡与弥同，以其近日不舒且出水痘也。并复告漱石，来信已分别转达云。此信于三时前交沪处转韵锵代送。

六时半夜饭，达先来省，因共饭。饭后长谈至九时半去。

十时就寝。

4月4日（三月初十日　庚辰）星期五

晴，和。

晨六时半起。珏人已霍然，不耐久卧，竟起身行动矣。

八时半乘三轮赴馆。处理杂事。下午一时即归休，缓步徐行。

三时三刻，鄂凤祥来送圣陶便条一纸，约今夜过其家谈，顺饮焉。余以今日为漱儿三十岁初度，傍晚先煮面食之。五时半出，乘三轮径访圣陶于八条，与之小饮。渠约谈为店中五反工作委员会对道始股有怀疑，属一解释之云。此等无聊吹求，徒见当事之苛扰。其实明白说来，初不值一笑耳。九时半归，乘三轮行。

到家业熊在，与谈久之，十时半始辞去。

十一时就寝。

4 月 5 日 (三月十一日　辛巳　清明) 星期六

晴,和融。

晨六时三刻兴。八时半出,乘三轮赴馆。九时,李庚来。有顷,彬然来,伊两人接谈久之,李去而邵至,乃举行会报,决定一般同人要求之准驳,应办者即办,不应办者明白回绝,只馀结帐与发奖问题,无由断然作答耳。是诚两年来领导机构未能尽职,致贻害迄今也。

饭后与久安谈,解释孙股纠葛,彼允传达于工作委员会,但仍未能释然,亦只得听之矣。三时三刻离馆,仍乘车归。

为闷损故,发藏碑读之,期与古会。

傍晚晓先见过,又引发牢骚,颇悔之也。

六时夜饭。饭后即与滋、湜两儿出,乘车赴东安市场观京剧于吉祥剧院。剧目为《刺巴杰》、《酸枣岭》、《巴骆和》、《晋楚交兵》、《铡美案》。谭富英饰楚庄王,裘盛戎饰包拯,李多奎饰太后,梁小鸾先饰楚王妃,后饰宋皇姑,均尚卖力。十一时一刻散,雇车未得,即与滋、湜缓步踏月而归。

十二时就寝。

4 月 6 日 (三月十二日　壬午) 星期

晴,暖。午后微有风。

晨七时起。润、滋、琴、佩与清、澄、汉、达、熊、芷约今日各挈锴、建、堉诸孙同会于颐和园。八时出发,期十时齐集于园门。余与珏人留湜儿在家守门,先于七时四十分出,乘三轮往游北海公园。遇李庚,匆匆立谈即别。余等直登白塔之椒升善,因殿周眺景色,旋下,啜茗于揽翠轩,并进点膳。十时离轩,即往庆霄楼下观赏玉兰花,正盛时,惜仅两株,一半放,一尚挺苞,馀为补植之品,犹稺,未中程也。巡檐有顷,即下山行,由分凉阁入长廊,循而东出倚晴楼,度陟山桥,一探桃林,则花已半谢,殊杀风景矣。径濠濮间欲问春雨林塘,则重门深锁,亦复懊然,乃步出后门,乘三轮径归。到家已十二时,少坐便饭。

知润等依时出行矣。下午二时,湜儿出,往西总布胡同故李傅相祠教歌,盖近已改为北京市第五文化馆矣。以后每星期皆须往教,已为成例云。

四时许,觉明见过,痛谈,于时彦思想问题剀切言之,名愈高则障亦愈重,所谓包袱难除也。据闻,孟实、金甫尤严重,急切未易通过耳。谈至六时半,始辞去。留之晚饭未果。

五时湜归,匆匆呼饭即出,再往文化馆工作,于时天色沉冥,风起作雨意。六时,润等返,云瑞偕来,七时同夜饭。有顷,电闪数四,隐隐雷动,大雨立降。惟一二阵即过,少顷月出矣。八时许,云瑞去,湜儿亦旋归。

十时就寝。

4月7日(三月十三日　癸未)星期一

晴,和,下午渐昙,入夜月晕。

晨六时半起。八时半出,徐步入馆。宝懋约锡光、均正来谈思明事,我总觉锡光为德不卒,殊不负责,似有陷思明入绝境意,至可鄙恨也。"始谋不臧,临难苟免",斯之谓矣。

饭后,与滋儿离馆,步往瓷器库普度寺后巷澄儿家。至则珏人、达先、清儿、汉儿、佩华、建昌俱在,并晤业熊。盖澄儿今日生辰,故群往午面也。一时后,各趋返工作。有顷,湜儿至,更具面焉。俟湜食毕,乃与珏人、佩华同出。珏、佩乘车先归,余偕湜儿步由菜场胡同出王府井,至市场门首雇三轮东归。湜则赴育英胡同上课。

二时半抵家,出藏碑展玩之。五时三刻,滋、琴、清归来。有顷,清去。湜归。

六时半夜饭。饭后打五关三盘,后与诸儿杂谈。十时许就寝。

4 月 8 日（三月十四日　甲申）星期二

晴,暖,午后风作,黄尘蔽天,行路掩鼻。北地殊况也。

晨六时半起。八时半出,乘三轮赴馆。诗圣见告。顷,彬然有电话至,谓上午有事未能来,须下午始来云。乃属与力子联系。只索下午再行会报。饭后,与滋儿离馆散步,由东单南出崇文门,过桥一巡,折回入城,循原路返馆。正一时卅五分。二时许,力子来,三时许,彬然来,举行会报。锡光态度益难入目,翻手覆掌,任情摆布,不知所谓群众者何以受蛊如此是。诚群盲矣。磨研至四时三刻始了。五时许,冒风尘步归。盖此间蹬三轮者风雪都不愿操作,每趁早收车也。

六时许夜饭。饭后与诸儿杂谈,并嗑葵花子为遣。九时许即就卧。

4 月 9 日（三月十五日　乙酉）星期三

晴,暖。下午颇见和融,日昃黄尘起,东南须臾币空,风不大而气闷。傍晚大点雨旋止。月则匿影矣。

晨六时即起。八时半出,乘车到馆。达先受公文旨来商事,因约锡光、诗圣、均正共话，略有眉目。十一时三刻，余偕达先归饭，各乘车行。清儿亦随至。饭后达、清去。余遂未返馆。

二时许，余偕润儿出散步，由方巾巷出象鼻子前坑，走栖凤楼到东单，乘电车往西单，先过清河制呢厂营业所看料，因定制灰哔叽中山装一套，出价五十五万五千元，约下星二看样试着云。既而逛西单市场，遍历五所，并登百货公司三楼，随购得泰康杏仁粉一罐。复过西单菜市，购到大咸鸭蛋五枚，顺步南行，出宣武门一转，折入城，乘电车还东单，再转车到史家胡同西口下，扬长东归。出胡同东口，转入南小街，忽见东南角黄雾涨天，当顶犹清，盖又扬沙矣。天空界画分明，奇观也。步至禄米仓西口，沙土已遍塞，急步赶归。冥色垂周，不复见日，幸风不大耳。

六时半，诸儿俱归，即夜饭。饭后雨，即止，惟无月色，颇孤负此夕也。九时半就寝。

4月10日（三月十六日　丙戌）星期四

终日阴霾，气突寒于昨。

晨六时即起。八时一刻出，乘三轮赴馆。九时半，彬然来，十时力子来。沈又祥倒索六年前降薪，先由锡光与谈无效，今见力、彬俱来，锡光便推出不负责任，使沈面索暴哮蛮肆，不可理喻。忘形失态，直类瘰狗曲解反身至于如此。殆玩火矣，忿甚！

午饭后，与滋儿散步于北极阁、火神庙、新开路一带，顺道访问调孚，适调孚在门首，气色甚佳矣，为之大慰，因共入内，谈至一时半，辞返馆。三时离馆，乘三轮归。

知珏人、润儿往逛隆福寺。有顷亦归。五时半，滋、湜俱归。余偕三儿陪珏人往栖凤楼五星食堂吃俄式西餐，遇煦怪、士铮。七时食已,珏人、滋儿乘车先归,余与润、湜缓步由无量大人胡同、遂安伯胡同而返。

闲谈至十时乃寝。

4 月 11 日(三月十七日　丁亥)星期五

阴,下午刮风,显日,气仍寒。

晨六时半起。八时半出,乘三轮赴馆。《毛泽东选集》第二卷出版,今日午前即取得,翻读数篇,多抗日战争时期作品,而预言局势推移,今皆应验,且尚在适用中,真先知也。

午后二时,彬然来,有顷,世泽来,雪山、达先来,乃召集锡光、均正、诗圣、宝懋谈结帐及收束事宜,惜履善病假未能共为一谈耳。大体已有眉目,入手则颇不易也。五时四十分始散,仍乘车归。

六时半夜饭。饭已,湜始返,再具餐焉。在馆时以无聊,写信寄予同,不免牢骚,明知不合时宜,然一时有感,又何必掩藏不以示人耶?

十时就寝。

4 月 12 日(三月十八日　戊子)星期六

晴,较昨稍和,午后又昙,且薄有风。

晨六时半兴。八时半乘三轮赴馆。彬然未至,而力子来,因与纵谈,十一时去。午饭后,余亦归。缓步由东单而北,由米市大街、无量大人胡同、什方院而行,抵家正一时半。

为乾隆刻本《周易阐》作跋语。

六时夜饭,饭时清儿至,六时半,润、琴往红星看电影《无罪的人》。七时半,清儿亦继往,盖买得前后两场之票也。八时半,润、琴归。

九时三刻就寝。

4 月 13 日(三月十九日　己丑)星期

晴,不甚朗,午后转阴,晡时又白日微见矣。气尚不甚冷。

晨六时半起。八时,偕润儿陪珏人往北海看花,以与清儿相期,即在双虹榭啜著。遇至善、三午、弘福、亦修、大奎、银银诸人。九时半,清儿偕雪村夫妇、达先、元鉴、建昌来,乃分雇二艇入海划船。余与珏人、润儿、建昌、淑华(白大娘之女随章家来游园者)合乘一艇,由润儿操桨,馀人别乘一艇,则由达、清主持之。留雪村在岸看座。余等荡至五龙亭,沿东边穿陟山桥,绕琼岛,复返双虹榭。少坐便行。登山由庆霄楼前绕西侧至酣古堂后,经山洞,从看画廊下,出倚晴楼,度陟山桥而东,循海东岸行,出后门,同乘环行路电车东归。清等在东四六条下,余等三人在东四牌楼南首下,顺在万宝酒店购得绍兴酒一斤二两,别雇三轮遄返。抵家已十二时三刻,汉儿、芷芬、元锴、元镇俱在,且已午饭矣。移时,余三人再具食焉。一时半,以芷、汉将往访徐荫祥夫妇,珏人因偕往购物酬其医。三时半与汉儿返。有顷,润、滋同出,汉亦与之偕,顺往清儿所接取元鉴也。

湜儿上下午及夜间俱出,上午宣传防疫,下午及夜间则在第五文化馆授课云。六时,润、滋归,因共夜饭。饭后听唱片,至九时半就寝。

4 月 14 日(三月二十日　庚寅)星期一

晴,有风,气温如昨。

晨六时三刻兴。八时廿分出，乘三轮赴馆。处理杂事。诗圣言顷得彬然电话，颇有推诿语，一若呆坐不出，钉人落局为余之过。我真不知其属思之路究何组成也。一切事遮断独揽，绝不与人先商，人又何能越俎代谋，自讨没趣乎？今事至棘手，一无进展，乃转而嫁责于人，人其能任受乎？亦惟有听之耳。饭后少坐便归，仍乘三轮行。

下午发箧书展玩为娱，欲心有所丽，不复掺杂他念自触烦恼也。

接十日漱儿寄书，复余前两信，知各人近状尚佳，惟忙迫耳。

六时半，诸儿皆归，因夜饭，且小饮焉。

夜饭后，看《飞鸿堂印谱》。十时就寝。

4 月 15 日（三月廿一日　辛卯）星期二

晴，不甚朗，微有风，不冷。

晨六时起。八时半出，乘车入馆。十时半会报，力子、彬然、均正、锡光、诗圣俱到。对结束事仍无进展，磨延至十二时半始散。未及饭，即乘车径归。家中亦已食过，乃另具焉。

下午二时与润儿出，行至青年会乘环行路电车到西单，往清河制呢厂试着衣样，乃缝工不守信，谓须明日始克办，无可如何，只得废然行。过合作社买水果，并至专卖公司购得绍兴花雕二斤装一瓶，价二万元，较万宝质高，而价廉。盖上海土产交流会联营所出品也。继在白庙胡同口乘西直门天桥电车出前门，在大蒋家胡同下，步往施家胡同土产货栈，买得南安板鸭四只，价仅一万八千元。本拟作天坛之游，以携物累坠，即雇三轮径归，时正四时。

越半小时，芷芬来，盖在出版总署参加民进小组后顺道来省也。六时，与芷、润、琴同出，步往南门仓章家吃达先生日面。至则大伙儿齐集，珏人、湿儿、及业熊、澄儿、堉、墫等五孙俱在。有顷，滋、佩至，又有顷，达先、汉儿至，乃聚坐就饮。余与雪村、讷先、达先、芷芬、业熊、润儿、湿儿同坐。珏人与雪村夫人、清、汉、滋、佩等同坐。澄儿则与讷夫人及诸孩同坐。凡列三席，八时始罢。食后坐谈至九时半，各散归。余仍与润、滋、湜、佩步行而返。十一时就寝。

日间会报前，陆轶程见过，谈有顷去。

会报时曾与力子、彬然说明：明日起，仍下午休息，馆中包饭亦止之矣。

4 月 16 日（三月廿二日　壬辰）星期三

晴，气尚和。午后风霾倏起，四时后，黄沙漫天，入夜风势尤大，撼户震窗，诚有万马奔骧之概矣，气陡转冷。

晨六时起。八时半出，乘三轮赴馆。处理杂事。工会以明日须集体赴通县双桥国营农场参观，请与星期对调，二十日照常工作。允之。十二时归饭，步行到家。

饭时，达先、汉儿以在出版总署开会，顺道过此一饭，饭后便去。即须赶到中图上班也。

二时，余偕润儿出，步至金鱼胡同东口，乘环行电车到西单，即过清河制呢厂试衣，尚满意，约二十日下午五时取。旋赴百货公司等处购物，复购花雕四瓶。时风已起，天末白日无光矣。即乘电车赶回青年会，由无量大人胡同、遂安伯胡同穿南小街归小雅宝，走至礼拜寺北口，沙尘已集肩，比到家，庭中黄沙渐积矣。

六时小饮。夜饭后，与珏人、滋、琴、佩冒风出，在尘雾乘车赴大华看军委文工团演出之话剧《控诉》。盖先期集体购票始得看,非冒风不可耳。到场正七时半,湜儿已先在。其他开明同人甚多。剧凡四场,情节为配合当前之宣传政策,其中饰舒渭清之蓝马及饰蒋绍庭之周勾,颇能刻画入情,馀皆不免应卯点景,喧呶助势而已。十时半散出,风甚烈,而车辆甚稀,乘机要索只索信足东归。以风大穿小胡同行,风声虎虎,墙灰籁籁下落,颇惧压焉。幸人多胆壮,鼓勇到家,若单人独往,殊难想象矣。深夜冒风尘行路,平生仅见之境也。

十一时就寝。

4 月 17 日（三月廿三日　癸巳）星期四

晴,仍冷,风已大戢。

晨六时起。未出调孙为乐。饭后十二时半,与滋儿出,步至金鱼胡同乘电车到大蒋家胡同下,往中和剧院看京戏。坐北首第六包厢中。剧目为吴韵芳、白玉茹之《樊江关》,景荣庆等之《状元印》,李万春等之《逍遥太岁》。五时十分即告毕。亦热闹可观。在余看来,实较昨夜为自得也。

自院散出,乘三轮径归。到家时为五时四十分。有顷,湜儿自校归,遂开饭小饮。夜饭后,润、湜出配骑车零件,盖汉儿旧车甫自锡光所还来,须大修始可应用耳。

九时半就寝。

4 月 18 日（三月廿四日　甲午）星期五

晴,下午渐昙,傍晚又黄尘涨天矣。仍感冷。

晨六时起。八时半乘车赴馆。处理杂事。十二时归饭,仍乘车。

澄儿率埙、垲两孙在，盘桓抵晚去。撰松竹斋刻《六朝唐赋》跋及《胡彝甫论书绝句》跋。

调孚夫人卧云偕晓先夫人雪英来访珏人，谈至五时半去。

六时半夜饭，仍小饮。旧车已由润儿推出修好，先后费十一万元余，将就可用矣。即交付湜儿使之。

十时就寝。

4月19日（三月廿五日　乙未）星期六

晴，和。

晨六时起。八时半出，步行入馆。十时许，彬然、力子俱来，因会报，决定悬案多起。诗圣以近日检查身体，肺病扩大，提出请假两个月，经会报允之。所有秘书科主任由办公室唐副主任暂兼，其日常事务由永清、久安分任。又一幻局也。开明前途从可知矣。十二时乘三轮归饭。

饭后，墨林来访珏人，余则与润儿出，乘车出前门，观京剧于中和，时李鸣申之《挑滑车》已上场，余等坐北首第三厢。继为赵玉民、苏维明、赵文奎之全本《空城计》。最后为李万春等《收服悟空》。六贼浑扰，打趣而已。五时一刻散，步至大蒋家胡同西口，乘电车北归，在灯市口下，由史家胡同徐步返。

六时半夜饭，顺以小饮。湜儿夜出开会，十一时廿分始归。余久待甚急，坐被中待之，俟其入告乃睡。待门前撰书李榕村《周易通义》观象钞本跋一首。

4月20日（三月廿六日　丙申　谷雨）星期

晴，和。

晨六时起。今日星期,本与上星四对调,力子谓可以休息,因照例放假,遂未入馆。

八时半,匠人来捉漏。三刻,余偕珏人、滋儿乘三轮往中山公园看花。至则游人已渐集,白丁香正盛,榆叶梅已过,牡丹蓓蕾初见,芍药则仅萌芽而已。行过上林春,遇达先,正与其同僚谈公事,匆匆数语即别。十时半出南长街门,余与珏人乘三轮往石驸马桥汉儿家,滋则乘电车径返。十二时,自汉儿家出,与芷、汉、锴、镇、蕴玉及珏人步往西单曲园湖南馆午饭。一时半过西长安街,进康茶社听侯宝林等相声。节目颇多,有口技、有双簧、有快板、说嗻俱全,惜珏人听不懂,与汉儿先返石驸马桥。余等则终场始行。时为五时馀。即过对门清河呢厂取衣服。然后与芷芬复归其家。夜饭后,始与珏人乘三轮径返。到家已七时半矣。九时,湜儿返。

十时就寝。润儿告屋面漏处已修好,其他只得将就云。

4 月 21 日(三月廿七日　丁酉)星期一

晴,午后昙。气尚和。

晨六时起。八时半乘车到馆。处理杂事。写信复濮文彬,转股须俟登记时照手续转办。十二时归饭,仍乘车。

珏人十时往澄儿所,饭而后归。润儿今日下午亦入署办公。余在家以题书赠为遣。六时半夜饭,小饮两杯。夜仍题书,九时半就寝。

4 月 22 日(三月廿八日　戊戌)星期二

晴,和。

晨六时半起。八时半出,乘车赴馆。九时半,彬然、力子先后至,谈近事。十一时达先来告中图商谈结果。大氏精明有馀,于各单位一无所恤耳。大势所趋,莫之能回,只有随和而已。一切好听话,终成其为好听乎? 十二时归饭,仍乘车。

下午,续为《香艳丛书》题赠,四时全部二十集俱毕。

六时半夜饭。清儿来告,已在东总布胡同十九号看定住屋六间,月租二百四十斤小米,明日起租,租约亦定矣。余为南门仓屋深受闲气,今得解决,同快! 同快! 因共夜饭。饭已即去。

听唱片,至十时就寝。

4 月 23 日(三月廿九日　己亥)星期三

晴,和,下午微有风。

晨六时兴。八时半出,乘车赴馆。彬然电话静芷,甚非过五月五日无法召集业务委员会云。处理杂事。十二时归饭,仍乘车。

下午闲翻架书。为求古斋印行之《近代碑帖大观》撰跋语。六时半夜饭,仍小饮两盏。夜饭后,与滋儿出,乘三轮赴前外中和剧院看《三岔口》,乃车至门掩,排闼入询,谓临时开会停演。想院中必有事故,而见戏报来看者必有多人受绐矣。废然却行,因逛大栅栏廊房头条,穿劝业场出西河沿行,抵前门车站,乘电车到史家胡同西口下,缓步归。自哂好事乃来此折磨,即小见大,一切作如是观耳。

琴珠、滋儿归告:下午三时,李庚来馆作报告,阐发资产阶级的两面性,引陈伯达、冯定诸说,纠正艾思奇、于光远在《学习杂志》所揭之论,大氏偏差太甚,违反统战总政策,不得不稍稍扭转耳。

润儿云,今日下午署中开会,金灿然作检讨,颇深刻,各方都有涉及,并开明业务委员不尽职亦提到也。

十时许入卧,良久始得睡。

4 月 24 日[①]（四月大建乙巳　庚子　朔）**星期四**

时雨时止,终阴,气陡冷。

晨六时半起。八时四十分出,乘三轮入馆。力子、彬然俱到,因谈馆事。十一时,力、彬去。余料理杂事。十二时离馆,乘车归饭。

饭后撰书跋两首。《人民日报》载觉明近作一篇,题曰《文物专家的真面目》,于版本及书画鉴赏诸流辈颇有纠弹,言既中肯,理亦壮直,昔之凭城社以为祟者。其亦知所反乎?

晓先夫人下午来访珏人,近晚始去。

六时半夜饭,小饮三盏。数日来倾两瓶矣。宜少停之。夜雨淅沥,大类江南春雨也。九时三刻就寝。

4 月 25 日（四月初二日　辛丑）**星期五**

天未老晴,气仍冷。

晨六时起。七时半,剥啄声喧,珏人启户视之,潜儿也。喜甚!盖甫自沪至,事先故不通信,欲逗珏人喜出望外耳。询知合家都好,闻老太代其管家也。

八时半出,乘车赴馆。彬然来,十时半召开节约委员会,必陶代表检查小组作报告。三反贪污问题大致结束矣。定明日下午召开全体大会云。十二时散,乘车归饭。

达先、清儿、澄儿、汉儿及堨、垲两孙俱在,盖得潜儿来京之讯,

均来看伊也。因共饭。饭后，琴珠、滋儿亦赶返相聚，遂偕珏人、潜、清、澄、汉、润、滋及琴珠、佩华、达先、埙、垲联步往东总布胡同看清家新赁之屋。遇云瑞、季文，盘桓良久，分向各工作单位去，余与珏等乃归。

四时半，澄挈埙、垲去。珏、潜往南门仓访章家，六时返。清仍来，夜饭后去民进开会，余与潜等闲谈，至十时就寝。

4 月 26 日（四月初三日　壬寅）星期六

阴，薄寒，微有风，入夜细雨。

晨六时起。八时半入馆，乘车行。力子来馆，谈至十一时去。十二时乘车归饭。

饭后晓先来访，略谈即行。二时，余步往馆中，以二时半三反检查组有结束报告及彬然作检讨报告也。至则姚吉金又来代董、胡二人领补款，即发付之。出席大会，由张志公任主席，覃必陶代表检查组作结束报告。历两小时，休息十分钟，再由彬然作报告，七时始毕。大氐水到则渠成耳。

离馆乘车归。小饮夜饭，已微雨。饭后，坐谈至十时，各就寝。

潜儿今晨偕佩华往游天坛，午饭于澄儿所，下午三时即归。

4 月 27 日（四月初四日　癸卯）星期

拦朝大雨，旋止。傍晚又雨，夜深益甚，气仍冷。

今日清家搬场，润、湜俱往帮忙，六时后皆起。七时，清派人送建昌来，润、湜分往新旧屋招呼。业熊亦在。滋、佩陪潜往游北海，建昌随去。九时许，元锴、元镇两孙来，有顷，澄儿挈埒、垲两孙来，十时许，芷芬来，十一时半，潜等归。十二时半，汉儿来，乃共饭。

饭后余与滋儿乘车往吉祥看杨菊芬、娄振奎等演出之全部《鼎盛春秋》。至则《战樊城》正开始,连演《长亭会》、《文昭关》、《浣纱计》、《鱼肠剑》、《刺王僚》,至《战四将》止。历三小时半散。菊芬尚卖力,唱做老到,可造之材也。出院天尚早,父子徜徉于王府井,遇静芷,立谈片晌,旋由帅府园、校尉营、煤渣胡同、东堂子胡同、赵堂子胡同、宝盖胡同、羊圈胡同缓步以归。至则芷芬、澄儿、锴、镇、墇、垲俱去,业熊、建昌、汉儿留待余,乃共夜饭。饭毕,清儿来接建昌去。业熊、汉儿谈至八时许亦去。九时许,湜儿归。十时就寝。

4 月 28 日 (四月初五日   甲辰)星期一

初阴,午后晴,气略转暖。

晨六时起。八时半出,乘车入馆。处理杂事。十二时归饭,仍乘车。

饭后与珏人、潩、润、湜三儿步往东总布胡同访雪村家,至则志公、小川、芳娟、琴珠俱在。有顷,润入署,湜赴校,清亦偕开明同人返馆。珏人则与潩儿往八条访墨林。余与雪村谈至二时乃辞归。四时风起,珏、潩自八条归。本约同赴汉儿所,以得汉电话,当晚须参加开会而止。六时半夜饭,仍小饮两盏,乃精神欠佳,竟感心跳不止,偃息良久。

潩、润于晚饭后往北大医学院访宗鲁未值,旋归。湜儿参加晚会,九时半乃返。余已入睡矣。

4 月 29 日 (四月初六日   乙巳)星期二

晴,较昨和。

晨五时半即起。八时半出,乘车赴馆。十时会报,力子、彬然俱到,有若干问题得解决,而基本结算则犹有待也。一以人手不足,一以帐目未齐,且合并事复见延缓,急切殊难入手耳。十二时归饭,仍乘车。

澄儿挈坢、垲两孙在,因共饭。饭后润、湜各就本位工作去。余与潗、澄杂谈,珏人则小睡将息。

元孙昨夜起封乳,令与阿凤同卧,吵闹尚稀,颇可慰。

四时半,澄等去。五时半,珏人、潗儿乘车往石驸马桥汉儿家,六时半夜饭。饭后与湜儿往吉祥看李万春、李盛藻、赵玉民、苏维明等合演之《廉吏风》。盖方山新编剧也。十一时毕,乘三轮遄返。知珏、潗亦甫自前门外全聚德归,盖芷芬、汉儿、达先及鉴孙俱在,同啖烤鸭也。

十二时就寝。

4 月 30 日（四月初七日　丙午）星期三

晴,暖。昼间袷衣嫌热矣。

晨五时半起。八时半乘车入馆。处理杂事。布告五一放假,二日上午仍休息。盖照顾游行示威之同人也。十二时归饭,仍乘车。

珏人、佩华陪潗儿过饭清儿家,是晨雪村夫人亲来接取者也。下午在家未出。六时夜饭,饭已,偕珏人、潗、润、滋、湜乘车往吉祥看全本《将相和》。先为梁小鸾、陈永玲双演《宇宙锋》,嗣入正剧,包有《完璧归赵》、《渑池会》等大节目。殿以《负荆请罪》、《廉蔺交欢》。谭富英饰相如,裘盛戎饰廉颇,张洪祥饰秦王,李世琦饰虞卿,慈少泉饰李诚,张世年饰酒保,俱能称职,尤以裘、谭为最出色。十一时五分散,仍乘车,分二批遄返。小坐就寝,已十二时一刻矣。

时光如驶,转瞬四月尽矣,而开明青年合并之事犹无切实办法可循,缴绕苛细,务为探索不能,令人无筑台受降之感耳。

5 月 1 日 (四月初八日　丁未) 星期四

昙,闷热,午后雨,入夜大雨。

晨六时起。竟日未出。琴珠参加游行,午后二时归。湜儿参加游行,午后一时即归。盖队伍在先通过较早也。润、滋俱以体气未复,不与焉。清、汉两儿游行后皆来省。清夜饭后谈至九时归去。汉则留宿焉。与潀长谈。湜夜饭后又出参加狂欢晚会,十时半归。雨淋遍湿矣。

十一时就寝。

5 月 2 日 (四月初九日　戊申) 星期五

昙阴间作,气尚清和。

晨五时半起。七时许,清儿来。八时半,偕珏人及潀、清、汉、润、琴、滋、佩、湜出游。润陪珏、潀乘三轮先发,余一行七人步至东安门大街乘三路公共汽车同往西直门。珏人等先乘小型汽车去,余等旋亦乘小型车追踪到颐和园。九时四十分,同会于长廊,即在西长廊摄一影,十人立秋水亭中面东受摄。继游清晏舫、国花台、画中游等处,同在鱼藻轩午饭。饭后复在排云门内再摄一影。汉、润、琴以下午尚有工作必须莅办,先出园返城。余与潀、湜登佛香阁展观转轮藏,珏、清、滋、佩四人别寻蹊径东游,约二时会于景福阁。余等既自佛香阁下,在秋水亭北登山,过意迟云在、福荫轩等处,与珏人会于荟亭。少憩,迤逦东下,即景福阁,旋又东入谐趣园,啜茗于洗秋轩。三时三刻乃起行。循涵远堂、岚沼等处出赤城霞起,访耶律楚材祠,临知春亭水次,久之始出园,仍乘小型汽车返西直门。珏、潜、佩乘三轮先归。余与清、滋、湜三儿乘电车到西单购物,然后再乘三轮同归。

六时半夜饭,澄儿、埙孙来。饭后达先来,与潜谈至九时四十分,即由达、清、澄、润、埙送潜往车站,十时四十分,潜即乘京沪通车返沪矣。

十一时半,润归报,平安开出,乃各就寝。

5月3日(四月初十日 己酉)星期六

阴冷,午后见日,微转温。

晨五时半起。八时半乘车入馆。晤力子、彬然,无事可决,处分琐务而已。十二时归饭,与清儿偕行,由宝珠子胡同独自步归。

澄儿、埙、垲两孙在,因共饭。

接漱儿四月卅日来信,催潜速归,并告笙伯滞暹不即归云。下午未出。建孙来省。五时,澄儿挈两孙归去。六时,清儿来接建孙去。顺交守宪与雪山函,以五反处分须售出开明股票云。为之叹息久之。守宪人极正直,只以豪爽故代友受累如此也。

六时半夜饭。湜儿夜出访友,十时始返。余已就睡矣。

5月4日(四月十一日 庚戌)星期

晴,和。

晨五时半起。琴珠表弟邹君来,饭而后去。

上午扫除屋宇,装沙门,挂竹帘。下午在家整理,写信寄复漱儿,详告京中诸亲戚近状。四时许,业熊、达先、云瑞、建昌、升墀、升埙、升垲来,五时后去。

余竟日未出,摩挲旧物而已。六时半夜饭。九时半就寝。

5 月 5 日(四月十二日　辛亥　立夏)星期一

晴,暖。

晨五时半兴。八时四十分乘车到馆。处理杂事。十二时乘车归饭。

下午二时,又步入馆。晤彬然,召开节约委员会,发动思想鉴定。三时半,青年团中央出版委员会杨俊偕王业康来馆,为同人作关于思想鉴定报告,五时一刻毕。

五时半归,乃仍乘车。六时半夜饭。饭后,琴珠偕履善、芳娟等往吉祥看张君秋出演《霸王别姬》,十一时半返。余等早就卧矣。

5 月 6 日(四月十三日　壬子)星期二

晴,暖。

晨五时半起。七时半,与珏人出,乘车往中山公园看牡丹,纷红骇绿,极漫烂之致,虽有谢者,大体尚在全盛时也。穿阡度陌,徘徊欣赏久之,至八时半乃出。在花坞中购得仙人掌一盆归,价四千元。在园门口乘车,珏人径归,余则到馆。

十时,力子来,彬然未至,谈公司近事,颇费周章,而卒不能解决,闷损甚。十二时归饭,乘车行。

昨日立夏,在公司中称量体重计一百十二斤。(去年一百十八斤,又轻去六斤矣。)想见年来精神身体两耗也。下午本拟再往馆中料理馀事,以感倦而止。

六时半夜饭,九时洗足就寝。

5 月 7 日（四月十四日　癸丑）星期三

晴，暖，向晚有风。

晨五时半起。八时三刻出，乘三轮赴馆。士宋来电，为福州陈帐事，殊棘手，即将该件送雪山，请指示，一面电话与上海商中联系，询问底细，急切亦不得即为解决耳。十二时归饭，仍乘车。

下午二时半复出，步往馆中。三时参加第四小组讨论，如何作好思想鉴定事。五时散，即乘车归。

今日为佩华生日，澄儿挈埧、垲两孙午前即来。清、汉两儿，建、鉴两孙及芷芬、达先晚间俱来吃面，顺谈业熊事，亦甚棘手也。九时许，清、澄、达、埧、垲去。十时，芷、汉、鉴去。独建孙留宿（以其同居之家有猩红热故）。十一时寝。

5 月 8 日（四月十五日　甲寅）星期四

昙，较昨略凉，终阴，夜月遂掩。

晨五时起。九时入馆，与珏人同出，珏人在南小街购物即归，余则徐步而往。十时，力子、彬然俱至，邀均正、锡光会报。调孚续假三个月，仍支月薪百分之七十五，其他关于前宁店同人要求及胡之刚要求则彬然自任答复。十二时散。雪舟电话，谓雪山将余昨送之件交渠，托转邀，认为应照士宋之意办，不再写信，原件忘在家中，须饭后交永清带出云。力、彬意尚以转京统办为好。锡光已走，未及与谈。只得乘车归饭。

饭后二时，复步入馆，与锡光言，因即电士宋，谓应缴款可否在京照缴，所谓暴利情形请详告。三时，仍步行返家。

少坐即写自我鉴定思想，至五时仅得开端，六百言。

六时半夜饭。夜饭后,与润、湜两儿出散步,由方家胡同、南小街而回禄米仓,街灯失明,摸索而返,殊懊闷。

九时续写思想鉴定,十时倦眼难张,即就卧。

5 月 9 日(四月十六日 乙卯)星期五

破晓微雨即止,旋晴朗,又转暖。

晨六时起,续写鉴定至九时,成千四百言。即乘车交与小组,候大家提意见。与达先电洽福州事,并处理杂务。十二时乘车归饭。饭后,清儿来省,顺看建昌,一时半去。

下午未出,六时一刻,业熊来省,因共夜饭。饭后,琴珠、滋儿出看电影,余及润儿与业熊谈工作,不称手,诸端力劝忍耐。九时,滋等归,又劝之。终难回执也。十时半,业熊辞去。十一时许,始各就寝。

5 月 10 日(四月十七日 丙辰)星期六

晴,和。夜月初皎,旋有云,转暖,恐将变矣。

晨五时半起。九时乘车到馆。力子以时至,达先亦来,惟彬然未到,会报未作成,诸事依然不能决。人言开明已臻瘫痪之状,信然。十二时,与达先、清儿同离馆,行至宝珠子胡同南口,仍缓步而归。下午三时廿分复出,乘三轮到馆。四时参加小组讨论,将各人所作思想鉴定互提意见,分别交还,定下星一修改,再交小组长云。五时半仍乘车返。

六时半夜饭。饭后闲谈,九时半即睡。

5 月 11 日(四月十八日 丁巳)星期

阴,时飞濛雨,颇类江城五月矣。

　　晨六时起，本拟赴中山公园看芍药，见雨而止。午饭后，与珏人决心出，虽蒙微雨，竟出城到鲜鱼口大众剧场看京剧。剧为中国戏曲研究院戏曲实验学校学生所演。剧目为《黄金台收关胜》，全本《貂蝉》，从《斩温拜月》起，至《刺卓舞贺》止，凡十场，俱精采动人，尤以《貂蝉》先后两场之舞姿为特佳，大氐学生与老伶工不同，认真不懈，而无暮气陋习，斯为美矣。五时即散，时间亦甚紧凑，满意之至。

　　自剧场出，复步往大栅栏购物，遂乘三轮遄返。到家未及六时也。澄儿及堉、基、墇三孙俱在，因共夜饭。饭后坐院中闲谈，至八时半，澄等乃去。

　　下午四时，清儿来接建孙归去。湜儿今日午前往左克明眼科医师验目力，知左目近视一百廿五度，右眼近视一百度（两目俱略有散光），即属往钓饵胡同廿六号刘明斋处配镜，约四天取件，价十一万元，并验光费共十二万元云。只求合适，亦并不为过也。

　　前在颐和园所摄照片今即到，即题记其后，备先邮与潜儿。

　　十时就寝。

5 月 12 日（四月十九日　戊午）星期一

　　晴，暖。

　　晨五时即起。写思想检讨补充说明。

　　书复潜儿，并寄颐和园所摄照片两帧去。片背俱加题记也。

　　八时五十分出，乘车往馆。处理杂事。十二时归饭，仍乘车。

　　下午二时半复出，乘车入馆。三时参加小组互作思想鉴定。第一为李裕康，五时许通过。马孝俊意见特多，对团员抨击甚至其人，终不怀好意也。本续作张思杰鉴定，以时促，改漫谈。六时下班,仍乘车返。往复四次,颇感疲累矣。

六时半夜饭。饭后滋儿奉珏人往东安市场购物,九时一刻始归。余与润、琴、佩、湜及元孙坐院中待月,比珏返,各归寝。十时后就睡。

5 月 13 日(四月二十日　己未)星期二

晴,风沙,暴热,单衣犹嫌重矣。

晨六时起。九时到馆,乘车行。晤力子、彬然。十时半作会报。十二时乘车归饭。

下午二时四十分,乘车复往馆,则大门已闭,正展开鉴定矣。殊讶,何以提早至此?迨问及始知,今日上午学委决定自今日起,各小组俱从二时半开始讨论,延至六时半,始已也。似此不相关照径行变更,真有点革命作风矣。颇不快。张思杰、王久安检讨俱通过。六时,余即行,仍乘车归。

六时半,业熊至。有顷,汉儿至。盖约达先等与熊谈出处也。因共夜饭。饭后,达先至,润儿则出开会,汉、滋、琴、佩、达、湜等遂与业熊谈,直至十一时润归,犹依然未能回其固执也。其坚韧亦可谓罕见矣,只得听之。渠等去后,余亦就寝。累甚!

5 月 14 日(四月廿一日　庚申)星期三

晴,暖,午后微有风,入晚尤暖,须挥扇。

晨五时半起。八时五十分,乘车到馆。福州催款急,上年度所得税估缴亦须三亿,至焦灼,此一残局支撑不易,奈何独丁此厄乎?浩叹久之。十二时归饭,仍乘车。

下午二时出,乘车复入馆。二时半参加小组作思想鉴定。组长李裕康宣布临时变更顺序,由唐锡光先作检讨,组中对唐批判颇深刻,尤以团员及中级干部,所说为严峻而中肯,五时半始通过。接由沈芳娟检讨,六时半通过。余与滋儿离馆,湜儿已来迎候,乃相将至西总布胡同西口,乘电车出前门,在五牌坊西侧一饭馆草草饭已,即往中和购票。入场已七时半,首出《樊江关》已过半矣。接演《怒打督邮》《温酒斩华雄》。休息片晌,复演全本《浔阳楼》,二李俱演双出,而以盛藻之宋江为有声有色也。十一时散,乘车径归。少坐便睡,已十二时矣。

5 月 15 日（四月廿二日　辛酉）星期四

晴,暖。

晨六时起。八时五十分乘车入馆。力子、彬然俱来,十时半会报,锡光强调领导之非,迹近挟迫,致力子大为不快。吾知取巧求益,终恐难掩破绽耳。十二时乘车归饭。

下午二时复出,乘车到馆。越半时,参加小组。今日提出者为马孝俊、钱琴珠。孝俊狡展犹昔,团员向提意见特多,五时半通过。接由琴珠检讨,分析思想,以安于家庭生活为非云。六时三刻通过。散出后,乘车返家已七时矣。夜饭后,天将变,电灯闪动不宁,九时半即寝。

今日基孙生日,珏人十一时往澄所吃面,下午二时半归。卧云、雪英来访珏人,谈至五时去。

湜儿配眼镜已取到,尚不甚合适,想可修正也。

5 月 16 日（四月廿三日　壬戌）星期五

阴,时见细雨,气较昨前为凉。

晨六时起。八时五十分乘车到馆。处分杂事。十二时乘车归饭。

下午二时复出，步往馆中。二时半参加小组。先鉴定沈永清，以其思想紊乱，颇不易澄清，同人提意见亦多，五时通过。接由余作检讨，同人提意见者皆重在余之不自认资方，致流于不负责任云云。至七时一刻通过，即乘车归。少坐夜饭。

饭后看滋复濬信，余为加数语于牍端。九时五十分听广播，十时半就寝。

5月17日(四月廿四日　癸亥)**星期六**

晴，暖。

晨五时三刻起。八时四十分乘车到馆。小组又展开检讨矣。询知又临时变更耳。举动草率如此，而信口贬人，其何以服人乎？力子、彬然来，以余参加小组，未及会报。小组提出讨论者为陈趾华、郭沈澄。十二时许，两人先后通过，仅馀刘诗圣一人，须明日上午八时再提矣。缘今日下午青年团有重要报告，团员均须往听也。自小组散出，力子犹未行，谈有顷，各归饭。余以无车，步以返。

晓先夫人来饭，饭后与珏人往看雪村夫人。下午二时，余复步入馆，料理事务，五时半始乘车归。

六时半夜饭，小饮两盏。夜饭后，达先来谈，十时半去。余亦就寝。

5月18日(四月廿五日　甲子)**星期**

晴，暖。

晨六时起。七时半出，步往馆中。八时参加小组，通过刘诗圣思想鉴定,同人对诗圣宗派主义一点特别指出。十时半散归,仍步行。

午饭后,与滋儿步往东安市场吉祥戏院看和平社京剧。江世升主演《夜战马超》,贯盛习主演《打棍出箱》,毛世来、张蝶芬、王世霞合演全本《樊梨花》,自《下山》起,至《锁阳关解围》止。主要场面仍在《樊江关》。一时开演,五时圆场。仍与滋儿缓步归。

上午滋儿奉珏人往中山公园看芍药,顺购得音乐堂京联剧团夜戏票二张,六时,余偕润儿往看之。到时全场已占座三之二,距开演尚有一小时也。想见张君秋魔力之大,以人挤故,戏目竟未取得。主剧为《霸王别姬》。先有《盗仙草》、《群英会》二出。唱做均俱到家,虽稍远,仍满意也。惜无目对照,不熟悉演员之名,仅知饰白娘娘者为冀韵兰耳。十一时一刻散,乘车遄返。就寝已十二时余矣。

清、澄、汉三儿及元鉴、建昌两孙来省,夜饭后去。

5 月 19 日（四月廿六日　乙丑）星期一

晴,暖。

晨六时起。八时三刻乘车到馆。处理杂事。十二时归饭,仍乘车。

午后一时半步行到馆,二时半小组召集宣读已经重写思想鉴定之各人,当场通过陈趾华、李裕康、唐锡光、钱琴珠四人,余尚未写好,留待传观决定。

为晓先看历史课本初稿五章。五时半下班,乘车归。

六时半夜饭,九时即寝。

5 月 20 日（四月廿七日　丙寅）星期二

晴,暖。

晨五时起。重写鉴定书。八时五十分出,乘车赴馆。晤力子、彬然,汇出福州款,并未正式会报,以答复工会要求等信,彬然均任独自携回考虑也。十二时乘车归饭。

午后二时复出,仍乘车到馆门,指示发福州士宋信。

写信与漱儿,寄颐和园照片两幅去,并告余近日心境。

看趾华、诗圣、芳娟、思杰、永清思想鉴定四份,余人未及看,恐须明日再说矣。五时半下班,仍乘车归。

六时半夜饭,且小饮两盏。饭后灌花,小坐院中,室内外温度迥殊矣,十时就寝。

5 月 21 日(四月廿八日　丁卯　小满)星期三

晴,暖,下午刮风,入夜更甚。

晨五时半起。八时四十分出,乘车入馆。处理杂事。看郭沈澄、马孝俊、王久安思想鉴定各一份,余之鉴定书亦经小组通过交还,即誊入表中,交与小组长李裕康。十二时乘车归饭。

午后二时出,步往馆中。四时,与均正、必陶、煦桎等十馀人往中华书局编辑所听陈翰笙作出席莫斯科国际贸易会议报告,晤卢文迪、姚绍华、陆轶程、苏继顾诸人。六时毕,即乘车径归。

六时半夜饭。九时即寝。

下午在馆中曾发函一通与硕民,询近状。

5 月 22 日(四月廿九日　戊辰)星期四

阴,午前微雨,午后大雨即止,仍阴,夜仍细雨,冷。

晨五时半起。八时五十分乘车到馆。履善告本区人民政府有电话来,谓向人民银行贷款已批准,惟须行政负责方面来亲取此件。余即步往帅府园北京市第一区人民政府增产贷款组,晤傅同志,洽取。返馆,力子、彬然已在,因谈决两三事,未正式会报也。十二时归饭,雨中乘车行。

午后,珏人往澄儿所,将偕去西单同乐堂药铺就赵心波大夫诊风湿。余遂留家未入馆。四时,珏归,赵医处方一剂,令先分两日服,据云早诊当早好矣。

六时半夜饭。饭后润往青年宫看话剧《钦差大臣》,琴、滋则入馆听彭世桢讲国际情势,余以衣单畏犯冷,未果往也。湜儿在灯下钞写歌谱,余旁坐闲翻而已。十时就寝。

5 月 23 日（四月三十日　己巳）星期五

阴雨,近午晴,午后天朗气清矣。但大感凉,亟须添衣也。

晨五时半起。八时五十分乘车到馆。处分杂事。十二时归饭,仍乘车。

下午未出,二时至三时半小睡。六时晚饭。饭后,偕湜儿出,乘车往鲜鱼口大众剧院看戏。七时半开演,为江世升之《武文华》,继为毛世来、贯盛习、朱锡麟、罗荣贵之全本《法门寺》。最后为毛世来、江世升之《战金山》。十时五十分散,仍乘车遄返。十二时就寝。

由人民银行汇廿万元与致觉,托沪处划十万元与硕民。

5 月 24 日（五月　小建丙午　庚午　朔）星期六

晴,和。

晨五时三刻起。八时半出,乘三轮赴馆。彬然来,召新旧工会负责人等谈话,口头答复所提四项要求。据云彬言,可以接近。

力子亦来,以彬然别有事,未及会报。与谈至十一时半去。

平伯来登记股权,出近作一律赠余。写作俱佳,洵无愧其先德,佩甚!谈移时去。

十二时乘三轮归饭。下午一时半复乘三轮到馆。召秘书科同人会谈,分配登记股权工作。觉农上午来馆,匆匆略谈即行。三时,接市增产节约检查委员会处理组张扶砚电话,约往洽谈。四时赴之,其地在东安市场北门森隆三楼。晤张,谈半小时,渠了解开明较身处此境者尤晰,真堪佩也!为处理五分将届结束,出表格四分,令于下星二填报。仍辞返馆,与锡光、久安、思杰略谈,无结果。五时半下班,乘车径归。

六时半夜饭。饭后偕润儿往出版总署访彬然,顺晤乔峰。即彬家商谈填表事。有顷,清儿、建孙奉雪村夫人来彬所访问,余与润少坐,辞出,过宿舍访芝九,谈至八时半乃归。

濯身洗脚,十时后始就寝。(珏人今日又往赵心波大夫处复诊,仍处方令服一剂,分两日下之云。)

5 月 25 日(五月初二日　辛未)星期

晴,暖,傍晚起云,入夜大雷雨。

晨六时半起。

九时,圣陶过余长谈,午后同往吉祥看戏。剧目为江世升之《水帘洞》,贯盛习、毛世来、朱锡麟之《群英会》。毛世来、王世霞、张蝶芬、孙振泉、朱锡麟之全部《红娘》。一时廿分开演,五时半散,仍与圣陶偕行,至青年会而别。伊乘电车,余乘三轮分道各归。

到家清儿适来省母。有顷,彬然至,以填表意见见告,执笔仍属余也。谈至七时辞去。余等遂夜饭。

饭后，与清、润、滋、湜等闲谈，至九时许，以雷电交作，清即辞归。

十时后就寝。

5 月 26 日（五月初三日　壬申）星期一

晴，暖，下午又动雷，欲雨未果。

晨六时起。八时四十分出，乘车入馆。处理杂事。十二时归饭。仍乘车。

下午未出，在家属草说帖，备填处理表，直至夜九时始草草脱稿。倦极，欲睡矣，未及串成也。

汉儿午后来省。清儿薄暮来省。珏人今日下午往赵心波大夫处复诊，以有血崩现象，须先治此疾，然后再疗风湿云。甚以为虑，不识服药后，能否见效验否？

十时就寝。

接硕民廿四日复书，并托转圣陶一笺。

5 月 27 日（五月初四日　癸酉）星期二

晴，暖。午后日中闻雷，且间作小雨，夜星月交斓。

晨五时半起。八时半乘车到馆。力子、彬然俱来。十时会报，决定事项多件，并通过所草填表说明，以限促电话告张扶砚，请展至明日送去云。十二时归饭，仍乘车。

下午令滋儿归，为填处理表，共四份，自二时至中夜十一时半始毕。其间，惟六时半夜饭时先后休息一时半而已。

珏人体气未复，且加甚焉。晨清儿来省，晚澄儿来省，服赵医药不甚验，愈主改延张静蓉大夫云。余心绪正劣，又值此事，殊为不宁也。十二时始睡。

5 月 28 日（五月初五日　甲戌　端阳节）星期三

晴，暖，入夜雷雨，终夕有洒淅声。

晨五时半起。八时，以昨夜所填表交润儿带与彬然盖章，余于八时五十分乘车入馆，九时半，润儿送表来，即函送雪山，并加盖印章。十二时始取还。余已归饭矣。

下午二时，复入馆，将表件送达张扶砚，想必有若干麻烦也，姑待之。

珏人病情不简单，午后请张静蓉来诊，先注射一针，冀止血，约明晨复来注射，如血下可止，则非重症矣。否则，必须入院细加检查云。由清儿、琴珠、佩华侍诊。

汉儿、芷芬俱来饭。下午，晓先夫人、调孚夫人、均正夫人俱来访问，殊可感。六时半夜饭，家人以积倦，九时许即寝。余仍十时就卧。雷雨喧窗，不能即时入眠也。

5 月 29 日（五月初六日　乙亥）星期四

晴，暖，入夜星月交灿，日中有风。

晨五时起。珏人疾尚未已，清儿晨来，仍决请张大夫注射，再观动静。

八时半，余乘车入馆。彬然电话属取信稿，谓事忙不来矣。力子仍至，谈洽三两事，未作正式会报也。十二时归饭，仍乘车。

张大夫适已来，又加注另一种药液，谓再候征应，始可无碍云。送出后，午饭。饭后未出，雪村夫人、满子来访问，坐至五时去。达先、建昌晨来省，业熊夜饭后省，九时半去。

余下午在家手钞枝巢子《旧京琐记》。夜十时睡。

5 月 30 日（五月初七日　丙子）星期五

晴朗，气温。傍晚起云，旋开。

晨五时半起。八时四十分乘车到馆。处理杂事。十二时乘车归饭。芷芬来饭。午后张大夫来诊珏人，据云已渐好，并不严重矣。仍注射一针而去。余亦复入馆续治事。五时半下班，仍乘车归。

六时三刻夜饭已，等待滋、湜未归久矣。饭后雷雨作，滋归，谓团中开会，八时半再具餐。九时一刻，湜始返，亦由校中与团中皆有会，乃尔晏归也。复具餐焉。至此一餐三举矣。

余夜坐钞《旧京琐记》，十时就寝。

今日始，以珏人太操心，故将伙食指办各事责由润、滋两房轮管，每房各占一星期，如试行而效著，则家务将全盘交出也。此事先与润、琴、滋、佩说明，伊等亦乐于接受云。

5 月 31 日（五月初八日　丁丑）星期六

晴，暖。下午忽起雷，大滴雨随洒，未几，又开朗，惟作风而已。

晨五时半起。八时半徐步入馆。力子来，彬然未至，以所修定之复工会要求函稿送余，属再呈力子阅定缮发，（此信昨已打就，备发，锡光言于彬然收回重改。）即为办出。

昨写寄漱儿一信，今发出。

清晨，清儿、达先、建昌来省珏人，午间汉儿亦来饭。十二时，余乘车归饭。饭后未出。待张大夫来诊，待至二时一刻始来，复为珏人注射一针，大氐明日可不须延之矣。余遂未复出，续钞《旧京琐记》。

晓先夫人来访珏人,四时半去。

六时半夜饭。饭后,润出访友,湜写信寄淑。

十时就寝。润归已十一时矣。

6 月 1 日 (五月初九日　戊寅) 星期

晴朗温煦,夜星月交灿。

晨五时三刻起。九时出,乘三轮访圣陶、晓先于八条。晤之,即电约介泉来晤,因同饭圣陶所。于座晤辛安亭、章元善,直谈至下午五时半,始兴辞归,仍乘车行。墨林已就痊,惟须静养耳。

绍铭偕雪英来访珏人。

六时半夜饭,饭后小坐,十时寝。

达先、清儿、澄儿俱来省,澄则夜饭而后去。

6 月 2 日 (五月初十日　己卯) 星期一

晴,暖,有风沙。

晨五时起,钞《旧京琐记》。八时半乘车入馆。处理杂事。锡光病假,调孚转叔湘函,属代为登记股权,并托为佩弦夫人陈竹隐办承继股权事。即为办妥,交由调孚转交之。十二时步返午饭。

饭后二时,与滋儿联步入馆。写信寄农祥、亦秀,询亦秀病况。

午前徐荫祥夫人来访珏人。

接颉刚卅日来书,知又将有武功之行,兼询近状。下午即书复之。五时半,与滋儿先退,仍步行归。

六时即饭。饭后偕润、滋、佩复步至史家胡同西口,乘环行电车往小经厂,看朝鲜崔承禧剧团演舞剧。七时半开演,恰好赶到,在场晤圣陶、均正、必陶等熟人甚多。以即时看剧,未多谈。第一场长袖舞,击鼓为节,翩翩抑扬,殊美观。盖朝鲜保存之土风舞,古之遗也。嗣后诸场多好,然音调与中土悬殊,颇难领略耳。至《白檀复仇记》则大类京剧矣。十时一刻散,步至电车站,乘电车归。仍由青年会步返,抵家已十一时许矣。

洗足、濯身,十二时乃寝。

6月3日（五月十一日　庚辰）星期二

晴,大风沙,日中甚暖。

晨五时半起。钞《旧京琐记》。八时一刻出,乘车入馆。力子来,彬然电话谓上午不能来。有信与力子与余,请一取走。力取之乃云,店事不能久延,属为文送总署催促指示。余与力子见之,均谓事早应作,徒以彬负责接洽,故因循至此耳。今既如此,自当即行矣。十二时乘车归饭。下午二时,仍到馆,步以往。拟好呈总署函稿,适彬然来,与看之,属送力子阅定即发。遂函送邵。

写信寄士宋,说明福州造货利润非非法,应照京中处理例,争取发还前缴款。

接致觉、硕民一日来书,谢汇款。六时下班,仍乘车归。

六时半夜饭。饭后续钞《旧京琐记》。九时半就寝。

6月4日（五月十二日　辛巳）星期三

晴,暖。仍有风沙。夜月甚姣。

晨五时半起。钞《旧京琐记》。八时五十分乘车到馆。处分杂事。力子送还函稿,修正数处,因发缮,备明日阅签后递去也。十二时前写信两封,分复硕民、致觉。归饭,仍乘车。

下午未出,澄儿率坝、垲两孙来省,五时去。六时四十分晚饭。

饭后润儿出开会,琴珠作加班。清、汉两儿来省,谈至十时后,润、琴归后乃去。珏人已先睡,至是,余亦就寝。

6 月 5 日(五月十三日　壬午)**星期四**

晴,暖。

晨五时起。八时半出,乘三轮入馆。力子、彬然皆至,举行会报。检顾颉刚所著《浪口村随笔》、《西北考察日记》、《上游集》三书作函送平伯。致出版总署函由力子签印送出。十二时归饭,仍乘车。

下午一时许,清儿来侍珏人往协和医院检查身体,根治疾病,盖诸儿皆有此意,特托由徐荫祥夫人来说劝,始克成行也。

三时许,允和来还书,谓身体欠佳,请假回南,明晚即行矣。与长谈久之。

五时半,珏人、清儿归,知已检查过,断为老年性阴道炎,十日后再告研究切片所化验之结果云。有顷,允和辞去。

七时夜饭,饭后,湜儿出就浴,九时归。滋儿以参以北海划船,十时乃返。诸儿毕归后,余乃濯身就寝。

6 月 6 日(五月十四日　癸未　芒种)**星期五**

晴,暖。有类盛夏,入夜雷阵雨,不甚大。

晨五时起。八时半乘车到馆。接漱儿三日复书,即复之,并告珏人病状。处理杂事。十二时仍乘车归饭。

下午未出,在家小休,钞《旧京琐记》。六时半夜饭。饭后有兴与湜儿乘车往西单长安戏院看中国戏曲研究院京剧实验工作第一团演出。到时甫开始,坐楼上厢后第二排矣。为李元瑞、韩洪奎之《白水滩》。继为叶盛兰、李少春、李和曾、萧盛萱、娄振奎、王玉让等之《群英会》、《借东风》。和曾饰孔明甚佳。《借东风》之唱工亦饶有韵味也。十一时许，以雷雨，余等未俟终场，即离院乘车遄返。中途值雨两次，而雷电交作，颇可怖。到家幸未沾衣也。

十二时就寝。

6月7日（五月十五日　甲申）**星期六**

晴，温。夜半雨淅沥达旦。

晨六时起。钞《旧京琐记》。八时半乘车到馆。力子、彬然俱至，彬谓开明去信总署已接得，属渠先为答复，并将于今日下午约李庚到署洽谈云。十二时乘车归饭。

饭后，清儿来陪珏人往协和复诊，乃星六只看十五号，至则已满，不能通融，废然而返。余未出，续钞《琐记》。

晓先夫人偕江修来访问珏人，五时后去。

六时半夜饭。饭后偕湜儿步往吉祥看戏，七时半开演，十时五十分散，乘三轮归。洗足、濯身，从容就卧，已十二时。

是晚剧目为景荣庆主演之《通天犀》，吴韵芳主演之《悦来店》，李盛藻、苏维明主演之《打鼓骂曹》，李万春、吴鸣申主演之《金钱豹》。唱做开打俱皆佳妙，神王久之。

6月8日（五月十六日　乙酉）**星期**

阴雨，气较凉。

晨六时起。钞《旧京琐记》。本约介泉、圣陶会北海双虹轩，以雨未果行。竟日未出也。下午清、汉、达、建俱来省。彬然夫人及小文亦至，谈至傍晚俱去。有顷，芷芬来，夜饭后去。

九时半就寝。

6 月 9 日（五月十七日　丙戌）星期一

晴，和。

晨六时起。八时，雪村夫人来访珏人。九时到馆，乘车行。处理杂事。十二时归饭。澄儿挈埙、垲两孙在，盘桓至下午五时去。余下午未出，续钞《旧京琐记》，全部已过半矣。

六时半夜饭，饭后弄孙为乐，十时乃寝。

6 月 10 日（五月十八日　丁亥）星期二

晴，朗。

晨五时起。钞《旧京琐记》。八时半乘车入馆。力子来，彬然未来，电话云下午当来也。余处理杂事已。十二时归饭，仍乘车。

下午二时复出，乘车入馆。三时半晤彬然，知总署将有复示，大概加强业务委员会，请李庚参加而已。彬意或每周举行处务会议，亦由李主持，竟废会报云。余处境如斯，只得宛转随人耳。五时半又乘车归。

六时夜饭。饭后与湜儿走，乘电车往珠市口看和平剧社在民主剧场出演《新白蛇传》。为时尚早，在附近徜徉闲眺，至七时半入场。初开演时为一搭头戏《下河东》，诚不知所云矣。比八时始为罗荣贵、孙振泉之《打龙袍》，尚可观。继为毛世来、张蝶芬、王世霞之《白蛇传》。所可观者仅《借伞》、《断桥》、《合钵》三出耳。然表情细腻仍感满意也。十一时散，走至珠市口东乘车径归。一路凉风袭肌，殊有冷意，而皓魄初升，照行及家，颇饶静趣，不觉为时之晏矣。到家就寝，已十二时。

6 月 11 日（五月十九日　戊子）星期三

晴，和。

晨六时起。七时五十分，晓先来谈，八时半去。余亦匆匆入馆。处分杂事。十二时乘车归饭。

下午未出，续钞《旧京琐记》，并看《庸笔记》。三时小睡，四时许即起。

六时半夜饭。饭后，润出访友，琴入馆作加班。滋则上团课，佩早卧。幸湜未出，只余与珏三人坐对而已，近十时睡。伊等尚未全返也。

6 月 12 日（五月二十日　己丑）星期四

晴，时阴，颇暖。入夜欲雨未果。

晨五时半起。八时三刻乘车到馆。力子来，彬然未来，余与力子闲谈而已。十时许出版总署复信至，愈之署名，于开明提出问题均有答复，最要者加强业委会，请李庚加入耳。只求快速实现，总比虚悬脱头为佳也。十二时乘车归饭。

下午二时仍乘车入馆。彬然卒不至，余坐至五时半，亦乘车归。

六时半夜饭。本拟于饭后出看戏，以恐值雨未果行。夜看《庸闲斋笔记》。十时就寝。

6 月 13 日（五月廿一日　庚寅）星期五

晴，热。有如盛夏。

晨五时一刻起。八时半乘车到馆。彬然来，谈至向午，去。十二时归饭,仍乘车。

晓先夫人来访珏人,因留饭。饭后晓先、芝九同来,知人民教育出版社即将移西城教育部,谈至二时许,晓先夫人及芝九先去。晓先则留坐漫谈,直至五时乃行。余因亦未出也。

六时半夜饭。饭后与湜儿偕出,乘车到吉祥看戏。先为虞云甫、虞俊声之《太君辞朝》,次为虞俊芳、王世霞、孙振泉、朱锡麟之《红娘》,后为虞仲衡之《逍遥津》。盖此为虞家班,馀人临时邀集成局耳。云甫之老旦唱做尚有典型,俊芬之花旦亦活泼玲珑,惟微少蕴藉,但皆在青年,可期长进也。仲衡学高庆奎颇有神似处,惜中气略感不足耳。十一时散,即与湜乘三轮径归。十二时就寝。寝前洗足濯身。

6 月 14 日（五月廿二日　辛卯）星期六

晴,暖,

晨五时半起。八时半出,乘车赴馆。知彬然须下午始克来,乃电话力子,约届时会晤也。

处理杂事。十二时归饭。下午二时复出,乘车赴馆。三时,力子来,又越半小时,彬然乃至,谈次决将复愈之函先发出,加强处务会议一案,由彬然将去考虑后,再提业委会。

接硕民十二日书,告允言苏州寓所,盖答我前讯也。四时出席全体大会,听受王业康传达整党学习报告,六时始毕。乘车径归。

润儿携圣陶书归,约明晨八时前在北海公园相会,知并约介泉云。

夜饭毕,与滋儿乘车往吉祥看太平剧团演出。七时开演,十一时十分散。先为杨盛春、陆洪瑞之《战马超》,继为陈永玲、赵蕴秋、祁荣雯、张世年、李盛芳等之《凤还巢》，最后为裴盛戎、李世琦、李多奎、陈永玲、赵蕴秋之《铡美案》。后一出甚严整，中一出甚绕风趣，先一出则应卯交差而已。然较其他班串则已高人一筹矣。散出后，缓步东归。洗足、濯身，就寝已十二时一刻矣。

6 月 15 日（五月廿三日　壬辰）星期

晴，热，夜有微雨，旋止。

晨六时起。六时四十分出，乘三轮赴北海之约，至则茶寮尚未举火也。坐双虹轩久之，始得茶。其时晨曦初展，游人犹稀，水面风来悠然意远，凭石栏面团城，揽金鳌玉栋与堆云积翠两桥之胜，双虹卧波，有以哉。八时许，介泉至，又越廿分，圣陶始与凤祥划舟由北来，乃相将登，荡桨于陟山桥北，任其荡漾于东岸柳荫之下，至十时，划至琳光殿前，舍舟登陆，复茶于双虹轩。十一时，四人出园，乘五路公共汽车到前门，步至鲜鱼口小桥大众剧场购票，备听歌焉。讵星期人多，至则客满矣。乃折至中和一问，依然挤满，遂舍之，寻一小馆子于鲜鱼口，酌鲜啤，啖饼，谈至隽永，直至下午二时许始罢。复步至大蒋家胡同口，登电车入城，余至青年会先下，步由无量大人胡同、遂安伯胡同以归。行烈日中，至感炎热矣。

到家汉儿在。知平伯见访，未晤为怅。有顷，达先至，闲谈至暮，夜饭后再谈，八时半达、清去。有顷，叩门，汉又途遇清等，拉清折回焉。又谈至十时半乃去。

滋儿夜饭后参加团学习，十一时半始返。余已睡矣。

6 月 16 日（五月廿四日　癸巳）星期一

初阴，旋晴，下午烈日，仍凉。入夜微有雨意。

晨五时半起。八时半乘车入馆。看学习文件三种,并处理杂事。十三日农祥复书今接得,知亦秀将北来也。十二时乘车归饭。

下午小睡未出。六时,琴珠归,知协和已去过,自上午十一时守至下午四时,始获悉珏人前经切片化验之结果,谓找不着病证云。想生癌之说可以放心矣。

六时半夜饭。饭后琴珠入馆工作,滋亦往甘雨胡同参加团学习。十时,余就寝。琴、滋先后归来,已十一时矣。

6 月 17 日（五月廿五日　甲午）星期二

晴,热。下午刮风。

晨五时半起。七时三刻出,与滋儿联步入馆。参加小组讨论。力子、彬然俱至,闲谈而已,至十二时,力、彬同去,余亦归饭。

澄儿挈垀、垲两孙来省,垲今日生日,因具面焉。

下午续钞《旧京琐记》,并看《梅兰芳舞台生活四十年》。此书盖由梅口述,许姬传记之,新由上海平明出版社出版者。翔实而饶风趣,竟不忍释手也。六时半夜饭。饭后坐院中纳凉,挑灯看许记。滋儿仍出参团学习,十时,余就寝。十一时滋乃归。

6 月 18 日（五月廿六日　乙未）星期三

晴,热,近午刮风,午后风稍戢。

晨六时起。看完《舞台生活四十年》第一辑。八时半乘三轮入馆。写信寄允言话旧,促其常写信。为开明函托觉明审阅钱伟长《我国历史上的科学发明》一稿。

处理杂事。十二时乘车归饭。

珏人近已大痊,知今日上午曾往答访雪村夫人也。

下午未出,续钞《琐记》,并看俞曲园《荟蕞编》。六时半夜饭。饭后坐院中乘凉,十时入室洗足、濯身而后寝。

张静庐见访,谈移时辞去。

6月19日(五月廿七日　丙申)星期四

晴,热,仍有风。

晨五时半起。八时半乘车入馆。力子来,彬然又临时电话约不来矣。余所草处务会议简则备彬然召集之业委会讨论通过,乃又以故石沉大海,即力子亦大为诧讶焉。奈何!

昨接耕梓书,询股权登记事,今为复之。十二时归饭,仍乘车。

珏人九时许出,往八条访候圣陶之家,并及晓先、红蕉两家。

下午一时,方巾巷合发营造厂张文涛来,盖清儿叫来为余家葺屋者。建筑材料劣窳,入宅未及两年,大小修理近十次矣,受欺可想。此次不再由福顺厂修,亦正想换换口味,冀稍收实效耳。姑俟开价后再议进止。

下午未出,续钞《琐记》。三时许,珏人归,状甚愉快,盖体气渐复,而老友畅谈,宜其怡怡矣。余亦为之大慰。

六时半夜饭。饭后,坐院纳凉,看《荟蕞编》自遣,兼逗元孙为乐,十时乃寝。

6月20日(五月廿八日　丁酉)星期五

晴,热。

晨五时起。八时半乘车入馆。力子、彬然均未来,仅得彬函,定廿二日星期上午十时召开业务会议而已。

觉明电话,谓稿已看好,将于星期之晨来谈,顺以交稿云。十二时归饭,仍乘车。下午一时四十分,复乘车入馆。二时参加小组讨论整党学习所得诸问题。六时散,即乘车归。

六时半晚饭。饭后与湜儿乘车往吉祥观进步京剧团演出。先为张曼君之红娘技术可方虞俊芳,而冯玉增之琴童则不逮朱锡麟远甚。即王玉敏之郑氏亦不及孙俊全也。九时后《群英会》上场,连演《借箭》、《打盖》、《祭东风》。至十一时十分散,则甚为精彩。李鸣盛之鲁肃、马富禄之蒋干、王泉奎之曹操均好,而尤以闵兆华之周瑜,扮相英亮为特色。李唱做俱佳,益以杨宝忠之胡琴受听极矣。自吉祥出,三轮不多,颇拿跷,即与湜徐步以归。

到家洗足、濯身而后睡,已十二时馀矣。

6 月 21 日(五月廿九日　戊戌　夏至)星期六

晴,热。

晨五时起。八时半乘车入馆。彬然来,力子未至。明日召开业务会议,已准备就绪,书与觉明言,明日参加业会恐枉驾,俟缓日再一晤也。处理杂事。十二时乘车归饭。下午一时四十分,与滋儿同步入馆。二时参加小组讨论,至六时十分下班。第一阶段结束矣。乘车返家,即夜饭。

饭后,佩华奉珏人往青年宫看话剧《钦差大臣》。湜往北海参加区团划船会。润则出访友。仅余与滋、琴及元孙在家,坐院中纳凉闲谈耳。

八时半,达先挈鉴、建两孙来省,近十时辞去。十一时五分,润归。十分,湜归。廿五分珏、佩亦归。十二时就寝。

6 月 22 日(闰五月初一日　己亥)星期

晴,热,殆同伏暑。傍晚微有变兆,未果雨,星亦旋出。

晨六时起。八时半乘车赴馆。十时列席业务会议。此会半年
不开,千呼万唤,今始开成。到彬然、李庚、静芷、雪村、雪山、均正、
士斅、锡光,余与履善、志公列席焉。联棠以故辞去,灿然、育才仍
未至。决定加强处务会议,组织订定简则。联棠缺额,即由工会推
选递补,并谈及结帐等诸问题。仍多未能决办者。十二时三刻始
罢会。一时午餐,不具酒,仅饭菜,添加一二簋而已。饭已,将二时
矣。各返。以冯志诚之弟托寄物于我家,遂雇三轮行。

六时许,清、澄、汉三儿来省,因共夜饭。饭后伊等约琴珠、滋
儿、佩华奉珏人往清所,并抱元孙同去。移时始归。

坐院中纳凉至十时,乃入寝。

日间接潆儿十九日信。

6 月 23 日 (闰五月初二日　庚子) 星期一

晴,热。

晨五时半起。八时半乘车到馆。处理杂事。看学习文件。佳
生为余在春明书店看得日本刻印《唐土名胜图会》一函,计六册。
午前送来,索廿万不打价,虽嫌昂贵,吃情购下之。十二时乘车
归饭。

饭后未出,写信复潆儿,并附一信至漱儿,告昨日冯君托人寄
存衣物事。拟续钞《琐记》,以热汗难胜而止。

六时半夜饭。饭后,润、滋、佩出看电影,余等坐院中纳凉。十
时半,润等归,余亦濯身就寝。

6 月 24 日 (闰五月初三日　辛丑) 星期二

晴,热。

晨五时起。八时半乘车入馆。力子、彬然俱来,锡光以病未至。诗圣假满,亦来续请,殊有零落之感。出版总署指示开明与中图今后之关系将有新的变更,此文件已到,适中图召开管委会之函亦送来。明日出席说话颇难把握分际矣。十二时归饭,仍乘车。

午后二时复入馆,以无车,步行烈日中,至不适也。

接觉明送还钱稿信。接颉刚复信,并附来其子德堪小影。六时下班,乘车归。

夜饭后,坐院中乘凉,十时乃归寝。犹感枕席温温也。

润儿为总署宿舍调配事开会至十二时始返,余已入睡矣。

6 月 25 日（闰五月初四日　壬寅）星期三

晴,热,有类盛暑,颇感燥烈。

晨五时半起。七时半出,乘三轮往绒线胡同中图总处,应召出席管委会也。晤公文、雪山、久芸、农山、季芸、新城、孝侯、太雷、觉民诸人。八时半始开会,先由公文报告公司情况,于三反经过,言之甚详。十时休息。旋由久芸报告经济情况,并五一年度结算草案（亏廿四亿六千万元）。十二时毕,定下午分组讨论。明日上午大会决定。余即与汉儿、达先乘公共汽车到石驸马桥饭于芷、汉家。

下午二时半,仍乘公共汽车返中图总处。三时参加小组讨论下半年工作计划,改订组织规租及收束不必要之分公司等。六时散,即乘三轮东归。

夜饭后,濯身、洗足,坐院中纳凉,十时后始入寝。

润儿出听报告,十一时后乃返。

接云彬信,托办股权登记。

6 月 26 日（闰五月初五日　癸卯）星期四

晴，热。

晨五时半起。七时三刻出，乘三轮径赴中图总处开会，遇上海分公司工会代表侯湘耀，为达开明留沪同人意见，仍索奖金。余以业将函件转交彬然为言，只得再商。余实亦无权决此也。八时三刻，始开会，彬然未到，总署方面只到王益。此次提案五件，经昨日小组讨论后，今日顺利通过。十一时半即告终结。余即引还，仍乘三轮行。

到家午饭，热甚。饭后小睡，遂未出。六时半润归、湜归。七时一刻，琴、滋始归。遂共饭。饭后，滋复出开会，余等坐院中纳凉闲话。十时各就寝。

滋儿十一时半乃返。

6 月 27 日（闰五月初六日　甲辰）星期五

晴，时见微阴，仍热。入夜雨。

晨五时半起。八时半乘车到馆。处分杂事。二日积件，并清治之。十二时归饭，仍乘车。

午后小睡，三时半偕滋儿步往馆中。四时参加小组讨论（党员八条件），七时乃散。乘车亟归夜饭。饭后濯身，坐院中纳凉。雨起始入寝。

滋儿晚出开会，十一时始归。余已入睡久矣。

6 月 28 日（闰五月初七日　乙巳）星期六

阴雨，午后晴，较凉，气略润。

晨五时起。八时半入馆,乘车而往。复云彬寄去股票。力子、彬然俱来,谈近日店事,并告中图管委会情况。十一时,北京中图、开明同人代表金世泽、王汉华,上海中图工会主席侯相璈(前记误作湘耀)代表留沪同人会同此间工会正副主席张志公、王久安来见,谈奖金问题。结果力子允提特酬一笔于七月中旬发放(此数约当同人全薪一个月)。所求既遂,想能解决此一悬案乎?十二时一刻与汉儿步归午饭。

饭后,建昌来省,汉儿去。三时,余亦出,乘车入馆。四时参加小组讨论,据组长传达学委会意见,决自本日起,每日四时至六时,专讨论一个问题,今日讨论第五个,尚有三个,将于下周续行云。讨论尚热烈,六时一刻毕。即乘车返。

到家即饭,饭后,与滋、湜两儿步往青年会前乘电车出前门,径往中和剧院看夜戏。至则吴韵芳之《铁弓缘》已上。八时半接演《失空斩》,李盛藻饰孔明,雍容渊穆,恰如其分。苏维明饰马谡亦能刻画入微。赵文奎饰司马懿表现狐疑,亦到家。终场可称意也。十时接演《水帘洞》、《闹龙宫》,李万春饰猴王,吴鸣申饰龟将,开打干净,其他李金鸿之龙母、萧鸣萱之虾兵等亦都努力。十一时五分散,即与两儿乘十路径归。到家已十二时矣。小坐就卧已将一时。

6 月 29 日 (闰五月初八日　丙午) 星期

阴晴间作,下午阵雨即止,入夜星月交灿,气凉。

晨六时起。八时三刻出,乘三轮径往东四十条卅九号访觉明,长谈。顺以审阅费携送之。座遇其少时同学陈逯者,亦攀话久之。十时许辞出,顺访介泉,晤其伉俪。以介泉微有感冒,略

谈至十一时便行。仍乘三轮遄返。到家时,仅阿凤、元孙及俞妈
(赵妈去后,廿六日甫进用)在,珏人与滋、佩往隆福寺,润、湜则
陪达先往先农坛市场采购自行车矣。有顷,琴珠之表弟邹君来
访,余招待之(琴珠入馆加班)。又有顷,珏人归,十二时一刻,
滋、佩乃归,遂与邹君共饭。饭已,润、湜始返。知达先买到一自
行车也。重授餐焉。

下午一时半,邹君去,余小睡,四时乃起。六时,达先乘自行车
来,因共夜饭。饭后长谈至八时许,润出买一西瓜归,剖尝之。九
时,清儿、建孙来,有顷,偕达先归去矣。

滋、佩晚饭后出游,十时乃返。湜下午三时出,为文化宫教课
结业在大同中学举行仪式,连带表见,中夜十一时半始归。余俟其
归告始入睡。

6月30日(闰五月初九日　丁未)星期一

晴,热。夜星月灿列。

晨五时半起。八时半乘车赴馆。处理杂务。写信与漱儿,并
划款卅万,属代送弟妇及大乳妈。又写信复颉刚。十二时归饭,仍
乘车。

下午小睡,三时半复出,日中无车,走入馆,汗喘不已。此土
车人作风殊劣,风日清和,麇聚求坐,偶遇飙雪或骄阳霖雨便群
匿不出,即有之亦倍索其值,状貌岸然矣。四时出席小组讨论,
集中展开批评与自我批评一问题,直至六时三刻始散。乘车归
家,即饭。

饭后坐院中纳凉闲话。湜儿先已夜饭,出听报告,十时半乃
返。亦俟其归,然后寝。

7 月 1 日 (闰五月初十日　戊申) 星期二

晴,热,夜有云,月色较差。

晨五时半起。八时半前赶到馆。原定刘重报告,忽因故改期,事前并未通知,又等虚语,若辈作事多类此。

九时许,力子至,十时,彬然至,为答复叔湘事,略有争执,卒从彬意,他事未及谈。十二时归饭,仍乘车。

下午三时出,乘车复入馆。四时参加小组讨论,六时五十分始散,即乘车归。

夜饭后,润、滋、佩往出版总署参加晚会,看电影。湜亦出参晚会,在天安门作集体舞。盖今日为中共成立卅一年纪念也。十一时始先后归。余濯身洗足,坐庭前纳凉,调元孙为乐,十时就寝。

7 月 2 日 (闰五月十一日　己酉) 星期三

晴,热。晨五时起。八时半乘车到馆。处理杂事。

剑三见访,盖自鲁来京开会,今晚即返济南也。因与均正偕同过访调孚。调孚病体已大好,八月中再检查一次,便可照常工作云。谈至十一时,剑三往出版总署访圣陶诸人。余与均正乃返馆。十二时乘车归饭。

饭后小睡,三时起。即乘车入馆。四时参加小组讨论,六时三刻毕,共产党员的八个条件讨论已完矣。七时乘车径归。即夜饭。

饭已,与湜儿乘车往吉祥看太平剧团演出,至则客座将满,幸先购票始得入坐左侧楼厢一排。台上已在演《巴骆和》。有顷,清儿亦至,盖先分票与之约,令同观者。继为赵蕴秋、祁荣雯之《春秋配》,裴盛戎、李多奎、张世年之《遇皇后》。十时休息,然后《失空斩》始上演。谭富英饰孔明,裘盛戎饰司马懿,张洪祥饰马谡,均尚卖力,十一时半始散。乘车径归。十二时半就寝。虽濯身,不能取凉也。三时后始入睡,倦甚。

7月3日(闰五月十二日　庚戌)星期四

晴,热。

晨五时三刻起。八时半乘车到馆。力子、彬然来,约必陶、志公、锡光、均正诸人谈召开节约委员会及处务会议事。十一时正式开节约会,结束三反事件,定五日开处务会议,七日召全体同人谈话云。十二时乘车归饭。

下午小睡,三时起。即乘车入馆。四时参加小组整理前阶段学习经验,准备进入第三阶段,仍至六时三刻始散。

乘车归,即晚饭。饭后濯身,纳凉,坐庭中啖瓜。今岁初次尝新也。

滋儿夜参团会,十时半乃返。余亦就寝。润儿带到静庐书,询新版本有何意见。

7月4日(闰五月十三日　辛亥)星期五

初晴,旋阴,午后乍晴乍阴,傍晚雨,入夜洒淅不休,气略闷。

晨五时半起。八时半乘车入馆。处理杂事。公布业务会议记录及处务会议简则。通知明日上午九时开处务会议。十二时乘车归饭。

晓先夫人及澄儿、埙、垲两孙俱在,因共饭。午后小睡,三时半起。晓夫人已去。五时,澄等亦去。(知业熊住院割痔。)

续钞《旧京琐记》。六时半夜饭。饭后以雨不能露坐,闷甚。

饮冰啤酒自遣。

润儿出访友,滋儿参团会,琴珠加夜班,俱于十时后先后返。

十时半就寝。

7 月 5 日 (闰五月十四日　壬子) 星期六

阴雨即止,午后放晴。入夜有雷阵,未果雨。夜半月色又皎如明镜矣。气较昨稍爽。

晨五时半起。八时半乘车到馆。彬然、力子继至。九时召集新一次处务会议,出席者邵力子、傅彬然、顾均正、唐锡光及余。列席者张志公、王亚南、刘诗圣、郭沈澄。由邵、傅相继说明意义后,余及锡光分别报告处理股务情况及调配房屋、薪给诸事。十二时散,乘车归饭。

饭后小睡,三时起。续钞《旧京琐记》,十卷全毕矣。溯自五月卅日始钞,断续相仍,迄今一月馀,乃得完成之。事不易为,随地皆然也。

六时三刻晚饭。饭后濯身纳凉,饮冰啤焉。润、琴、佩俱出看电影,十时乃归。余俟伊等归亦睡。

接傅耕莘三日书,告股权登记已办出,属为洽理。

7 月 6 日 (闰五月十五日　癸丑) 星期

晴,热。下午五时半起阵,六时雷雨,间以大雹,粒大者竟如枳,击玻窗琤琮欲裂,殊骇人也。

晨六时起。竟日未出。十时,润儿往汉儿处,约共访业熊于重工业部之医院。十一时,滋、佩亦踵往,琴珠则入馆加班,凌晨便出。近午,润归,谓汉等已出未晤,废然返也。即饭。饭后清儿来。

二时半,汉儿、芷芬来,盖在圣陶处饭而后来也。四时三刻,湜自校返。五时许,清、汉、芷俱去。润、湜往隆福寺配购自行车零件,少顷,滋、佩归,为言访汉未晤,折往澄家,饭后乃同往医院访问业熊云。时已起云发风,幸不久琴珠及润、湜皆归。共坐晚饭。倾盆之雨已至,浴室之顶幔亦受漏下坠,一时润、湜诸儿在雨中抢险开沟。盖关电门状至抢攘,雨雹历一时有半始停,时已七时半。

今日上午,湜儿为购吉祥夜戏票二纸,弃之可惜,乃与湜儿于雨停后乘车往观。至则周瑛鹏、刘鸣啸之《三岔口》演过一场,而精彩默打正在进行。继为《博望坡》,王玉让饰张飞甚出色,李世霖之孔明实难称其分耳。九时休息后,为《大保国》、《探皇陵》、《二进宫》。李艳妃、徐彦昭、杨波俱前后两角分饰。黄玉华扮相端丽,杜近芳唱做俱到,而貌绝似梅兰芳,享名殆为此乎?杨少龙、娄振奎俱称身份,杨微瘠稍见逊色。杨菊芬唱尚可称,气完神足,惟身材略短,终有馀憾耳。李和曾则稳称韵俱能顾到,良材也。十一时散,仍乘车归。时雨过气爽,颇快。比到家入屋,又觉闷热矣。

濯身小坐,迨心定而后就寝,已十二时许。

7 月 7 日（闰五月十六日　甲寅　小暑）星期一

晴,近午转阴,午阵雨,午后大雷骤雨,良久方止。嗣后乍雨旋停,直至黄昏。夜深月又大明矣。气虽凉而仍感沉郁也。

晨六时起。八时半乘车到馆。处理杂事。

中央民族事务委员会发起内蒙访问团,中学生社应有代表一人参加之,众意请王煦桻前往,因招均正、必陶、刘重、至善、煦桻、锡光共谈,决将《地理知识》停刊一期,煦桻赴蒙一个半月,正午即须报到云。十二时归饭,车至外交部街东口雨已大至,急急归,已略沾衣矣。饭后雨大作,平地水盈,浴室之顶益剥落,大为不怡,地又泞滑,遂未出,在家作好处务会议记录。

闷坐至夜饭后始克出,步庭中稍得挹爽而已。十时就寝。

7 月 8 日（闰五月十七日　乙卯）星期二

晴,近午起阵,少选即过,午后又晴,日下殊烈,傍晚雷阵复作雨,不久即止。深夜又雷电交至,雨亦骤。子夜后月出矣。气凉燠忽变,致疾甚易也。

晨五时半起。八时半乘车到馆。彬然、力子皆未至。处理杂事。煦柽内蒙颇勉强,昨日所云全由至善怂恿,锡光督促今若此。锡光转来责余,谓考虑未周云云。此人不负责而多出主意,诚不足与语也。十二时归饭,仍乘车。

饭后小睡,二时半起,三时一刻复乘车到馆。五时,李庚来作整党学习报告。彬然亦来参听。余维力衰难任是惧,初非格格不入耳。六时半毕,即乘车归。

晚饭后濯身纳凉,九时半便入卧。

7 月 9 日（闰五月十八日　丙辰）星期三

晴,下午尤朗,转暖。尚不甚热。

晨六时半,以昨夜为雷雨所扰,未能酣睡,黎明始可贴枕也。

八时半乘车到馆。赵掌柜来,谓今日到晚不雨,明日可来修屋云。处理杂事。十二时归饭,仍乘车。

澄儿挈垍、垲两孙来省,知业熊割痔经过尚好,下午五时去。

余午后小睡,未几即起,未再出。掣架书闲翻。六时半夜饭。饭后坐庭纳凉。九时半即入寝。

7 月 10 日 (闰五月十九日　丁巳)星期四

晴,热。

晨六时起。七时一刻乘车赴馆。七时半参加小组学习,讨论思想检查之意义及方法。九时半毕。力子、彬然来馆。彬约明晚在敉所讨论整理股务事。十二时乘车归饭。赵掌柜派瓦工二人来家修屋,余午后即未出,略事照料。

夜饭后,珏人、佩华、元锴同往旧太庙劳动剧场看歌舞。滋儿出参团组。余与润、湜、琴及元孙在家。

濯身、洗足,坐庭前纳凉,十时入寝。十一时,滋归。越半时,珏人、佩华归。锴孙午前来省,至是随汉儿归去矣。

7 月 11 日 (闰五月二十日　戊午)星期五

昙,热。

晨六时半起。七时半乘车到馆。又改变学习时间矣。处理杂事。写信复文权、濬儿,告近状。十二时乘车归饭。

午后未出。晓先夫人来,四时半去。

为公司草通启,备发一个月薪给之数作同人特奖之用,藉了悬案。七时晚饭。饭后步往雪村所,应彬然之约,晤密先等。谈至九时三刻,仍步归。

濯身纳凉,十时半就寝。

接漱儿七日复书,知八仙桥近状甚糟。

7 月 12 日 (闰五月廿一日　己未)星期六

昙,热。夜有微雨。

晨五时半起。八时出,乘车赴馆。九时出席新二次处务会议。

力子、彬然、均正、锡光、志公、亚南均到。宝懋亦列席。特酬信稿通过,日内即可分发。其他关于房屋琐事亦有解决。十一时半散。十二时乘车归饭。

下午二时半步入馆,作好处会记录。四时参加小组,作思想检查讨论。锡光开头,提意见者不甚多,而相当尖锐。讨论至七时,初步通过即散。乘车径归。

润儿有约在外,未归夜饭,十时半始返。余等夜饭后,濯身纳凉,闲谈至九时半就寝。

7 月 13 日 (闰五月廿二日　庚申　初伏) 星期

昙,闷热,夜深大雨移时,达曙始止。

晨六时起。七时出,乘车入馆。七时半参加讨论,先后由沈芳娟、陈趾华作报告,大家提意见,促修正。十一时三刻宣告散会,乃沈永清挟嫌与趾华寻衅,哓哓不休。余以散会既告,实不愿听此无谓之啰嗦,即离出,乘车径归。

午饭毕,与湜儿乘车往吉祥看和平社演京剧。一时开演,先为傅德威之《艳阳楼》。继为毛世来、张蝶芬、李德彬、贯盛吉之《能仁寺》。继为贯盛习、罗荣贵、张荣善之《甘露寺》。休息后为全部《棋盘山》。毛世来饰窦仙童,张蝶芬饰薛金莲,李德彬饰薛丁山,耿世华饰柳迎春,贯盛吉饰程咬金,张荣善饰罗通。五时完毕。世来表情细腻,做工老到,贯盛习唱做俱佳,固已心印,而贯盛吉之丑角,亦大为出色,不下李庆春、慈少泉也。甚赏之。散出,在百货公司购得纸烟一条,然后乘车归家。

午饭后濯身,纳凉,滋儿、佩华则往长安看越剧。

十时就寝。十一时三刻,滋、佩乃归。

7 月 14 日（闰五月廿三日　辛酉）星期一

阴昙间作，时雨，夜间亦然，惟闷热较昨稍好耳。

晨六时起。八时半乘车到馆。处分杂事。诗圣未来，径交久安办。十时，王有三见过，介绍刘国钧稿，略谈便去。十二时归饭，仍乘车。

下午二时半复出，乘车到馆。锡光为通告事又来挑眼，（明明先经看过，且在会上修正及印出，又在题外生枝节也。）其人愈来愈妄，满面进步，实则依然故我，只益庸妄耳。可恼，亦复可笑，置之而已。四时参加小组讨论，钱琴珠、沈永清思想检查，钱虚而沈顽，人对钱尚有意见可提，对沈则真感束手矣。七时一刻散，即乘车归。

匠工已结束，凡用料廿二万七千五百元。木工一工，瓦工五工，小工五工，尚未算去，此次修缮又耗去五十万许也。

夜饭后濯身纳凉，十时归寝。诸儿犹在院中闲谈也。

7 月 15 日（闰五月廿四日　壬戌）星期二

晴，热，时雨。

晨五时半起。八时半乘车到馆。力子未到，彬然到，锡光为发特支事又横生枝节，态度非常难看，余不能耐，竟与冲突，彬然无可袒，亦对之纠正焉。此人骄妄日张，长此不改，恐亦未能得志乎。十二时乘车归饭。

珏人往观澄儿，兼询业熊之疾。下午三时乃返。

下午二时五十分复出，乘车到馆。特支全部发出。四时参加小组，继续讨论沈永清，顽梗依然，费半小时，等于白说。继由覃必陶报告思想检查,七时始毕。众对覃意见较少,要求较多,盖所谓进步分子责望乃加深也。乘车径归夜饭。

濯身纳凉,十时就寝。

7 月 16 日（闰五月廿五日　癸亥）星期三

昙,闷热,偶见微雨。

晨五时半起。八时乘车到馆。处理杂事。预备思想检查材料。十二时归饭,仍乘车。下午二时,与滋儿偕行,徒步入馆。四时参加小组讨论,马孝俊报告,掩饰居多。王业康今日适来参与旁听,向提意见层层深追,颇使马无以置答也。是诚不老实者应食之果耳。

七时散,即乘车归。

珏人挈升基往八条访叶、丁两家(基孙暑假,今日来住)。

清儿来省,遂共夜饭。饭后同坐院中闲谈纳凉。九时,属湜儿往接珏人。乃道中相左,珏、基先归矣。湜亦旋返。十时半,清儿乃去。余收听京剧实验第一团在中和演出之录音《二进宫》,十一时半始睡。

7 月 17 日（闰五月廿六日　甲子）星期四

昙,蒸热,夜深尚不退暑,殊类江南梅天。

晨六时起。八时乘车到馆。同人多往长安戏院听水利部长傅作义报告荆江分洪工程概况,各部分仅留少数人,事实上等于停工矣。彬然来,余与均正与之会谈,十一时去。力子来,少坐亦行。

十二时仍乘车归饭。下午三时,复乘车到馆。四时参加小组,先后由郭沈澄、刘诗圣作报告,七时结束。诗圣犹剩有些少问题须留待明日解决也。

乘车归，锴孙在，未几，汉儿亦至，因共饭。饭后达先、建孙亦来，同啖西瓜，并坐院中纳凉。九时半，达、汉等俱去。

余亦濯身，就听转播太平京剧团在中和演出《失空斩》之录音。十一时七分完，即寝。

7月18日（闰五月廿七日　乙丑）星期五

晴，时昙，热甚，终夜浴汗。

晨五时起。八时乘车入馆。处理杂事。十二时归饭。饭后银富持锡光条来，谓二时半即学习，因于二时，与滋儿偕步到馆。二时半出席小组讨论，先结束诗圣昨日报告，近四时乃已。余接上作报告，从家庭出身、师友影响、经历事故，直说到工作态度为止，同人所提意见无多，总以接近群众及多吸收新鲜事物为勖，深可感也。六时毕。马孝俊重作报告，当然较前修正，然尚有不尽实处。七时一刻散，仍乘车归。

夜饭后，珏人挈基孙往访章家，顺送密先回东北。润、琴往大华戏院看电影，滋儿则往团中央听大报告。湜儿自晨出后，曾未归饭。十时后，珏等陆续归。

九时半，余收听转播大众剧院京剧实验第一团演唱《美人计》、《回荆州》，十一时毕，乃就寝。

7月19日（闰五月廿八日　丙寅）星期六

晴，闷热，傍晚微雨即止。仍终宵浴汗。

晨六时起。八时乘车到馆。以力子、彬然皆不至，处务会议遂告延会。处理杂事。看宋景诗史料（北大文科研究院编），签注审读意见，送还生产部。十二时乘车归饭。

下午未出,写思想检查报告,仅将家庭出身及师友影响写出,以被汗不能耐久坐即止。六时夜饭,饭后珏人、滋儿、佩华、基孙往大华看电影。润儿往苏联对外文化协会听音乐。湜儿出席本市第一区团员大会(在汇文中学)。余与琴珠、元孙坐院纳凉,以无风,虽已濯身,汗沈仍难自止也。八时三刻,珏等归。十一时半,润归。近十二时,湜乃归。余已就寝矣。

潜儿复信递到,知曾小病,并附昌顯上余书,知将投考高等学校,服从统一分配。

7 月 20 日 (闰五月廿九日　丁卯) 星期

时昙时阴时有雨,闷热过于南方之黄梅天。至不易受。

晨五时三刻起。八时半出,乘车往八条访圣陶、晓先,至则晓先出听报告,圣陶夫妇乃往清华园访叔湘去矣。即折还,甫到家,而达先至,谈至十一时辞去。将往访业熊也。

润、滋、湜三儿往先农坛小市访购骑行车。琴珠往澄儿所探询业熊出院状。下午一时许,润、滋、湜归。滋购得旧车一辆,即可使用,至是,兄弟三人各有一车矣。

余将思想检查报告写好,计二千馀言,较前作鉴定为深刻,命诸儿录副存之。

六时夜饭。饭后与珏人、湜儿乘车往吉祥看实一团演京剧。时天已微雨,以为时尚早,徜徉于王府井及市场一带,七时乃入院,雨大至矣。七时廿分开演,十一时廿分散。先为周瑛鹏、李维坤、吴素英、刘鸣啸之《白水滩》。继为李和曾、王玉让等之全本《胭粉计》。和曾饰孔明,唱做俱动人,玉让饰仲达巾帼,而见孔明一场亦趣亦狯,使人哭笑不得。休息后之压轴戏为《奇双会》。从李奇哭监起,至三拉团圆止,殊精彩。叶盛兰饰赵宠,杜近芳饰李桂枝,曹连孝饰李奇,均好。而叶、杜联手尤为双绝,宜乎轰动一时,卖座极盛也。独萧盛萱饰胡老爷则殊不见出色处,较贯盛吉且不逮耳。

自戏院散出,乘车径归,途中又值雨,到家已十二时,闷湿甚。濯身静坐良久,乃就睡,终夕汗沈粘粘也。二时后,大雷雨,天明犹未止,真乃霆霖矣。

7 月 21 日（闰五月三十日　戊辰）星期一

阴雨,湿燠。

晨五时许即为雨喧所醒,即起巡视屋内有漏渗否,新修处皆未粘合,仍不免入水,不怡之至。八时乘车入馆。处分杂事。将思想检查报告交与小组长。余所执开明股票一百万另五千七百股,今日写信送交公司捐献国家,将来处理股权时增入公股项下,则区区之心亦可表襮矣。

十二时归饭,无车,因与滋儿步返。

下午未出,小睡自休,听雨中入寐,六时方醒,即起晚餐。食后濯身,坐院中。地犹膏润,云犹四塞,仍无就燥之感也。

湜儿同学三人来,预备朗诵,九时去。九时半,听转播《胭粉计》录音,十一时毕。即寝。

7 月 22 日（六月　小建丁未　己巳朔）星期二

晴,热。午正大雷雨,势甚急,移时始已。旋日出,三时半又浓云四合,大雨随至,自此时断时续,迄晚未好,入夜亦然。闷损极矣。

晨六时起。八时乘车赴馆。彬然、力子先后至。十时出席新三次处务会议,十二时十分散,即乘车归饭,已值雨,幸到家始大,免于淋漓。

下午小睡,至三时起。未出,作好会议纪录。七时夜饭,饭后濯身坐檐下,雨湿相蒸,终不得凉快之感也。

九时半入寝。

7 月 23 日(六月初二日　庚午　大暑　中伏)星期三

晓起晴色开朗,未几阴合,八时大雨如注,近十一时始止。新修屋面漏处四见,闷燠如瓮湿絮。

六时起,整装欲出,阻雨未即行。愈待愈僵,上午竟不出矣。闷损殊甚,打五关为遣。十二时午饭,啖茄饼,啜薄粥,至有味。看马端临《文献通考》序一篇,殊有得。

午后又雨,仍不得出,小睡至三时起,挥扇坐雨,况味殊恶,不图北来后迄未能逃出霉令之苦也。

六时半,滋儿归,带到北大王有三催询稿件信,及廿一日允言苏州复信。

夜饭后,雨稍止,湿闷依然。濯身洗足后,九时半即寝。

7 月 24 日(六月初三日　辛未)星期四

阴昙间作,时有细雨,午后亦偶露阳光,仍闷湿。

晨六时起。七时即出,乘车到馆。七时半参加集体自学《毛选·实践论》。以王有三函交叔循,俾复出。十二时乘车归饭。

午后未出,四时,业熊来省,盖已告痊。明日将照常上班矣。六时半夜饭。饭后复谈,九时辞去。

傍晚天又大雨,湿氛笼罩,遂尔终夜。九时半,听转播太平剧社在中和演唱,获聆谭富英之《御碑亭》,裘盛戎、李多奎之《打龙袍》。十一时一刻始已。

湜儿自假后转忙于事,终日不大在家,今晚亦至是时方归也。余俟其入室乃睡。

7月25日(六月初四日　壬申)星期五

晴,尚未燥朗,气已较爽。

晨六时起。八时乘车到馆。自学后,处理杂事。十二时归饭,仍乘车。

元镇来省,即小住,升基已由珏人送归矣。

下午二时半入馆。三时参加学习,再检讨,经过此番学习,前后有无不同处,业康莅焉。六时乘车归。

夜饭后,与珏人同出,乘车往长安大戏院看实验一团演京剧。七时廿分开始,先为杨菊芬(饰程婴),曹韵清(饰公孙杵臼),杨少龙(饰屠岸贾)之《搜孤救孤》(八时止)。继为叶盛兰(饰吕布),杜近芳(饰貂蝉),王玉让(饰董卓),李和曾(饰王允)等之《连环计》。九时五十分休息,十时续演《白门楼》。吕布、貂蝉仍由盛兰、近芳饰,李则饰陈宫,少龙饰曹操,韵清饰刘备,凄凉末路,与《奇双会》迥不相同耳。十一时行。与珏人乘车径归。

时润、琴、滋、佩看《华沙一条街》(电影)已早回。湜儿参加中山公园音乐堂聂耳逝世十七周年纪念晚会,则尚未返。

余濯身,披襟坐待其归而后睡,已十二时半矣。

7月26日(六月初五日　癸酉)星期六

晴,热。傍晚阴合,夜深又雨。

晨六时起。七时半乘车入馆。十时出席新四次处务会议。十二时乘车归饭。

澄儿率基、垲两孙来省。建孙由镇孙接来,家中顿形热闹。午饭后未出,四时,镇送建归去后复来。

夜饭后,澄等去。七时,珏人与佩华、镇孙同往吉祥看越剧《孔雀东南飞》。澄亦往会焉。润往中央饭店听报告,琴、滋、湜均往北海作园游。九时,滋儿归。十时许,琴归。十一时半,湜、珏、佩、镇归。十二时半润始归。余九时半听转播大众京剧《霸王别姬》,杜近芳、王玉让主演者也。十一时毕。

十一时就寝,润归后始入睡。

7 月 27 日 (六月初六日　甲戌) 星期

阴昙间作,下午三时有细雨,即止。夜十一时微雨,将晓又大雨,气虽较凉,仍欠爽适。

晨六时起。八时半出,乘车诣八条访圣陶、晓先。一出就浴,一出理发,候其归,皆晤之,即在圣陶所午饭。下午二时,与圣陶偕乘往中山公园,在来今雨轩啜茗,坐定未久,均正、调孚、彬然、辰伯陆续至。有顷,李广田、王瑶及佩弦夫人陈竹隐亦到。所约惟西谛未至耳。即商谈佩弦文集出版事。四时,西谛来,对出版文集有所决定。久悬之案至此获一解答矣。五时散,余即乘车径归。

清、澄、汉三儿及达先俱来,因共夜饭。饭后余与滋、湜两儿往鲜鱼口大众剧场看夜戏,仍为太平剧社所演出。七时一刻开始,先为杨盛春之《战马超》,继为李多奎之《太君辞朝》,继为谭富英、裘盛戎之《打严嵩》。继为陈永玲、赵蕴秋之《樊江关》。最后为谭富英、裘盛戎、张洪祥之《洪羊洞》。十一时一刻散。以路窄车挤,东行出梯子胡同、新者柏胡同、崇真观、东西兴隆街、木厂胡同,由崇文门入。到家已十二时,少休便寝,颇感倦矣。

7 月 28 日 (六月初七日　乙亥)星期一

搁朝大雨,八时止。其后乍雨乍止,终阴。夜深又雨,气较凉快,仍不免粘湿也。

晨六时起。八时雨歇,步行入馆。盖此间蹬三轮者风雨例匿鲜出也。处分杂事。看《实践论》。十二时归饭,有车矣。

下午未出,为圣陶选文一篇备讲,即饬湜儿送往馆中,属至善携去。

夜饭后,即不能出坐院庭,只索就寝。九时许即入睡矣。

7 月 29 日 (六月初八日　丙子)星期二

阴雨闷湿,檐注时急。

晨六时起。七时乘车到馆。力子、彬然先后至。谈定明晚七时半约达先、诗圣、永清、久安在馆中作股权登记初步报告,彬然及余俱到同办,并与觉农联系,决于后晚七时开董事会,解决此事。

东华之女公子娟来访,持其手书及手稿《汉文常用字图解》商出版。因询悉近状,良慰故人之望也。当与力、彬共观,遂属由振甫、志公审读焉。十二时乘雨隙归。

午后未出,小睡片响。终以雨喧未能安稳耳。夜饭后,小坐便卧,十时入睡。

7 月 30 日 (六月初九日　丁丑)星期三

阴,正午显昼,偶见细雨,终未成霖,气凉快。

晨五时半起。八时三刻出,乘车入馆。看《毛选》。处分杂事。十二时乘车归饭。以今天为滋儿生日,达先、澄儿、汉儿及堉孙等五孙俱来面。下午一时半,余偕达先返馆,邀锡光、诗圣、永清、久安谈登记股权结束事,略得一总结耳。三时,达先往中图。五时乘车归。业熊在,知汉儿挈镇孙二时归去矣。六时三刻,清儿至,因共饮进面。食后坐院中闲谈。嚼冰啖瓜,诸孙扰扰久之。九时,业熊一家及清儿辞去。余俟琴珠、湜儿归后,始就卧。琴学俄语兼作夜班。湜则出席一区团员大会也。

7 月 31 日(六月初十日　戊寅)**星期四**

晴,不甚朗,气爽,夜有星,十日来初见月也。

晨六时起。六时五十分出,乘车到馆。看《毛选》。处理杂事。十二时归饭,仍乘车。下午一时,与滋儿偕出,乘车往西四丰盛胡同中直俱乐部听发动学习《毛选》报告。同人之报习乙组者皆集,青年出版社同人亦然,其他单位之参加者称是,乃钢丝录音屡校不清,历时甚久,迄无半句可听,不得不宣布歉意,各听散去。余亦遂众出。时已三时半,乃乘车径归。

五时一刻复出,步往馆中,晤彬然、雪村、觉农、力子、西谛诸人。七时晚饭,饭后开董事会,决定股权登记延期至八月底,先分类报出版总署候核,并通过准雪山退休。十时始散,乘车归。少坐即寝。

8 月 1 日(六月十一日　己卯)**星期五**

昙,凉。

晨五时半起。六时四十分出,乘车入馆。

看《毛选》。九时半出席本店工会召开之建军廿五周年纪念庆祝会。必陶主席,锡光作萧华建设现代国防传达报告。祖璋作土改报告。最后为志公朗诵《长空怒风》小说。十二时五分散,即乘车归饭。

韵锵、亚平、趾华三家今晨皆安抵北京。清、滋与部分同人前往车站迎接,知亦秀等八日亦将来京云。下午未出。看《毛选》。

全军运动会今日在先农坛开幕,余分得招待券,即与滋儿往参观焉。六时五十分夜饭。

饭后,湜儿出参团会。滋则归告,所见殊伟大动人云。九时三刻,湜归。余正在听转播马连良《打渔杀家》,亦全军运动会庆祝节目也。十一时十分始寝。

今日早晚气凉如深秋矣。

8 月 2 日 (六月十二日 庚辰 三伏) 星期六

晴,朗,气宇高爽,近顷难得好天也。

晨五时半起。六时五十分出,乘车到馆。看《毛选》。十时后,力子来电话邀,彬然亦来。十一时乃举行新五次处务会议,决定答复中图同人要求三件。十二时散,乘车归饭。

下午未睡,应区节约会张扶砚之招,乘车赴森隆三楼该会办公处晤之。谈次出守法工商业户通知书三六〇号一纸,属携回。至此,本店五反完全结束,证明为守法工商业户。漫天阴翳一扫而空,正有类今日之天气者。不能不引为一快焉。虚实黑白究竟难昧,徒见挟嫌挑衅之流之心劳日拙耳。自该会出,仍雇车径归小休。夜饭后,与珏人同往吉祥看太平京剧团演唱。七时一刻起,先为赵蕴秋、祁荣雯、慈少泉、陈永玲等之《铁弓缘》带《英杰烈》。继为谭富英、杨盛春、张洪祥、何盛清等之《八大锤》带《断臂说书》。

压轴为裘盛戎、李多奎之《打龙袍》。十一时散,走至金鱼胡同东口,始得车。归后少休即寝。

8 月 3 日 (六月十三日　辛巳)星期

晴,朗,转热,夜月亦好。

晨五时半起。八时许,福顺、赵四掌柜带一小工来为余家修房,因将北屋书橱撤去两具,腾出北墙,属拆卸外面浮起灰皮,检视木柱尚好,惟下脚稍见朽蚀而已。遂令购料赶修,并将润、滋、湜三儿所住之屋墙壁裂缝及通体屋面再捉漏葺治一次。雨前新修者等于徒费(盖前次瓦匠未能掌握也),不得不复加工费也。余一面搬挪书籍,一面指点修理,殊感疲乏。

润、琴晨出,往天坛看运动会,亭午乃归饭。十时,清儿、达先、建孙来省。十一时,达去理发,清、建则留饭焉。下午二时,达来接清、建,往什刹海游泳场看运动会游泳竞赛。

三时许,刚主见过,长谈至五时乃辞去。

六时半夜饭。饭后与珏人、湜儿同往吉祥看实一团演唱京剧。先为周应鹏、李维坤、耿世忠之《金雁桥》,继为李和曾、王玉让、杨菊芬之《辕门斩子》。休息后全部《玉堂春》。开演自起解会审监会至团圆止。叶盛兰饰王金龙,杜近芳饰苏三,萧盛萱饰崇公道。曹连孝饰潘必正,李吉来饰刘秉义,极精彩。十一时十分始散。澄儿亦来会,比散,澄归去,余等三人乘车径归。十二时一刻始睡。

8 月 4 日 (六月十四日　壬午)星期一

晴,热。

晨六时起。七时出，乘车到馆。学习《毛选》。八时半召开全体同人大会，作展开爱国卫生运动动员报告，顺将五反结果宣布。十时，分小组讨论此一运动之具体办法。十二时归饭。

下午仍赴馆，作好处务会议纪录，并办处理股权意见，报请出版总署核示稿。彬然催督甚急，而赶缮需时，恐今日明日未必能如期送出耳。六时下班，仍乘车归。

四掌柜赶修甚力，今日傍晚已毕工，颇感其卖力，较前之磨洋工者迥不侔矣。

六时半夜饭。饭后坐院中纳凉。九时即寝。

8月5日（六月十五日　癸未）星期二

晴，热。

晨五时半起。六时五十分出，乘车到馆。学习《毛选》。处理杂事。力子来，彬然未至。仅略谈近事而已。十二时乘车归饭。饭后将书橱复原，整理收拾，亦颇着力。三时始就绪。遂未入馆。

四时半，澄儿来告，十日全家迁山东张店矣。以业熊奉调往彼处铝厂工作。重工业部直辖前途当有发展。业熊兴趣亦较合，或可稍安情绪也。晚饭后，陪珏人往视清儿，后径去。

余与湜七时出，径往中山公园音乐堂观剧。北京老艺人为艺培学校筹费义演也。先两日由滋排队三小时始购得戏票三纸，至是入场，已在第廿排之偏东南隅矣。七时半开场，为李盛藻、赵玉民之《鱼肠剑》。继为吴鸣申等之《嘉兴府》。盖实验剧团助演之垫戏也。均卖力，尤以吴鸣申之鲍自安为最出色。休息片晌，正戏《群英会》上演，候喜瑞饰黄盖，叶盛兰饰周瑜，马连良、曹连孝互饰鲁肃、诸葛亮。萧长华饰蒋干，郝寿臣饰曹操。珠联璧合，全部精采。其中萧、郝俱老迈,萧仍利落而郝不免短气矣。愉快满意之中,乃伴来莫名其妙之迟暮之感耳。

十一时半始散,人多难行,兼以两儿取车,亦受挤,十二时乃得乘车归。濯身,招凉,一时始寝。

二时半后月食。

8 月 6 日(六月十六日　甲申)星期三

晴,热。

晨六时半起。七时半到馆。学习后写信寄东华,同时送稿还其女娟,说明所以未能印行之故。十二时归饭。

饭后仍入馆。一时半出席卫生小组,决定经常工作及明日突击大扫除。

书复剑三、允言。五时许乘车归。

以积倦故,濯身纳凉至九时,即就寝。

8 月 7 日(六月十七日　乙酉　立秋)星期四

晴,热,时昙。

晨六时起。七时入馆。学习后,举行大扫除,余仅使用羽掸笤帚。乘便即将坐位迁入西室,腾东室作工会阅览室也。十二时大体完成,即归饭。

午后俟珏人、滋儿归,(滋、佩约熊、澄饭五芳斋,奉珏人同往,至是乃归。)即与滋儿同往汉所夜饭。知清、琴亦须往,约同摄影也。

六时三刻饭。润儿略食便行。乘骑车往汉家共兴矣。湜儿与锴孙晨出游泳,垂暮乃返。

夜濯身纳凉,九时五十分,珏、润、琴、佩始归。十一时就寝。

8月8日(六月十八日　丙戌)星期五

昙晴间作,仍热。

晨六时起。七时半到馆。处理杂事。看《毛选》。诗圣告余彬然有电话见属,谓南门仓购屋,署方颇有致诘云云,令再详叙经过。其实此事起讫彬然全盘在握,何必推问,径答可已,而竟如此作者,不免令人疑讶别有用心耳。十二时归饭。

澄儿在,饭后携物去,令阿凤随去,携来炉管等件,盖其家后日即移往山东矣。

下午余未出。夜饭后,振甫夫妇及其女儿来访,谈移时去。

十时就寝。

8月9日(六月十九日　丁亥)星期六

朝雨旋止。近午又雨,午后昙,晚晴。仍热。

晨六时起。七时到馆。力子来,彬然未来。十时半出席新六次处务会议,由韵镕报告沪处办理结束经过情形,同意士敫辞去办公室副主任职务。十二时五分毕,即归饭。

下午一时三刻复出,步往馆中。作好处会纪录,并处分若干事件。

看《实践论》。六时下班径归。

今晚为业熊、澄儿一家饯行,并约雪村一家及芷芬一家共叙。到雪村伉俪、达先、清儿、芷芬、汉儿及元锴、升埔、升基、建昌、升埒、升埙、升垲、胜抗、胜利等。夜饭后团坐院中闲谈,至九时半雪村等先行。芷芬、业熊两家后行。元锴随去。升基留宿焉。

湜儿夜在吉祥看戏,十一时四十分乃归。余亦就卧。

8 月 10 日 (六月二十日　戊子) 星期

阴，下午雨，终阴，夜深又雨，因而闷热。

晨七时廿分始起，近所未有之晏也。

亦秀、农祥今晨到京，滋儿与同人往车站接之。饭后与滋儿步至青年会，乘电车到前外蒋家胡同口下，径赴大众剧场看戏。至则已开演，戏单已发完，未取得。首为《界碑关》，次为《二进宫》，次为《十三妹》。休息后为《黄一刀》。仅识《十三妹》主角刘秀荣、《黄一刀》主角袁国林。均极出色，开打亦干净也。五时一刻散，值大雨，观众挤塞门口不得出，久之乃冒雨雇三轮而行。风雨斜至，抵家衣已濡湿矣。

六时半夜饭。饭后坐院中干处纳凉，略得透气。九时半入室就眠。

8 月 11 日 (六月廿一日　己丑) 星期一

拦朝雨，旋止。午后晴，晡时又雨，闷湿难任。南中梅天移根矣。

晨六时起。七时到馆。看《毛选》。处理杂事。接东华复书，颇发牢骚，盖其思想已臻凝固之境，绝不能稍受挫折耳。吾辈濡染旧习已深，亦不能专责若干人也。十二时归饭。业熊一家俱在，盖今日夜间将登程赴鲁矣。

下午未出，与业熊长谈。五时晚饭后，珏人以下全往送行，独余及元孙、阿凤、俞妈留家耳。

毛燮荣来访，知在安阳纺织厂任技师，今甫奉召来京开会也。与谈至八时许，辞去。家下无人照料，未能留渠一饭，甚歉也。十时,珏人等一行归,知澄儿一家安然登程矣。

听转播中山公园音乐堂马连良唱《四进士》,十一时半乃毕。入睡已十二时矣。

8月12日（六月廿二日　庚寅　末伏）星期二

晴,热,禺中一雨即止。夜有星。

晨六时起。七时一刻到馆。看《毛选》。力子、彬然俱来。谈近事,十时半力子去。十一时彬然去。

其昭、弼臣今见之,亦秀则尚未得晤也。十二时归饭。

下午未出,闲翻架书。六时半晚饭。饭后濯身纳凉。苦无风,入秋后第一夜闷热也。十时入室就寝,颇难贴枕。

8月13日（六月廿三日　辛卯）星期三

上午晴,燠热,下午三时雨,其后时雨时止,入夜又雨,延绵达旦。

晨六时起。七时一刻到馆。同人多往中山公园音乐堂听朝鲜归国战斗英雄作报告者,留者寥寥。看《毛选》。理杂事。十二时归饭。

下午三时前复到馆。四时召集同人听彬然作传达报告。盖愈之列席,中央人民政府委员会开会时所得之各项要闻递次传达也。三年来,飞跃前进,听之神王。五时半毕,乘雨隙即归。

亦秀来听报告,见之。谓后日乃能到馆工作耳。

七时夜饭。饭后小坐,待湜儿之归。十时半始睡。

8月14日（六月廿四日　壬辰）星期四

晴,爽,午前犹有细雨时洒也,入晚大凉。

晨六时起。七时半到馆。力子来,彬然未至。学习《矛盾论》。与力子谈,与调孚谈。昨起伊来半日工作矣。十二时归饭。

午后未出,小睡一小时。向晚与珏人坐庭前对花小饮,元孙依依膝下,婉娈可爱,顾而乐之,为占一绝:

> 偶坐庭前持一觞,稚孙绕膝解求浆。何嫌老圃秋容淡,犹有繁花满院香。

夜饭后,与润儿闲步南小街,遇诗圣,立谈片晌。

接君宙书,半年不通音耗矣。

九时半就卧,未几即入睡。盖初凉容易帖枕也。

8 月 15 日(六月廿五日　癸巳)星期五

晴,爽。午后略热。

晨六时起。七时十分到馆。学习《矛盾论》。处理杂事。复君宙,明告股权登记之意义,俾自择焉。十二时归饭。

珏人挈堉孙往饭于晓先家。润儿今日复诊结果:病已基本告痊。甚以为慰。

下午未出。珏人、堉孙四时许始归。六时半夜饭。饭后与滋儿往隆福寺市场闲逛,购得影印胡伯翔画山水镜屏两幅(价二万五千)以归。润儿有友来访,坐庭中至十时始去。

余亦坐至十时后乃就寝。

8 月 16 日①(壬辰岁六月　己巳　朔　二十六日　甲午)星期六

晴朗爽适。

---

①底本为:"燕居日记第七卷"。原注:"壬辰六月二十七日清晨碧庄主人署于京寓小雅一麈之南窗。"

　　晨六时起。七时到馆。十时廿分出席新七次处务会议。力子、彬然、均正、调孚、锡光、志公、亚南俱到。商决当前问题若干起。十二时十分始毕。即归饭。

　　午后一时五十分复到馆。二时应青年团中央临时时事测验，依时应考，又复童年景象矣。题凡二十则，余答十八则，居然缴喜卷也。旋作好今日处会纪录。五时离馆径归。

　　六时，与珏人小饮花前，元孙嬉吾侧，怡如也。夜饭后农祥、亦秀见过，坐院中长谈，至十时三刻乃辞去。十一时就寝。

　　澄儿信到，知安抵厂中矣。

8 月 17 日（六月廿七日　乙未）星期

　　晴，午后昙，向晚阴，气尚不大热。

　　晨六时起。八时半圣陶遣凤祥来告，今晨甫自北戴河返京，还《陆宣公集》，借《战国策》及《庾子山集》去。

　　饭后，与湜儿出，步至金鱼胡同西口乘电车到前外蒋家胡同，诣中和看实验京剧团演唱。先为赵文奎、赵玉民之《铡美案》。继为景荣庆之《通天犀》。俱到家，尤以景之演架子花脸，为煞念也。继为李盛藻、吴韵芳、李庆春、苏维明之《打渔杀家》，亦精采。小休后之《水帘洞》、《闹龙宫》，则趁热闹而已，循俗迎合大众而已。四时三刻散，仍乘电车回青年会，步由无量大人胡同、什方院而归。途中见匠工正在拆卸天安门前之东西三座门，生斫硬剥，颇不易动，而石灰之气在御河桥东即嗅得之。六七百年前建筑，一旦平毁，不之恤勇则勇矣。奈文物何！为悼叹久之。

　　到家清、汉、芷、达俱在，谈至六时半俱去。

　　夜饭后小坐至九时，即睡。

8 月 18 日 (六月廿八日　丙申) 星期一

晴,尚热。

晨六时起。七时半到馆。处理杂事。学习《矛盾论》。十二时归饭。

下午小睡未出。晓先夫人来饭,珏人与之偕访雪村夫人及彬然夫人,四时乃归。六时,滋归告余,今晚八时青年出版社有关于学习《矛盾论》之报告,幼于属往共听云。晚饭毕,七时四十分与滋同往,至则开明同人之编入乙组学习者咸集。八时开讲,其人年方廿七八,蜀音,不识谁某,但知为团校中人耳。讲两小时,十时馀乃毕。《矛盾论》本不易讲,滔滔说来,虽不免堆砌名辞,依旧教条,然能如此交卷,亦大堪期望矣。听毕,与滋偕归。

热甚。濯身坐院中久之,十一时始寝。

8 月 19 日 (六月廿九日　丁酉) 星期二

晴,暖如昨。

晨六时起。七时一刻到馆。学习《矛盾论》。彬然来,力子赴北戴河休养矣。处理琐事。十二时归饭。

下午未出,四时许农祥来访,与谈至六时,亦秀、清儿、滋儿、韵锵均至,即开饭共饮。有顷,亚平至。又有顷,汉儿至。韵锵、清、滋以须往团中央听报告,匆匆饭已即行。亚平小坐,至九时去。时有雨,不能坐院中谈,移入室内,颇感闷热也。十时许,农祥、亦秀去。十时半,汉儿乃去。十一时,滋儿归。十二时,润儿始归。盖署中发动整党学习,八时开会,至是乃得返耳。

余虽就卧,毕听诸儿之归始入睡。

8月20日（七月大建戊申　戊戌　朔）星期三

晴，热。晨午均有雨。

晨六时起。七时十分到馆。学习《矛盾论》。参加小组听传达。雪山来馆，与谈久之，知将南返一行也。十二时归饭。午后未出。

傍晚诸儿归，共饭。饭后琴、佩往中山公园音乐堂参加解放军文工团招待晚会。

余濯身纳凉于庭，十时入寝。十一时半，琴等始返。清儿示余济群与达先信，知铭堂已逝，灿庭仍在沪，境颇窘云。

8月21日（七月初二日　己亥）星期四

晴，热，终日粘粘，颇不适。

晨六时起。七时半到馆。学习《毛选》。彬然来谈近事。处理杂事。十二时归饭。日来疲乏殊甚，头晕时作，两足无力，不识是何征象。

下午未出，枯坐，瞑目俱感不舒，而就床则汗粘难忍，真百无一可也。

夜饭后濯身，坐院中招凉，至九时半，听转播，太平京剧团在中和演唱《捉放曹》。十一时半乃睡。

8月22日（七月初三日　庚子）星期五

晴，热，时昙，午后有雷，微雨即止，傍晚闪电轰雷，入夜雨，宵深转甚。

晨六时起。七时十分到馆。学习《矛盾论》，并参加小组讨论。

处理杂事。十二时归饭。下午倦极,小睡至四时方起。

调孚夫人来访珏人,余适就卧,未之晤。

七时夜饭。饭后琴珠赴团中央上课,浞则午后出门后未归夜饭,而天色突变,颇为耽心。九时半,浞归。十时许,琴归。雨已止,幸未大濡耳。

余九时就卧,十一时入睡。

8 月 23 日 (七月初四日　辛丑　处暑) 星期六

晴,时昙,午后阵雨,入夜遂尔延绵,气蒸郁。

晨六时起。七时到馆。学习《矛盾论》,并参加小组讨论。八时半乘车往北海西侧阳泽门内红十字会医院,会同本店同人参加透视,(分三组举行,余在第一组。)十时即了。仍乘车返馆。处理杂事。十二时归饭。

午后未出,小睡半晌。晚饭后,汉儿挈鉴孙来,谈至十时,汉去,鉴留。

琴珠、滋儿以参加工会大会,散班后未即归,十时后,滋先归。琴归已十一时,余早入睡矣。

8 月 24 日 (七月初五日　壬寅) 星期

阴,时有微雨,午后霁。向晚晴,气初闷后爽。

晨六时起。上午未出。饭后与滋儿同往吉祥观蓉青社演京剧,一时廿分开演,初为垫戏《行路哭灵》,饰康氏者未识何人,嗓子尚佳。继为《花田错》,小王玉蓉饰春兰,储金鹏饰卜济,朱桂华饰小姐,贾松龄饰店家,尚好。继为《失空斩》,管绍华饰孔明,苏

连汉饰马谡，于金奎饰司马懿，亦不恶。休息后，小王玉蓉等四人
串《辛安驿》带《洞房》。认真而发松，不失为一致佳之趣剧也。五
时四十分散，即乘车遄返。

　　至则芷芬在。知燮荣、惠民俱来访，留之晚饭不可，比余归皆
辞去矣。因与芷芬共饭。饭已，坐院中乘凉，与芷芬长谈至八时
半，携鉴孙去。

　　十时就寝。

8月25日（七月初六日　癸卯）星期一

　　晴，爽。

　　晨六时起。七时入馆。学习《矛盾论》，并参加小组讨论。处
理杂事。

　　接漱儿信。接君宙信。

　　十二时归饭。饭后小睡，起写信两封，一寄倪季祥，谢赠扇。
一复君宙，告股权登记已转出，并告余之处置，讽令勿太重视也。
四时半，农祥来，闲谈至近六时去。六时四十分出，乘车往八条访
圣陶、晓先，七时始见返，遂饭于圣陶所。谈至九时半辞归。适滋
儿来接，因与俱返。

　　听转播太平剧团《将相和》，至十一时，润、湜始先后归。润在
大华看电影，湜在文化宫授课也。十一时半就寝。

8月26日（七月初七日　甲辰）星期二

　　晴，午后昙，气温与昨同。傍晚雷阵。

　　晨六时起。七时到馆。学习《矛盾论》，仍参加小组讨论。十
时，彬然至，即补开新八次处务会议。力子以赴北戴河休息未出

席。报告事件十一件,都有决定。讨论事件五。十二时十分始散。

归饭后未再出,在家作好处务会纪录。湜儿参加组织,今晨六时便出,前往西郊钓鱼台集体露营,须廿九日乃还云。

鉴孙下午来省,因留住与埥孙同榻。六时三刻夜饭。饭后润儿出听报告,琴珠往团中央上课。余等围坐讲故事。九时三刻寝。

十时,润归,十一时,琴乃归。

8 月 27 日 (七月初八日　乙巳) 星期三

晴,暖。

晨五时四十分起。七时到馆。学习《矛盾论》,并参加小组研讨。处理杂事。十二时归饭。饭后未出。

接漱石信,告近状。看《毛选》。清儿来省,七时共饭。饭后坐院中闲谈,九时三刻,清辞去。润儿往中山公园参加同人聚餐,十时乃归。

十时半就寝。

8 月 28 日 (七月初九日　丙午) 星期四

晴,暖。

晨六时起。七时步行入馆。学习《矛盾论》,并参加小组商讨。处理琐事。十二时归饭。

下午二时半复出到馆。晤彬然,有所洽,乃为书籍减价及结付版税等事,开会至六时,未克与谈,比散始匆匆与语。六时廿分归。

夜饭后,坐院中纳凉,九时半听转播太平京剧团演唱《失空斩》。十时许即就寝。

日间写信寄漱儿,复告近状。澄儿亦有书至,滋儿详复之。

8 月 29 日（七月初十日　丁未）星期五

昙，午后曾显昼，旋又阴合，晚晴。

晨六时起。七时出，步行入馆。学习兼理杂事。十二时归饭。

下午未出。三时，珏人挈堉、建二孙往游中山公园，五时半归。六时半夜饭。饭后偕滋儿往吉祥看戏，至则客满，废然而返。因购得后晚之票两张，备与珏人同观之。

湜儿露营归。珏人送建孙去。九时半就寝。

8 月 30 日（七月十一日　戊申）星期六

晴，热。

晨六时起。七时到馆。学习并讨论《矛盾论》。十时彬然至，召开新九次处务会议，决定减书价等问题。十二时散，即归饭。

午后在家作好处会纪录，因未出。

六时半夜饭。饭后与珏人、滋儿、琴珠、佩华同往馆中参加洪光仪、杜小川结婚晚会，元孙亦抱持同去。到会同人外，亦有部分家属及来宾。仪式极简单，彬然代表行政讲话，亚南代表青年团讲话，叔循代表工会讲话，来宾有寿君及雪村讲话。后有馀兴等。九时半散，即归。

十时半就寝。

8 月 31 日（七月十二日　己酉）星期

晴，午后雷阵，未果雨，旋放晴。气闷热。

晨六时起。十时达先来谈，近十二时去。济群信仍由伊径复云。

下午亦未出,五时三刻与珏人同往吉祥戏院看《牛郎织女》。盖中国戏曲研究院京剧实验工作第一团依该院初稿本(即新天河配改编)演出也。七时一刻开始,十时五十分毕演。叶盛兰饰牛郎,杜近芳饰织女,馀人通力合作,真一集体歌舞好戏。舞曲以昆剧为底,主用笙笛,其间仅数场唱京调而已。珏人甚为满意。戏院散出,即乘车归。

十一时半就寝。

9 月 1 日 (七月十三日　庚戌)星期一

晴,明。早凉,午后热,入夜不减,宵深乃复凉也。

晨五时起。打发湜儿送垧孙上温泉小学。六时出门,乘三轮直往西直门,再转搭汽车径赴之,地在颐和园之西北,汽车须两小时始达云。

七时到馆。参加学习小组,讨论今后进行事宜。处理杂事。十二时归饭。饭后小睡。四时许,湜儿归报,已将垧孙妥送到校,安顿铺位矣。为之一慰。

农祥来谈,六时去。

夜饭后,滋儿往馆中参加团小组会议。湜儿往文化馆教课。阿凤则往劳动人民文化宫看越剧。

九时许,滋归。近十时,湜归。凤则十一时后始返也。

余十时就寝。听诸人毕归,门已下楗始入睡。

9 月 2 日 (七月十四日　辛亥)星期二

晴,暖。

晨五时半起。七时入馆。学习《毛选》。

十时彬然来,谈至十一时三刻去。锡光、调孚一起谈,均正则以病未到也。十二时归饭,啖北裹馄饨廿四只,酣饱矣。

下午未出,小睡片晌。夜饭后与珏人同往东安门大街北京剧场听戏。盖此剧场久不演京剧,今日新修落成,首都太平剧团即在彼演出也。七时廿分开始,先为杨盛、陆洪瑞之《夜战马超》,次为陈永玲、赵蕴秋、祁荣雯之《得意缘》,次为谭富英、张洪祥之《击鼓骂曹》。休息后为裘盛戎、李世琦、李多奎、陈永玲、赵蕴秋之《铡美案》。十一时十分散,乘车径归。

琴珠、滋儿、佩华、俞妈同到文化宫看越剧《梁祝哀史》,亦十一时后始归。润、湜与元孙在家守户。余等归,润已睡,湜尚坐待焉。十二时就寝。

9 月 3 日(七月十五日　壬子)星期三

晴,热。

晨六时起。七时到馆。学习《毛选》。处理杂事。十二时归饭。下午小休,四时半与珏人、湜儿往游北海,在揽翠轩啜茗。六时半,湜先行,往文化宫上课。有顷,润、滋两儿来会,即共进晚膳。待月上时荡舟为乐。比八时膳毕,月已东升,辄为云掩,竟无清辉可挹,而游人以中元故,来游者如织,栏楯块石俱有人满之患,游艇更无觅处矣。只得废然而返。到家时清儿、达先俱在,与谈至十时始辞去。十一时就寝。

中宵醒来,月照满窗,深怪初夕之靳而弗与,为缘悭也。

9 月 4 日(七月十六日　癸丑)星期四

阴昙间作,午后雨,即止,旋放晴。气仍未见凉也。

晨六时起。七时半到馆。学习《毛选》。彬然未至,但通电话,谓明日下午二时在出版总署会同交通银行代表谈处理公股问题云。处理杂事。十二时归饭。

下午未出。晚饭后,与湜儿同往粮食店中和戏院看首都太平京剧团演出。先为杨盛春、陆洪瑞、李德奎、陈永玲之《战宛城》,次为赵蕴秋、李多奎、张世年之《金锁记》,次为裘盛戎、祁荣雯、慈少泉、何盛清、阎桂卿之《牧虎关》。休息后之压轴为谭富英、李世琦、张洪祥、高宝贤、慈少泉之《定军山》。十一时半始散。乘车归家已十二时矣。甚感热,坐久稍宁,始就寝。

9 月 5 日 (七月十七日　甲寅) 星期五

晴,热。

晨六时起。七时到馆。学习《毛选》。九时半,彬然来,谈至十二时,同出各归饭。

下午一时半偕润儿同至出版总署访彬然晤又新谈。二时许诗圣至,因同往署中文化宫参加开明股务处理座谈会,署方及私营企业管理局、交通银行均有人出席,凡七人商定,先组审查小组,由交通银行召集之。三时四十五分散出,径归。

晓先夫人来,知其家已移往西单卧佛寺四十号,距汉儿家甚近云。五时辞去。七时与珏人、滋、佩过清儿家吃面,清今天生日也。晤雪村夫妇,士敏夫妇,士敫、士敢、云瑞、又新、芷芬、汉儿。食已,滋先偕芷、汉归。余与珏人、佩华少坐后亦归。

芷、汉九时三刻去。十时半就寝。

9 月 6 日 (七月十八日　乙卯) 星期六

晴,热。

　　晨六时起。七时半入馆。学习《毛选》。九时力子至,昨方自北戴河归京也。即电话邀彬然,十时半召开新十次处务会议,决定建立读者来信组,专对外界零星询问之用。十二时散,即归饭。

　　下午未出,作好处会纪录。

　　六时半,士敢偕建昌至。有顷,士敫至,知惠民今晚须参会,不能来矣。余等因小饮闲谈。士敢由清华助教参军,在青岛海军部队服务,日前公干来京,顺道省亲。与谈尚通达事理也。夜饭后谈至九时一刻辞去。盖雪山夫妇今晚乘车回南,须往车站送行,故余托伊兄弟代为致意焉。

　　十时许就寝。

9 月 7 日(七月十九日　丙辰)星期

　　晴,热。

　　晨六时起。八时与珏人乘三轮往西单卧佛寺街访晓先、文叔两家。房廊轩敞,迥胜八条,盖人民教育出版社新租之宿舍也。与晓先、文叔畅谈至十时,由晓先伴行至石驸马大街访芷、汉家。至则尽室他往,仅一女佣留守,龙钟不晓事,竟无从询悉底细,惟坚留吃饭而已。余等三人坐待至十一时许,不见归来,乃与晓先归去。

　　余与珏人乘车径赴东安市场,即在五芳斋午餐。餐后逛市场,一时进吉祥剧院看和平社演唱京剧。首为刘盛常、苏盛贵之《下河东》,垫戏也。殊不足观。次为傅德威、郭庆永、文连亭之《铁龙山》,亦平平。次为贯盛习、苏连汉、于金奎之《洪洋洞》,不失榘矱。休息后为毛世来、李德彬、贯盛吉、孙振泉之《红娘》,世来饰主角,表情细腻妩媚,耐复看,甚满意。珏人亦大赏之。五时一刻散,乘三轮径归。

夜饭后坐院中纳凉。十时就寝。

9 月 8 日（七月二十日　丁巳　白露）星期一

上午阴，微雨，下午放晴，仍感热。

晨六时起。七时入馆。学习《毛选》。处理杂事。与锡光、调孚谈。接成都分店旧同人信，揭发雪舟在蓉不法状。

晤振甫，知昨日芷芬一家往西郊燕京大学看张东荪云。十二时归饭。

下午二时，与湜儿出，乘三轮往崇外金鱼池一观新气象，由东珠市口穿南桥湾，而南出晓市大街，池栏在望矣。池水澄澈，栏楯新整，而环境犹未尽善，周边尚有老屋阻道，且顽童成群，抛石投水为可厌耳。循池一周，仍由晓市大街步经精忠庙街、西半壁街出珠市口，乘电车入城，至青年会下，由无量大人胡同、井儿胡同、遂安伯胡同、西石槽乃归。

夜饭后，坐院中纳凉，九时半就寝。

9 月 9 日（七月廿一日　戊午）星期二

晴，热。晨六时起。七时一刻入馆。学习《毛选》。彬然、力子先后至，彬去而力来。与谈成都事，力子以情况不了了，属送由彬主办之。十二时归饭。

饭后以成都来件交润儿携呈彬然。

平伯午前来馆一谈，少坐即去。知下学期或将离开北大，专任别一种研究工作云。大氏古典文学乎？

下午未出，小睡片晌。芷芬之姊归吴氏者来访，携其子述阳、侄女述琇与元错同至，谈至四时半辞去。盖前日余与珏人往芷家未晤,特来回拜也。

夜饭后,坐院中纳凉,宵深始感薄凉耳。十时就寝。

9月10日(七月廿二日　己未)星期三

阴雨转凉,午后曾见昼。

晨六时起。七时入馆。参加小组,听传达报告。处分杂事兼督促办理结帐及登记事务。

十二时归饭。饭后未出,与珏人接龙为戏,兼逗元孙。

夜饭后,润、琴、滋、佩出看电影,湜则四时出开会,未归饭。十时半就寝,伊等始返。

9月11日(七月廿三日　庚申)星期四

昙,凉,午后晴。

晨六时起。七时到馆。学习《毛选》。力子、彬然俱来,谈店事。成都信由彬然交诗圣转雪舟,俾答复。登记事已进行,结帐事彬仍主略延也。十二时归饭。

接升埙十日信,告温泉小学状况,甚慰。

下午未出,小睡片晌,看严氏《通鉴补正》,尽一卷。六时一刻出,往访圣陶于八条寓所,应约也(日中润儿传言)。坐中遇祖文,因共小饮,长谈至九时乃行。知志公将为人教社所拉,又致觉或可在华东文史研究馆谋一事(惟未知成否,因属余代写信)云。与祖文出叶家,同行至东四六条口乃乘三轮径返。

十时就寝。

9月12日(七月廿四日　辛酉)星期五

晴,和,上午略昙。

晨五时三刻起。七时到馆。学习《毛选》。处理杂事。八时
半工会受上级指示,号召参加扫盲运动,召开全体大会,作动员报
告,余代表行政讲话,十时半散。十二时归饭。

下午未出。看《通鉴补正》。小睡一时半。夜饭后坐院中纳
凉,已不能久耐,九时即就卧。

9 月 13 日（七月廿五日　壬戌）**星期六**

晴,和。

晨六时起。七时到馆。学习《毛选》。处理杂事。十二时归
饭。饭后复入馆。二时力子、彬然俱至。召开新十一次处务会议,
讨论良久,始将五一年度结帐决定。五时散。六时下班。

夜饭后,与湜儿往中和观和平剧团演唱京剧。七时一刻开,先
为江世升之《挑滑车》,次为贯盛习、盛吉兄弟之《失印救火》。最
后为毛世来、李德彬、张荣善、苏连汉等之全部《貂蝉》。江世升久
不见,工力依然。贯盛吉之金祥瑞傻中带獝,殊佳。毛世来反串吕
布较正串貂蝉为尤胜,的是可儿。十一时半散。

乘车径归,已十二时。少坐便睡。

埙孙自校归省。

9 月 14 日（七月廿六日　癸亥）**星期**

晴,和。

晨六时起。七时半与润儿同出,往游什刹海,划小舟于海子,
穿银锭桥入后海。西山爽气扑面迎人,丛树城闉掩映如画,容与中
流久之。至十时,邻舟渐增,杲杲之日亦见炙,乃登岸,仍循原道
返家。

汉儿一家来饭。饭后余与滋儿往中和观首都实验京剧团演出。一时一刻开。先为李金鸿、马明哲之《新扈家庄》,继为全部《将相和》。李万春饰蔺相如,景荣庆饰廉颇,苏维明饰秦王,赵玉民饰赵王,李庆春、高元峰等饰门客,全剧紧凑热烈,而景之廉颇为尤佳,愧悔负荆场面令人大为感动也。五时半散,即与滋乘车径归。

汉未去,芷芬来,因共饭。夜八时,芷、汉等去。

十时就寝。

9 月 15 日（七月廿七日　甲子）星期一

晴,和,较昨略热,凌晨细雨即止。

晨六时起。七时半到馆。处理杂事。与均正、调孚、锡光、诗圣谈。十二时归饭。

下午三时复入馆,作好处会纪录。四时参加学习小组,讨论毛主席《中国社会各阶级的分析》一文。六时散,乘车径归。

知农祥曾来访余也。

夜饭后小坐院中,看杨献珍《共产党是工人阶级的政党》及胡绳《共产主义社会》两文。十时就寝。

9 月 16 日（七月廿八日　乙丑）星期二

晴,和。

晨五时三刻起。七时入馆。参加小组学习,续讨论昨日所剩问题。八时一刻完毕。力子来,彬然未来,因与力子闲谈。处理琐事。十二时归饭。

午后未出。小睡至四时半起。弄孙为乐。

迪康自津奉召来京开会,住中图招待所,今晚将归去。午前来馆谒余,谈久之,知近状尚适耳。

夜饭后与家人聚坐闲谈,湜儿以团会及班会牵掣,未及归饭。九时半始返。

十时就寝。

9 月 17 日（七月廿九日　丙寅）星期三

晴,暖。早晚凉,秋意浓矣。晨五时半起,七时入馆。学习《毛选》。处分杂事。上海旧友屠思聪为地图社联营事结伴来京,向出版总署陈愿,过访熙柽,无意中相晤,握手欢谈,竟忘移晷,知陈稼轩亦同来,未及晤也,至怅。十二时归饭。

午后一时,稼轩寻访来家痛谈,逾时而去。老友渐稀,虽片晌之晤,亦感珍重异常耳。

下午未出,为圣陶作书寄上海吴克坚（为致觉说项,谋一文史研究馆职）,不识有效否。想政府照顾耆旧,或可得一当以报也。

珏人近日发节气,体神两衰,饭后属佩华奉之出逛市场购物,藉振阑珊。五时乃归。

汉儿午间来饭。清儿傍晚持蟹来饭。晚饭毕,烹蟹共享。九时半,清去。

十时半就寝。

9 月 18 日（七月三十日　丁卯）星期四

晴,暖甚于昨。晨五时半起。七时到馆。学习《毛选》。力子来,十时共应语文学习社之邀,出席座谈会,听志公报告一年来成绩。总结条理明辨，殊动听也。十二时一刻散。彬然迄未至。

饭后二时复入馆。三时听王幼于作传达报告，五时始毕。少休，余便归家。

湜儿近以筹备国庆及迎接亚洲及太平洋区域和平大会甚忙，今日即未归饭，直至夜十一时乃返。志锐气勇，固足多，吾恐体力影响健康为虑耳。

余十时就寝，倚枕俟湜之归，乃入睡。

9 月 19 日（八月大建己酉　戊辰　朔）星期五

晴，午后昙，傍晚阴合，略感燥热，夜大雷雨。

晨五时半起。七时到馆。学习《毛选》，参加本馆推行速成识字法委员会。处理杂事。十二时归饭。

润儿带归圣陶复书，应余约星期日同游北海或西郊公园。

下午未出，小睡至四时半兴。薄暮黑云四合，电闪挥霍。夜饭毕，余与珏人冒险出，乘三轮赴北京剧场看京联剧团演出。七时半开，先为孙甫亭之《行路训子》，嗓音不甚宏，而宛转悠扬，颇饶韵味。继为冀韵兰、高维廉等之《穆柯寨》。高稳而冀未能展其所能，盖剧情限之也。九时休息，场外雷声轰隆，急雨撞门墙，如海船遭巨浪冲击船舷，然为戏所牵，则亦置之矣。休息后，为张君秋主演之《昭君出塞》，载歌载舞，多采昆乱，加以吐音宏晰，表达细到，洵能不负盛名耳。十一时一刻散出，途已积水，车辆稀少，幸已雨止，得二车出价三倍于常日，乃得乘以归。

到家知琴珠在御河桥团中央上课，湜儿在校中练歌，皆归家未久。润儿出外理发俱值雨沾濡云。

十二时就寝。睡至二时后，又为骤雨所惊醒，良久始得熟眠。

9 月 20 日 (八月初二日　己巳) 星期六

阴雨延绵,时露日光,背日大凉。

晨六时起。九时偕湜儿往北京图书馆参观中国印刷发展史展览会预展。盖应西谛之柬邀也。至则耆友甚夥,力子亦先在,凡晤西谛、斐云、孟源、旭生、誉虎、仲持、森玉、天挺等,历览两小时始出,所有宋元以来善本精椠鳞萃枥比,真洋洋大观矣。盖常熟瞿氏、江安傅氏、南海潘氏旧藏及近人刘少山、翁之憙、赵世暹、吴南青、邢詹亭、周叔弢、赵元方、丁惠康诸家所捐之精华,大都在是焉。其中最为珍罕历来藏家所未著录者,厥为宋刻本《金石录》,足补史料之未备者,厥为祺祥元年时宪书。祺祥为清穆宗初登极时之元号,未三月,肃顺辈为孝钦后所搭,两宫垂帘,遂改元同治,虽为时不远,而知者已鲜矣。自会场出,辞西谛行,仍乘车东归。

十二时到家午饭。晓先夫人在,因共餐焉。佩华今日上午由滋儿陪往东交民巷东口宏仁医院割肺尖神经,求速愈。经过平稳,午前亦归。

下午二时,余到馆。彬然来,即召开新十二次处务会议,对登记结帐未了事有所决定。五时半参加小组,听幼于传达报告。六时归。

知晓先夫人于五时半去。佩华微加体温云。

夜饭后,湜儿出练歌,琴珠听报告,俱于九时后归。十时就寝。

9 月 21 日 (八月初三日　庚午) 星期

阴昙间作,午后晴。气凉爽。

晨六时起。七时前如约赶到圣陶家,晤之。少选偕出,凤祥从,乘环行电车到平安里转电车达西直门,再乘三轮往西郊公园。先游动物园,即昔之万牲园也。在全园之东偏新到三虎二蟒,及豹、熊之属,皆见之。惜天已微凉,眼镜蛇蜷缩不动,未得见其奋怒振颈耳(不振颈不能显眼镜文也)。徘徊于猴山、鸟房久之,度桥过豳风堂,啜茗于牡丹亭。其地为育英中学教职员所占,盖星期旅行乎?余等坐至十一时即出,乘三轮径赴八条,即饭于圣陶所。晤蠖生、至美。午后一时许,辞归。

家中午饭甫过也。佩华体温已复常,甚慰。

下午三时,惠民来谈,知十月三日即返沪,调京学习已将结业矣。顺谈沪地同人情况,至五时辞去,约过日来饭云。

润、琴下午俱出,七时半乃归饭。

滋儿夜饭后,往亚南家开团会,近十时归。湜儿傍晚出,到校后再赴青年宫演习歌咏,十一时后始归。余十时就卧,俟湜归乃克睡。

9 月 22 日(八月初四日　辛未)星期一

晴,和。夜雨。

晨六时起。七时到馆。参加小组学习,讨论问题。觉敷来访,兼及均正、调孚,谈至十二时始去。盖来京出席九三学社会议,住翠明庄,昨日会毕,今晚即乘车返宁云。

归饭时接濮小文电话,约时来访,下午因复入馆候之。三时又接电话谓因故不来矣。其人真绰有父风乎?

参加推行速成识字法委员会,被推为主任委员,此会由行政二人,工会二人(张志公、胡叔循),青年团一人(滋华),民主党派二人(民进张沛霖、王幼于)组成,今日决定志公、锡光任副主任,叔循任秘书,沛霖任组织,幼于任文教,滋华任统计。四时,又参加生产部商决明年再版书选题计划。六时下班,乘车径归。已见微雨。

夜饭后骤雨时作,气亦转闷。

润儿出听报告。湜儿出教课。十时就卧。有顷,湜儿归,及润儿之归,余已入睡乡矣。

9 月 23 日 (八月初五日 壬申 秋分) 星期二

阴雨,气不甚凉。

晨六时起。七时到馆。参加小组学习,继续讨论。彬然、力子先后至,力子少坐便行,彬然则十二时与余同出。处分杂事。归饭后未出。

三时半,小文夫妇来谒,云昨日始得部中通知,屏当行李今始克来耳。盖其伉俪新自大学毕业统一分配来京,皆派在中央人民政府重工业部工作,以宿舍尚未指定,暂住前外招待所也。谈至五时辞去。多年未见,人极俊伟矣。其夫人亦清隽,可资互助,甚以为慰。连夜作书告其父文彬,亟称之。

夜饭后,汉儿来省,九时半归去。十时就寝。

9 月 24 日 (八月初六日 癸酉) 星期三

阴,大凉。

晨五时三刻起。七时到馆。学习《毛选》。处理杂事。

在调孚许见东莞莫天一(伯骥),五十万卷楼藏书目初编三册(第一、第三及第十二末册)。盖假自西谛,近顷检还,余得遮看片晌也。此书余初未之见,获读序跋,已得大凡,此人喜收藏,务博览,新旧之见不甚措念,殊见豁达。跋为其从子所作,不免矜夸过当耳。

十二时归饭。下午未出,写信两封,分致潏、漱两儿。

夜饭后,润、琴出制衣。湜往文化宫上课。九时许,润、琴归。湜十时归。十时就寝。

9 月 25 日 (八月初七日　甲戌) 星期四

晴,凉爽。

晨六时起。七时入馆。参加小组一听报告,学委会有测验题下,限后日下午四时前交卷云。

力子来,彬然未来。处理杂事。十二时归饭。午后未出,夜早睡。

9 月 26 日 (八月初八日　乙亥) 星期五

晴,爽。

晨六时起。七时到馆。看《毛选》。彬然来,少选即去。十时召开推行速成识字运动委员会,听取报告,决定组织教导人手等事。十二时归饭。饭后未出,看《毛选》。

小睡片晌。夜饭后,感倦,仍早睡。

9 月 27 日 (八月初九日　丙子) 星期六

晴,爽。

晨六时起。即赶写测验卷,就李达、沈志远两文中之要语组织而成,至九时毕,凡二千馀言,挟以入馆,交与小组长。十时又开推行速成识字法运动委员会,商量具体问题。十二时归饭。

下午二时复入馆,出席新十三次处务会议,力子、彬然均到。

会报事多,讨论缺如也。六时散归。

芷芬来,因共夜饭。饭后芷芬归去。余偕润、滋两儿往游北海,泛舟月下,历一小时,舍舟登白塔,望九城夜色,西湖何尝有此丽景耶?叹赏久之,下山出园,乘车径归。

十时就寝。

9 月 28 日（八月初十日　丁丑）星期

晴,爽。

晨六时起。为修改《牛虻》译稿,写快信寄东华,商询可否。东华牢骚甚烈,恐见拒耳。

珏人晨偕清儿往绒线胡同一九四号施今墨大夫处求诊,顺道往探汉儿及晓先家。十一时,润儿亦跟踪前往。午饭后,余偕滋儿步往吉祥,看颖光剧社演出。一时卅分开,先为垫戏《豆汁记》,白畹华饰玉奴,胡闹而已。继为马英武之《失空斩》,较管绍华为佳,实不逮李盛藻也。饰马谡之刘盛常真弩材耳。孙毓堃之《状元印》饰常遇春反武场干净利落,煞有可观。最后为宋德珠之《金山寺》,则大失望,饰主角白蛇扮相不如毛世来,口齿以鼻音微嗡,竟难辨字眼,而昆腔殊不成声,只恃武功博彩,负四小名旦之一矣。饰青蛇之韩长秋尚可看。五时一刻终场,走至金鱼胡同东口,始得乘车返。大累。在场遇亦秀、农祥,匆匆略谈。

六时半夜饭。七时后,珏人偕润儿归。知今日施今墨休息,由其子稚墨临诊,撮药二剂后,在晓先家午饭,在汉儿家夜饭。升垿竟未晤(本约昨日滋校径到汉儿家)也。归后颇倦,药未煎且待明日煎服矣。

十时就寝。

9 月 29 日（八月十一日　戊寅）星期一

晴，爽。

晨六时起。七时赶到馆，召开全体会，由叔循、彬然作整党学习总结报告，兼谈当前国庆及亚太和会之意义。近十时毕。

处理杂事。九时本有西谛约往观故宫慈宁宫所布置之陶瓷馆预展，以听报告，只得放弃，殊感可惜也。

十二时归饭。饭后接文彬寄来属转其五儿小文信，余下午未出，即令滋儿到馆后以电话告小文。又接廿七日颉刚书，告已辞去大中国书局总经理（总编辑则仍任），专任文管会委员兼复旦大学教授及大中国总编辑。并知参加上海学院思想改造已通过云。

夜饭后，小文来取信，因顺谈，移时乃去。

湜儿夜出教课，九时半归。

十时就寝。

9 月 30 日（八月十二日　己卯）星期二

早濛气甚重，旋开晴，略暖于前昨。

晨六时起。七时到馆。处理杂事。作好新十三次处务会议纪录。力子来，近午去。十时召开座谈会，约均正、调孚、锡光、志公、伯恩、祖璋、沛霖、诗圣、宝慇、履善、至善、清华出席。展开时事学习运动。先分四组，令于下午各推组长具体商量学习方式及时间等，再行会报决定。十二时归饭。

午后一时半，又到馆。分组讨论后，听取会报。决定每周一下午腾两小时报告时事，并定将下午办公时间提前半小时云。与锡光谈，五时归。

夜饭后,滋、佩奉珏人往天安门前瞻览,升埔从。升埔今日下午自校放假返城也。九时后返,述灯火色彩之盛,真有火树银花之观。国庆前夕,万民腾欢,宜其然矣。珏人服施稚墨方药后,颇见效,余为大慰。

琴珠出读俄文,国庆后调编校部分工作矣。

十时就寝。珏人未归前曾遇大雷电,而月色仍皎然不翳。有顷,云散雷止,夜色清明,诚佳兆也。

10 月 1 日（八月十三日　庚辰）星期三

晴,爽,闇明。

未明即起,唤滋、湜准备出发,六时前俱行。滋往馆中值班留守,湜则参加游行也。润以体弱,署中予以照顾,令在家休息(去年入署留守)。琴珠本已列名游行,临时以体有不适而止。余今年无与观礼,而游行则惧累不克,遂家居听广播,以寄热贺之忱焉。十一时,空军掠庭过,盖飞向天安门前受检阅者。凡推进式者十一组,九十三架,喷气式者二十组,六十架。雄伟之至。

下午二时,滋儿退值归。三时,湜儿归,再具饭。余小睡片晌。五时半,湜儿复出,参加天安门集体狂欢。

七时,润、滋奉珏人出往天安门东单一带看热闹。阿凤则偕升埔先行。余与元孙在家,琴珠、佩华俱未去。八时半,探光灯四射,焰火炮声作,余等乃梯而升屋观之。五色缤纷,如伞、如球、如璎珞、如流苏,艳丽已极,惜为西邻丛树所蔽,不得畅眺耳。而万里无云,月明如昼,尤助豪兴。想天安门外广场之上,游眺士女其乐自更无蓺也。九时半,珏人及润、滋归。复升屋再观,据珏人言,真有万人空巷之盛。悔去年国庆未肯夜出一观云。十一时始各就寝。

升埙、阿凤则临睡方归。湜儿竟彻宵未返也。

10月2日（八月十四日　辛巳）星期四

晴，爽。

晨六时起。九时凤祥将圣陶命来邀，谓介泉在。十时赴之，晤焉。即饭于圣所。

饭后墨林、绍铭往余家看珏人，余则与圣陶、介泉、至善、三午、凤祥乘车出崇文门，径龙须沟金鱼池下车，凭眺久之。仍驱车往陶然亭访古延眺，并在窑台茶社小憩啜茗。四时许返辕北驰，先送圣陶等归，余在禄米仓西口下，徐步归家。适墨林、绍铭辞出，而达先、清儿、芷芬、汉儿、错、镇、鉴、建诸孙亦齐集。因共夜饭。饭后聚谈大乐，各出所能，为文艺小晚会。十时乃各归去。余等亦就寝。

湜儿清晨始归，少卧即起，下午复出，傍晚乃返。升埙由珏人、滋儿领出购物，后日即返校上课云。

10月3日（八月十五日　壬午　中秋节）星期五

晴，爽，月好。

晨六时起。七时到馆。学习《毛选》。十时又召开推行识字运动委员会，决于十一时召集全体同人重行动员，由余及锡光、志公讲话。十二时归饭。

下午二时复入馆。写信三封，分复平伯、文彬、东华。俱为公事。前二者皆涉股权事，后则寄《牛虻》译稿去属修改。盖昨得复音，谓可试为之也。重民来访，为出版书籍事。六时下班，径归。

惠民来，因共夜饭。饭后谈至八时去。余即与湜儿踏月访雪村家。珏人已先与升堉往,盘桓至九时,仍踏月归。珏、堉则乘车行也。

十时就寝。

10 月 4 日(八月十六日　癸未)星期六

晴,爽,夜月甚朗。

晨六时起。七时到馆。参加小组,听小组长王幼于传达报告,条理甚析。九时,召开推行速成识字法运动委员会,至十二时决定沈云瑞、张思杰、郑缤三人出任文化教员。

饭后复出入馆。晤力子。三时出席新十四次处务会议。惠民列席。五时散。接开识字运动会,复考虑三人人选,因有若干人情绪有波动,不能不慎重将事也。然人多志纷,竟莫能定转,只能原封保留,再为想法耳。

六时半归。夜饭后,徘徊院中赏月。十时就寝。

升堉下午二时返校。

10 月 5 日(八月十七日　甲申)星期

晴,爽,和煦,夜月甚姣。

未明前四时即起,先后唤起滋、佩、琴准备出发。盖开明集体旅行颐和园,订六时前在小油房口集合登车也。五时四十分,偕珏人、琴珠、滋华、佩华出,月犹朗照西天,日色尚未见出土也。到亦秀、弼臣、伯恳、家伊等。亦正料理未毕。六时人渐集,乃往胡同口候车,有顷车至,相将登,开至南门仓口,韵锵等来会,驶至东四大街,天始大明,出西直门径往园门。七时即到。整队入,各散。余与珏、清、滋、琴、佩约九时相会于清晏舫。即偕滋儿南出文昌阁,

循东堤过八风亭、铜牛，再往南折东到绣漪桥，登望，东门水闸浩浩
长河顺流东去。盖京畿之水源也。又南折而西，过牌坊，循西堤而
北，历六桥，且行且憩，东望湖光一片，西眺弥望芦苇，堤外几沦荒
若野荡矣，慨叹久之。此路人迹罕至，途中仅遇二人，一则偏远，游
人惮于涉足，二则情趋繁华，鲜耽幽冷，故不为热途耳。以是，虽无
榛莽塞路之叹，而蚊蚋丛生，人过且披拂挥洒始克通。我父子力辟
生途，大饶别趣，虽稍劳，所得已甚多也。九时，果会珏等于清晏
舫。乃循长廊而东，茶憩于鱼藻轩。出所携干糇果腹。餐后登画
中游，翻后山过须弥灵境、寅辉楼，度桥北行，循溪东出谐趣园，已
十二时半，乃步出园门，在广场集合候车东归。一时车发，三十分
过西郊公园，余与珏、滋、佩、建孙及调孚夫人、亚南、迪贵、韵锵夫
妇暨银富诸孩等凡十馀人俱下，入游动物园。人拥挤，彼此不能照
顾，即分头四散矣。三时三刻出，乘三轮入城径归。

夜饭后，送建孙归去。九时即睡。

10 月 6 日（八月十八日　乙酉）星期一

晴，爽，月色姣好。

晨六时起。七时到馆。学习《毛选》。九时再开推行速成识
字法委员会。反复讨论，并与均正、祖璋、伯恳洽妥，始决定将沈云
瑞、张思杰、周应治三人报出任文化教员。其馀分组十一人为三互
助小组，分别协助此三人推进工作云。十二时归饭。下午二时半
复入馆。三时参加时事报告，共九人，余列第八，为扫盲运动报告。
六时散，即归。匆匆进餐，七时又赶往青年出版社听李庚作报告，
于中国当前的主要矛盾分析甚畅，九时始毕。散出后，与滋儿、琴
珠步月而归。

十时就寝,甚感累。

10 月 7 日（八月十九日　丙戌）星期二

晴,爽。

晨六时起。七时入馆。学习《毛选》。

力子来,彬然以体病未到。办好登记手续,惟尚待地理知识办表到后并送耳。

雪舟答辩书已交来,尚待研究后再答复蓉店旧同人。十二时归饭。

午后未出,作好处会纪录。

接西谛书,属查历来文学家之生卒可作纪念价值者。当抽暇一为检答也。

夜饭后,与珏人、湜儿往吉祥看尚小云剧团演出。七时半始开演,方英培、高树勋、杨荣斌之《搜孤救孤》。继为任志秋、耿荣先、倪广茂之《豆汁记》。均平平。休息后为尚小云、赵荣鹏、尚富霞、赵和春、方英培等之《汉明妃》。小云饰昭君,依然当年风貌,而服饰布景俱较日前所看张君秋班为优美华世丽之。王龙、钱荣顺之马童亦精,能称其职分。十一时一刻毕。殊满意。散戏归,到家已将十二时。少坐便睡。

濮小文来取信,并留住址,余未之晤。

圣陶托志公带克坚复信与余。又榆生寄书取版税,顺附托转圣陶信,俱滋华携归。

月色好。

10 月 8 日（八月二十日　丁亥　寒露）星期三

晴,爽。

晨五时半起。七时入馆学习。处理杂事。写信与圣陶,转榆生信,并告将通知致觉,俾有所准备。登记表已办出。南门仓房屋交割手续亦办好,只待过户及付清屋价矣。结帐报出,税局亦派人前来审查,只待京分店帐册结出即可毕事云。十二时归饭。

饭后,佩华往医院施行气腹治疗。余为西谛检查历代文学家生卒年分。至四时,佩华归,谓须住院三星期始可安全进行。商定明日缴费入院。余仍续辑文学家生卒年分,并尽可能查注生日。夜饭后九时始毕,凡得一百有八人。十时就寝。

湜儿往文化宫上课,十时半始归。余聆其返寝乃入睡。

10 月 9 日 (八月廿一日　戊子) 星期四

风霾酿冷,冬味袭来矣。

晨六时起。七时半入馆。参加小组讨论。力子、彬然俱未到。处理杂事。

佩华于上午十时由滋儿陪往同仁医院办理住院手续,当先缴费六十万元,约定后日施行气腹云。

十二时归饭。饭后未出,写信五封,分寄西谛、颉刚、致觉、榆生、文彬,告近状并洽事。如与老友面谈,殊不感倦也。

夜饭后,与珏人、滋儿接龙为戏。近十时就寝。

接显孙信,告考取交大电机系。

10 月 10 日 (八月廿二日　己丑) 星期五

阴翳,近午晴。仍吼风,陡冷。

晨五时半即起,天犹未明。六时五十分赶到青年出版社听传达报告。江晓天讲述,至八时半散。即乘三轮赴馆。

处理杂事。大感寒冷。十二时归饭。下午未出。写信复显孙,倍加鼓励。

夜饭后独往吉祥看尚小云演峨嵋酒家。盖亦秀、农祥购就票子,特邀余前往者。亦秀伉俪外,尚有煦柽同座,凡四人。先为《放曹落店》,继为《穆柯寨》,最后乃为正剧,新编之戏也。有布景、有舞蹈,小云主演谢小玉,通体卖力,尚可观。十一时一刻散,乘三轮径归。

十二时就寝。

10 月 11 日(八月廿三日 庚寅)星期六

晴,冷,须袭重棉矣。

晨六时起。七时半入馆。学习《毛选》。力子来,召开新十五次处务会议,十一时半毕。十二时归饭。

晓先夫人来饭,下午五时去。

午后未出。夜饭后与家人闲谈,顺候湜儿之归。盖近日忙于练歌,将演出慰劳和平代表也。十时始睡。

琴珠以明日、后日参加中共直属单位联合运动会,黎明即起,故今夜住馆中,备明晨集合同人出发云。

10 月 12 日(八月廿四日 辛卯)星期

晴,爽。北京标准好天气也。

晨六时起。八时半出到馆。晤刘重、至善,应邀出席中学生座谈会也。九时开始,刘重主席,到京市各中学学生代表八九人,教师四人,及科学院荣孟源、师大白寿彝、马列学院叶蠖生、人民教育出版社丁晓先,王芝九、李纯武、马曾等。谈历史教学问题,学生、教师普遍发言,而学生尤天真热烈,丁、白、荣、叶四人俱讲话,至十二时半始散。余邀晓先归饭。饭后,珏人、汉儿(适来省)、滋儿往同仁医院看佩华。有顷,芷芬、鉴孙来省。晓先去。又有顷,珏人先归,芷等去。四时,滋亦归。

接漱儿九日复信,知笙伯在曼谷甚好,预备功课,拟明年返国入大学学工程也。至慰。

接东华十日信,知稿件尚未到沪,当催查之。

湜儿下午二时出,未归夜饭,知集团往中南海怀仁堂参加和平会议闭幕式歌咏矣。六时三刻,琴珠自运动场返,明日黎明仍须续往也。

十时就寝。

湜儿竟夕未归。

10 月 13 日(八月廿五日　壬辰)星期一

晴,爽如昨。

晨五时琴珠即出。六时余起。七时到馆。以多数同人参加运动会,事实上等于停顿矣。与均正、锡光谈,预计合并后种种困难情形,彼此都感棘手也。十二时归饭。湜儿黎明自中南海回,兴奋之至,余令即寝。下午一时又出,参加狂欢矣。

润儿亦以庆祝和平会议胜利闭幕,饭后即往太和殿参加大会,闻汉儿亦与焉。

查明《牛虻》稿用包裹寄出,亦三日发,并掣有挂号据,即据以写复东华。

下午未出,三时一刻小睡,五时起。六时半夜饭。饭毕,润儿、琴珠先后自太和殿及城外半壁店运动场还,再具餐。

滋儿到院视佩华,谓今日上午复施气腹治疗,较上次为稍习矣。夜饭后,滋往东安市场购物,八时半归。

各房以连日早起劳顿,俱早寝。余独坐待湜儿,登记最近入藏诸书。十时廿分,湜儿归,乃各就寝。

10 月 14 日 (八月廿六日　癸巳) 星期二

昙,傍晚风作增冷。

晨六时起。七时到馆。学习《毛选》。处分杂事。十时三刻,力子来,与谈至十二时,偕出馆各归饭。

下午一时廿分复往馆。四时参加时事报告,余叙述和平会议中关于经济交流之报告,补充报告及决议,六时十分始散。风中归。

夜饭后,本须往团中央听学习报告,以畏风而止。滋儿亦未行。湜儿亦无事。只琴珠到青年会读俄文耳。余与湜话时事。润、滋则陪珏人接龙为戏。九时三刻,琴珠归,乃各就寝。

10 月 15 日 (八月廿七日　甲午) 星期三

晴,初冷。

晨六时起。七时入馆。参加小组讨论。处理杂事。与锡光谈。写信复东华,请进行修改《牛虻》稿,并略示报酬数字。十二时归饭。

午后未出,湜儿为余购得吉祥戏票一纸,夜饭后独往观之。盖吴素秋、姜铁麟领导之首都人民京剧团演出也。七时半开始,为万啸甫、杨元才、李砚萍之《庆顶珠》。次为姜铁麟、谷春章等之《金钱豹》。谷之悟空活灵轻松,猴戏中之杰出者也,甚足观赏。休息

后为吴素秋、张曼君、李德彬、贾松龄等之《红娘》。素秋表情熨
贴,胜小王玉蓉、虞俊芳多多。德彬亦有进步,余仅称职而已。松
龄懈于前矣。十一时半始散,乘三轮径归。浞儿归未久,犹坐案候
余也。十二时就寝。

10 月 16 日(八月廿八日　乙未)星期四

晴,较昨和暖。

晨六时起。七时半到馆。学习《毛选》。力子来,十一时
半去。

平伯见过,以所著《红楼梦研究》赠余。并出手写所作《古槐
书屋词》二卷属题。谈至十时三刻辞去。十二时归饭。饭后看
《红楼梦研究》。四时到馆,参加时事测验,再度举行矣。出题本
不易答,亦为难,五题仅勉完两题耳。

六时归。夜饭后乘三轮往长安大戏院,看全国戏曲观摩演出
大会之一部。盖文化部主办之招待会,得票不易,润儿在署中分得
奉余者。至则未到七时半,铁门尚未拉开,待片刻,门启入坐,无意
中遇芷芬,即坐余左隔一号。是夕本知为江淮剧,剧目为《王贵与
李香香》,讵临时改为楚剧、湘剧与汉剧,真喜出望外矣。八时开
演,先为楚剧《百日缘》,李雅樵饰董永,关啸彬饰张七姐,于生离
升天时表达效果好极。次为湘剧《刘海砍樵》,何冬保饰刘海,憨
状可掬。萧重珪饰狐女,媚态欲流,本为花鼓戏,改本至富民族形
式之趣味也。次为楚剧《葛麻》。主角熊姓,为一伶俐之丑,刻画
为富不仁之主人公(马员外欺贫赖婚),与作弄成全张大洪、马金
花之婚姻事。极松灵活泼之能,诚杰出之才也。休息后为汉剧《宇
宙锋》。主角陈伯华饰赵艳容,歌喉、舞态、姿貌无一不佳,端庄流

丽,令人敬羡不置。盖此中翘楚当不亚京剧中之梅兰芳耳。

十一时半散,乘三轮径归。到家已十二时,全家寂静矣。少坐便睡。

10 月 17 日（八月廿九日　丙申）星期五

晴,和。

晨六时起。七时半入馆。学习《毛选》。处理杂事。召开识字运动委员会,听汇报。十二时归饭。

饭后未出。珏人以墨林所赠票独往北京剧场看沪剧,盖华东区之拔萃,参加全国戏曲观摩演出大会之别部也。

接致觉复书,知所居门牌新改,前寄之件已由他姓转到云。今岁开春以还,颇耽观剧,偶检戏目所积,已多,竟衰然成帙矣。漫赋一律,题其端,聊用解嘲并以见冥顽性成,老而弥坚云尔。移录于后:

> 九城箫鼓咢揄扬,我亦扶筇频观场。
>
> 歌扇舞衫翻旧调,钗光鬓影门新妆。
>
> 风云咤短英雄气,月露吟迴倩女肠。
>
> 阅尽沧桑千古事,悲欢离合只寻常。

五时半珏人归,云满意之至。润、滋两儿晚饭后俱出,润参加民进晚会,滋到青年出版社听党课。琴珠则为珏人写信寄澄儿也。

九时半就寝。十时半,润、滋始先后归。

10 月 18 日（八月三十日　丁酉）星期六

晴,和。

晨六时起。七时入馆。参加学习互助小组讨论。力子来,旋去。十时,审查开明股权小组在本馆开会,仍前班在总署出席之人。独彬然不来耳。至十二时半始散。问题皆解决,捐献不接受,保留股仍作开明公积。惟处理须得主管机关核准,拟呈请政府没收者仅周佛海、潘公展、陈布雷、林语堂四户。请政府代管者仅孙毅、孙宗海、孙宗鲁三户而已。工会方面由王久安出席,此一轩然大波大抵可告平息矣。

归饭后小憩,三时半出,复入馆。以彬然约来开处务会议故,乃到馆。后锡光见告彬然不能来,会议展至下星二举行云。余既空行,只索与锡光畅谈。六时离馆,乘三轮径赴西谛家。盖巴金新自朝鲜战地归,今晚约渠吃饭,顺邀余前往会晤也。至则西谛、巴金俱在,握谈甚快。夜饭后谈北大文学研究所拟邀余参加研究工作,亦谈及具体情形,余乐为接受,大旨可谓已经肯定矣。十时始辞出,仍乘三轮径归。

是晚,滋儿奉珏人往吉祥看吴素秋、姜铁麟主演之《伊帕尔汗〔罕〕》(香妃)新京剧。十一时半始归。十二时就寝。

10 月 19 日（九月　小建庚戌　戊戌　朔）星期

晴,和。

晨六时半起。八时,振甫见过,约出游。八时半,珏人往汉儿家(元锴来接)视升塒(昨自校返城,即住汉家)及诸外孙辈。余遂与振甫及润儿同往前门内棋盘街,乘京通公共汽车往游通县。车出朝阳门,循公路东发,路甚坦治,阅一小时许即入通县西门,(已垩去,不识原题名。)路转失修,颇颠动,至城中心下车。三人东北行,经纵横两大街,过鼓楼而北,出北门(题凝翠门)直达运河之滨,留连久之。返城复经鼓楼,购物数事,即在大街一清真馆进餐,饱啖馅儿饼及焘牛羊肉片等,殊腴美。市况繁庶,京东一大都会也。饭后,西南行,出南门(题灌输门),盖往天津之公路也。城外偏西,密林漵然,广场豁如,为通县中学,即前教会所办之潞河中学,今收回为省立矣。地极幽静,余等席地坐赏之,移晷乃行。入城复至汽车站,二时半登车,循原路返京。三时半抵朝阳门,下车径南水关步归。振甫亦过憩余家。

有顷,珏人归。又有顷,小文夫妇来访,已薄暮矣,乃留与共饭。谈至七时,伊等去。余乃与珏人、振甫同往吉祥看张君秋京联剧团演出。盖振甫先已购票,特来邀看者。尚有煦桎、胡嘉夫妇、亦秀夫妇被邀也。七时半开演,为《失空斩》。陈少霖饰孔明,唱做尚称。李春恒饰司马懿,亦尚老到。慈永胜饰马谡,则大逊矣。休息后,为《金山寺》、《断桥会》、《雷峰塔》。张君秋饰白娘娘,高维廉饰许宣,俱通串到底。冀韵兰饰前小青,重在武工,田荣芬饰后小青,亦够格。王文军之许仕林太软弱,李四广之许氏乃大妙。君秋每看皆胜,的是可儿。维廉体太肥重,难见蕴藉。韵兰则直是卖解,非唱戏矣。十一时半散,与珏人乘三轮亟归。

十二时后始就寝。

10 月 20 日(九月初二日　己亥)星期一

阴雨(晨大雨,午后阴。)竟日,薄暮添衣矣。

晨六时起。七时半,雨中赶入馆,参加小组讨论。车稀道泞,颇见狼狈也。处理杂事。十二时归饭。

下午三时复入馆。四时参加时事报告,六时一刻散,即归。

夜饭后,与润、滋闲谈。湜晨出未归饭,直至九时半乃回。

十时就寝。

10 月 21 日（九月初三日　庚子）星期二

晴，不甚朗，有风，颇饶冬象。

晨五时半即起。七时到馆。学习《毛选》。本约今日下午开处务会议，以大扫除改于上午行，乃邵、傅俱有事未来，只索罢之。料理琐事。十二时归饭。与锡光、孝俊说明下午大扫除不参加，因未再往。

夜饭后，琴珠出读俄文，湜儿就灯下做功课，润儿调孙，余与珏人、滋儿接龙为戏。九时半，琴归。

十时就寝。

10 月 22 日（九月初四日　辛丑）星期三

晴，和，微凉。

晨五时半起，天犹未明。七时到馆，听张志公传达田家英《毛选》第一卷介绍报告。八时半毕。十时半，力子、彬然先后到。十一时召开新十六次处务会议，汇报情况外，论及合并事，彬然仍作含胡语，大氐为期不远云。真闷损极矣。十二时归饭。

下午未出，在家作会议纪录。

接东华信，知改稿正认真进行，殊可感。写信复致觉，寄还信件与祖文。

夜饭后，湜儿出受课。小文来，即以其父股权登记手续面属一办。谈至近九时辞去。

佩华施行气腹治疗已成功，明日即可出院。合家为之大喜。

九时三刻，湜儿归。

十时就寝。

10 月 23 日（九月初五日　壬寅　霜降）星期四

晴，微冷。

晨六时起。七时到馆。学习《毛选》。处理杂事。后日为中国人民志愿军出国两周年纪念日，锡光诸人属余作报告，余诺之。十二时归饭。

午后未出，预备后日报告稿子。夜饭后，芷芬来省，再具餐享之。

七时，余偕珏人往吉祥看首都实现京剧团演出。七时半开始，为吴鸣申主演之《酒丐》，历时甚长，以侠义武功见长耳。情节不甚可取也。继为李万春主演之《闹天宫》。猴儿戏中之最上乘也，殊可观。十一时散。

乘车亟归。就卧已十二时矣。湜儿在家守候，知芷芬于十时去。

10 月 24 日（九月初六日　癸卯）星期五

晴，冷于昨。有风。

晨五时半起。七时到馆。参加小组学习讨论。处理杂事。十二时归饭。午后未出，续写讲稿，至四时半毕，得四千馀言。

夜饭后，与湜华往吉祥戏院看首都人民京剧团演出《伊帕尔罕》。七时半上演，十一时半散，整演四小时。认真有劲，新剧中之成功者也。吴素秋饰伊帕尔罕，姜铁麟饰霍集占俱出色。而素秋之表情、唱做尤夺人神魂也。贾松林之兆惠，张荣善之弘历亦佳。较之在其他京剧中见好多多矣。谷春章之阿浑、杨元才之曹太监，皆佳。余初无奢望，及观之终场，竟兴奋不觉疲倦，亦奇哉！

散戏后，乘车径归，已十二时，少坐便睡。

10 月 25 日（九月初七日　甲辰）星期六

晴，较冷，仍微有风。

晨六时起。七时到馆学习。八时半召开抗美援朝二周年纪念大会，向同人作历史报告，题为《伟大的抗美援朝运动》。九时半毕。郑缤接诵巴金最近在朝鲜的作品，十时完成。力子来，与谈我日前与西谛洽谈诸事。十二时归饭。

润儿在署听郭沫若报告，一时半始归饭。下午三时又须听胡愈之报告，二时半复往署，须臾即返，以北京剧场日场戏券二枚奉余，盖乔峰夫妇应全国戏曲观摩演出大会之邀，又以须听报告无暇，特属润转赠者也。

珥人适以感冒小卧，不欲往，余乃立起独往。到场已三时另五分，《白蛇传·煎药》一场已将终场。有顷休息，开场后为《水门金山》、《断桥相会》、《逼胁合钵》、《解放雷峰》。五时完毕。此次京剧观摩演出为中国戏曲研究院戏曲实验学校之生徒。剧本为田汉改编之本。将过分荒谬不合情理之处尽情删除，在保持民族形式下萃存精华。演员又个个生动活泼，布景道具效果色色顾到，此诚无愧乎改善出新，表见集体艺术矣。其中主角刘秀荣饰白素贞，许湘生饰青儿，朱秉谦饰许宣，珠联璧合，不禁有观止之叹：后生真可畏哉！

自戏院归家，遇芷芬及琴珠之表弟柳世清，因共夜饭。

饭饭，余以参加开明民进小组成立一周年纪念晚会，即行入馆。七时开始，均正主席，清华报告，力子、业康、叔循、伯恳、孝俊等俱讲话。十时始散。湜儿来迓,因与同归。

知芷芬等九时前即去云。

十一时始寝。

10 月 26 日(九月初八日　乙巳)星期

晴,和。

晨六时三刻起。上午未出,午后清儿、达先、建昌来省。二时入馆,参加语文学习社座谈会。到各有关单位卅馀人,晤辛安亭、朱文叔。听高名凯、向锦江、刘曜昕等发言。直至六时半天黑始散。颇感累。

归家夜饭后,八时三刻即睡。

10 月 27 日(九月初九日　丙午)星期一

晴,和。

晨六时起。七时到馆学习。处理杂事。十二时归饭。午后看冯友兰检讨文章。三时半复入馆。四时参加时事报告。余发言,对朝鲜停战谈判为美帝蓄意拖延破坏情形揭发无馀。孝俊补充联合国大会与朝鲜问题之关系。六时散。

归家夜饭。晓先夫人在,八时半始去。湜儿出授课,近十时归。余俟其返乃就卧。

10 月 28 日(九月初十日　丁未)星期二

晴,和。

晨六时起。七时半到馆,参加学习。

复耕莘(昨日至董会询公司事)。接出版总署函,知审查股权工作已基本完成,即可与青年出版社进行合并。此事九风十雨,已历一年,今日方见到正式书面署方之领导,开明亦可谓稳步之至矣。前此僵局或可即行打开乎?

力子来言,今晚即须出发,赴西安、兰州等处视察,并言昨晤西谛、愈之、圣陶,对余入文学研究所事彼此已得谅解云。十二时归饭。饭后未出。

雪村夫人来约珏人同往西城看晓先夫人。滋儿下午往团校听报告,五时半返家。

夜饭后,余与湜儿往吉祥看宝华京剧团演出。七时廿分开始,先为孙玉祥之《行路训子》。次为谢虹雯、郑盛芝之《起解会审》。谢唱工尚好,郑则太火气。剧中刘秉义(曹世嘉饰)却甚好。休息后为杨宝森(孔明)、刘砚亭(马谡)、金少臣(司马懿)、曹世嘉(王平)之《失空斩》甚好。杨足与谭富英抗衡,刘之马谡终不如苏维明耳。十一时半散。乘车径归。

十二时就寝。

10 月 29 日(九月十一日　戊申)星期三

晨夜大雾,还暖带润,非蕴寒即酿风耳。

早六时起。七时到馆学习。处理杂事。接平伯电话,约下午来家晤言。十二时归饭。

下午二时,平伯至。谈文学研究所筹备情形,出组织草案及研究目录相示。谓渠认《诗经》,余认《史记》,将来彼此可以合作云。四时许辞去。

冯寿松三时许来访,为其弟取物,并带到漱儿口信。坐谈半小时去。

夜饭后,银富来谒,闲话至九时始去。

十时就寝。

10 月 30 日(九月十二日　己酉)星期四

晴,和,雾见渐消,地润未退。

晨六时起。七时廿分到馆学习。处理杂事。推行速成识字运动委员会开会,推余下星六为同人讲六书及写字,允之。十二时归饭。

下午未出,看最近三期《人民周报》,于我国三年来之伟大成就、亚洲及太平洋区域和平会议之全貌及联共十九次代表大会之概况,俱得一轮廓印象。

夜饭后闲翻架书。琴珠出上俄文课。湜儿出理发,俱九时三刻归。

十时就寝。月明如昼,知明日当畅晴也。

10 月 31 日(九月十三日　庚戌)星期五

晴,和,微有风。

晨六时起。七时半入馆学习。处理杂事。余与笙伯捐献开明股票,主管机关拒绝接受,只索收回。今日正式办理登记。十二时归饭。

午后未出。晓先夫人来看珏人,四时去。傍晚,芷芬来,因共饭。饭后,湜儿奉珏人往吉祥看吴素秋演《女学士》、姜铁麟演《安天会》。

余则与润儿、琴珠往出版总署看中国戏曲研究院第二京剧团晚会演出。盖全国出版行政会议(第二届)方结束,总署工会与人民出版社工会合组此晚会,以招待出席代表者。余从圣陶所得请柬,遂一往参加耳。场中晤邵公文、李庚及圣陶、乔峰等。愈之则未见也。七时半开,十一时毕。剧目为栗承廉主演之《四杰村》,李宗义、赵炳啸主演之《击鼓骂曹》,云燕铭主演之《玉堂春》,俱精采。休息后压轴为张云溪、张椿华主演之《三岔口》,惊险利落,武工特长,宜其载誉海外矣。自总署散出,月下联步归。

珏人、湜儿十二时一刻始归。谓所看亦满意,戏亦较长,近十二时方散云。余俟伊等返后乃就寝。已将一时矣。

11 月 1 日(九月十四日　辛亥)星期六

晴,和。

晨六时起。七时到馆学习。八时半听钱俊瑞关于中苏友好月报告。十时半,彬然来。召开新十七次处务会议,报告进行合并事宜及出版行政会议概况。十二时散,即归饭。

下午未出,作好纪录。芷芬来。

夜饭后,再入馆,听张志公为速成识字班讲突击生字问题。九时乃散,月下步归。芷芬已去。

十时就寝。

11 月 2 日(九月十五日　壬子)星期

晴,和。夜月圆满,清光照彻庭除也。

晨六时半起。八时半往演乐胡同访均正,九时半同往西华门,入故宫慈宁宫参观匋瓷展览预展。应故宫柬邀也。此番陈列,依历史发展为序,从东屋迤南之室起,先展新石器时代之匋片,以渐进入匋器皿、匋俑等,历殷、周、汉、晋、隋唐,至三彩加蓝彩釉之大马、骆驼止。次为正殿，所陈皆唐末宋元明之精品。西屋则发展至顶点矣。罗列清康雍乾三朝之品，宏富美备，目不暇接。至十二时始就坐，稍憩而出。

在场晤平伯、静庵、介泉、万里、从文、立庵、元善诸君。并见朱桂莘、章行严两老。西谛未之见。见君箴及其公子。茶后与均正、介泉联步出西华门，乘三轮各归。

到家见汉儿、蕴玉、元镇、元鉴俱在，因共饭。饭后，余与滋儿同往吉祥看京四团演出。一时半开，五时散。剧目为焦鸣蓉、沈德保、朱鸣秀之《盗仙草》。姜铁麟、谷春章、杨稚谱、徐喜成之《古城会》。张曼君、萧英翔、万啸甫之《二进宫》。休息后为谷春章、姜铁麟、焦鸣蓉、刘鸣才、马长礼、杨稚谱之《三岔口》。开打精采，尤以春章为活灵爽利也。

返家见芷芬亦在，蕴玉、元鉴已归去。汉儿、元镇则尚在也，因共夜饭。饭后，芷芬先去，往中山音乐堂听报告。润儿出就浴。滋儿往参团会。湜儿则参加欢迎苏联文工团，竟未归饭。琴珠则往团中央上课。佩华早睡。独余与珏人、汉儿长谈耳。九时，汉挈镇孙去。有顷，润归。十时，滋归。余亦就睡。

湜儿之归已一时许矣。余竟未之闻。

小文下午来询其父印章到未。谈移时去。余未之晤也。

11 月 3 日（九月十六日　癸丑）星期一

晴，和。

晨六时起。七时到馆学习，参加小组讨论。八时半，听艾思奇报告《十月革命与中国》录音，十一时始毕。处理杂事。写信复东华，告改稿第一批到（日前即到，未及即复）。十二时归饭。

下午未出。看《唐土名胜图会》。

夜饭后打五关为戏。十时就寝。

一日接颉刚来书,谓晤平心劝余重返商务印书馆整印旧书。知老友关切,至可感,然已答允西谛,恐孤伊等之意。欲待书复,殊难措辞,姑延之。

11月4日(九月十七日 甲寅)星期二

晴,和。

晨六时起。七时到馆学习。处理杂事。清儿病脚风,两日未来馆矣,不识是否关节炎也,甚为担忧。十二时归饭。

下午未入馆。写信复颉刚,告以此间局况,未能遂尔应命。

三时与珏人往视清儿,晤雪村夫人,坐谈至五时许乃还。

夜饭后,观珏人、滋儿等接龙。九时听转播,杨宝森唱《鼎盛春秋》(文昭关至刺王僚),十一时始睡。

11月5日(九月十八日 乙卯)星期三

昨夕大风作,寒浪至,今日晴冷吼风,下午风止。

晨五时三刻起。七时到馆学习。接耕莘复书。接文彬书,印章仍未至。处理杂事。十二时归饭。午后一时复入馆出席会议,响应中苏友好月之布置。二时半散。与锡光谈,四时半归。

夜饭后打五关三盘。看翟云升帖《隶法》,美称近代无比也。

接澄儿信,汇五万元与升埻。九时许即睡。以日来终感疲惫也。

11月6日(九月十九日 丙辰)星期四

阴,冷较昨稍和,但已见冰。

晨六时起。七时到馆学习。处理杂事。清儿已强持到馆工作。馆中正布置庆祝苏联十月革命卅五周年陈设等项。十二时归饭。

下午未出。夜饭后复入馆,参加时事讨论,结合中苏友好,九时散。独自于寒风中步归。

十时就寝。

11 月 7 日 (九月二十日　丁巳　立冬) 星期五

晴,冷。

晨六时起。七时往馆学习。写信分复重民、文彬。一告刘国钧书年内可出版,一催询印章究未寄出否也。

唐彦宾来谈,将辞京返沪,仍主国光印局矣。星光即收歇,情绪不大安帖耳。十一时半去。

十二时归饭。下午未出。

清、汉、敫俱来,盖今日为湜儿十八岁初度也。今夜青年出版社本约开明联合举行十月革命卅五年纪念会,以中央团校有集会,改于明晚行。今夕团校之会,余以道远时晏,谢未往。

滋、琴俱往参加。滋九时半归(未看电影),琴则十一时半始返。珏人感冒发热早睡。余十时后就寝。

11 月 8 日 (九月廿一日　戊午) 星期六

晴,朗,较昨为和暖。

晨六时起。七时半到馆学习。接平伯电话,谓西谛约明日上午八时半前到彼处,同车往西郊北京大学会议文学研究所事。又接王业康电话,谓开明股权清理事已得初步解决,与青年合并事即将进行，约后日下午二时在甘雨胡同开会商讨云。今日本须举行处务会议，以无甚可谈，且合并有绪，且姑待眉目再说。拟延至下星二行。均正、锡光俱同意，遂停会。十二时归饭。

珏人虽强起饮粥少许，饭后仍卧，以尚有几分寒热也。

下午未出。傍晚滋儿归，携到詹聿修信，告同济将西迁并入武汉也。

夜七时本须参加青年出版社纪念会，以身子不爽，咳呛甚剧未往。珏人夜服神曲，或能发汗退热也。

升堉自温泉村返，两周未见矣。珏人为制棉裤，明日回校即可带去。

夜饭后，润赴署，琴到社，湜往校，俱为中苏友好月参会也。独滋以体弱未与，亦出外理发。九时琴归，谓出版社之会甚简单，李庚、李湜兄弟皆未到云。有顷，滋儿归。十时就寝。十一时许，湜儿始归。

11 月 9 日（九月廿二日 己未）星期

晨阴，午晴，入晚又阴，颇冷且燥。

早六时起，匆匆具食，七时四十分即出，乘三轮赴西谛约。坐甫定，平伯至。八时四十分，共乘西谛汽车出西直门径赴北京大学（燕大原址）临湖轩开会。晤何其芳、钱默存、杨其康、孙子书、余冠英、卞之琳、罗彦生、罗大纲诸人，及王积贤、杨君（二人俱为秘书工作者）。由西谛、其芳报告文学研究所筹备工作，并通读工作计划及组织系统研究大纲等草案，修正通过，再由积贤报告十一、十二两月经费预算及房屋建筑预计等，初步商定十二月初正式成立。余认定参加中国古典文学组及中国文学史组，初步研究对象为《史记》云。十二时半散,步至食堂聚餐,具酒肴焉。

一时五十分辞出,仍附西谛车入城,径赴文津街中国科学院,西谛入院开会,余偕平伯步入北海公园,由漪澜堂渡至五龙亭啜茗。四时许,阅九龙壁,出后园门,乘三轮各归。

到家接圣陶送柬,约今晚过饮其家。少坐便复出,乘三轮径赴之。长谈共酌,至九时乃辞归。仍车送归于家。

珏人热已退,照常起坐矣。十时半就寝。

11 月 10 日(九月廿三日　庚申)星期一

阴寒,酿雪。

晨六时起。七时半入馆学习。处理杂事。复聿修,劝服从统一分配。接东华复书,谓已与原译者晤面云。十二时归饭。

下午二时往青年出版社开会,晤李庚、李湜、王业康、丁立准等。彬然、锡光、均正、诗圣均至。三时半毕。大旨十二月初实行合并矣。即日造册,准备交代于新机构云。想日内定须连续开会也。自青年出版社出,乘三轮径归。

夜饭后,润、琴、滋、佩往小经厂实验剧场看越剧《梁祝哀史》。盖观摩演出之后留京公演也。

湜儿往文化馆授歌。

九时半就卧。十时湜归。十一时半润等归。

11 月 11 日(九月廿四日　辛酉)星期二

晴,不甚朗,晨夕阴,夜有风,风中冷。

晨六时起。七时入馆,学习苏联十九次党代表大会报告。处理杂事。

接漱儿信,告办公地点已迁广东路五十一号,其住家亦将迁浙兴里云。接雪山信,托代办转股事。十二时归饭。

下午一时,与珏人往吉祥看留京公演观摩剧,遇调孚、卧云、联座并观。一时半开,先为湘剧《思凡》。次为楚剧《葛麻》。次为湘剧《琵琶上路》。最后为桂剧《拾玉镯》。《葛麻》先已看过,更见纯熟。两湘剧俱为高腔,场后接和词句与昆曲殊接近,而表演较深刻。尤以《琵琶上路》中之描容、别坟为感动激楚也。《拾玉镯》主角为尹羲(即小金凤),名下无虚,果能动人心魂矣。声容表白色色精到,而剪水双瞳尤摄人神志焉。五时一刻散,乘车径归。

夜饭后,本拟连看湘、汉剧,以润儿欲之,即以票子付之,属往看焉。九时就寝。

润儿十一时三刻始归。湜儿晨出至夜八时三刻乃归饭。

11 月 12 日(九月廿五日　壬戌)星期三

阴,寒。

晨六时起。七时四十分到馆学习。十时召开办公室工作会议,传达合并事宜。十二时归饭,步以返。

芷芬、汉儿来省,因共饭。下午未出,写信复雪山、漱儿。

夜饭后,独往吉祥看京剧第四团演出。先为姜铁麟主演之《八大锤》。八时半即休息。嗣为吴素秋主演之《女学士》,甚长,自苏小妹三难新郎起,至赚文娟归京止。十一时半始散。素秋刻画小妹之恃才使气,极到家,而易钗而弁几场尤见精采。改唱小生亦佳妙。赞叹不置。乘车亟归,已十二时矣。

小坐啜茗,并进点膳,入睡殆已一时许。

11 月 13 日（九月廿六日　癸亥）星期四

阴,寒。手指感痛矣。

晨六时起。七时半入馆学习。处理杂事。为文彬代办股权登记讫,即将印章寄还(昨日始寄到,今特赶办寄还。)并书以说明经过焉。写信复东华。十二时归饭。

今日下午开合并筹备会,以约集为难得,青年社电话改于明日举行。午后余遂未往,时事讨论亦未与焉。

夜饭后与诸儿闲谈,九时半就寝。

夜深雪降。

11 月 14 日（九月廿七日　甲子）星期五

昨宵积雪寸许,皑皑盈屋顶矣。终日阴。惟午前后略晴耳。气尚不甚寒。

晨六时起。七时半到馆。学习马林科夫报告第一部分。处理杂事。十二时归饭。

午后一时半复出,步入馆。二时出席合并筹委会,晤李庚、王业康、丁立准、李湜、叶再生、傅彬然、顾均正、唐锡光、刘诗圣。通过进行步骤及组织大纲,并听李湜作综合小组报告。月内定可搬定坐拢矣。四时半散,与彬然、锡光谈余出处,渠等当然赞余离此耳。六时归。

夜饭后,珏人、滋、佩接龙为戏。润儿出看电影。琴、湜则在家温课。独余与元孙笑逗为乐。

九时半就寝。十一时润始归。

11月15日（九月廿八日　乙丑）星期六

阴，近午放晴。寒于昨。

晨六时起，犹未大明。七时入馆参加学习漫谈。十时召开处务会议，传达合并事宜。十一时半乃散。十二时归饭。

午后未出。六时三刻，与润、滋两儿出，步至东安市场东来顺吃涮羊肉。正值晚市初上，生涯鼎盛，坐无隙地，络绎来者不绝。余等立待至一刻之久，始获坐，亦可谓一痴也。已得食已，七时半食罢，离座已九时矣。以过饱，三人徜徉于市场一周，然后步以归。

到家逾十时矣。少坐，饮茶乃就寝。

11月16日（九月廿九日　丙寅）星期

晴，禺中风发，邻园之树落叶纷披，须臾我家庭院铺积殆满。傍晚阴，气温如昨。

晨七时起。饭后与珏人出，乘三轮往前外中和戏院看楚、湘、汉剧。盖昨日调孚购就戏票，邀约同观者也。至则尚未开场，一时半开。先为湘剧《思凡》，继为楚剧《葛麻》，俱已前见，复看一次亦佳。第三为湘剧《打猎回书》，即昆剧中之《出猎回猎》耳，《白兔记》精华也。饰刘知远者为前看《琵琶上路》中去张广才之徐绍清，饰刘夫人者为为同戏中去赵五娘之彭俐侬。惟饰李三娘之青衣及饰咬脐郎之小生（皆坤角），俱不知名（以无戏单故），殊怅怅。此青衣固悲凉激楚，尽表现之长，而此小生（系主角），极为活泼玲珑，英俊可爱，较昆曲中之方传芸有过之无不及也。深为赞赏。压轴为汉剧《宇宙锋》，陈伯华之赵艳容，诚耐看不厌耳。五时半散。三轮失居奇甚，走至东车站始得乘，仍不免高抬车价也。

到家知清、汉两儿及小文夫妇与坚吾之女令瑜俱曾来谒,惜均未之晤,惟知令瑜在师大攻读耳。润、清、汉等俱以民进晚会同至南河沿政协俱乐部聚餐,并表现。湜往文化馆教歌。湜归已将十时。润归则十一时许矣。余已睡,听渠等毕返乃入眠。

接致觉书,告佩净、颉刚亦为设法。

11 月 17 日(十月大建辛亥　丁卯　朔)星期一

晴,不甚朗。有风,气仍寒。

晨六时起,色犹暝。七时半入馆学习。处理杂事。十二时归饭。

下午一时十分出,乘车赴甘雨胡同青年出版社,出席两社全体联合会。一时半开始,由傅彬然、李庚先后报告筹备经过及即将合并之步骤,三时毕。同人返馆,余则独自东归。缓步当车而已。

夜饭后,小坐看书,九时半即就寝。

11 月 18 日(十月初二日　戊辰)星期二

晴,寒不甚烈,略有风。

晨六时起。七时到馆,参加学习讨论。处理杂事。写信与予同,告合并头绪,并告余近状,顺属表示(此信系彬然属写,故交润儿带与一看)或者各得分晓乎？十二时归饭。

下午未出,为平伯《古槐书屋词》作题记。又识语《左传读本》之首,备赠平伯。

夜饭后,观湜儿灯下作课。九时半就寝。

11 月 19 日(十月初三日　己巳)星期三

晴,寒,道上冰结不融矣。

晨六时起,天犹黑。七时到馆,续参学习讨论。复致觉,属就近接洽。彬然电约锡光、诗圣到署洽谈,带归洽办事项六七条,属余拟办,其中与中图交涉者为多,因约达先于晚间来我家商谈后再说。十二时归饭。

下午未出。夜饭后达先挈建孙来,因与谈函催中图了帐各事。了解种切。八时许辞去。

湜儿以清儿送票,晚饭后往长安大戏院看留京观摩演出,十一时三刻始归。余已就寝矣。

11月20日(十月初四日 庚午)星期四

晴,寒。

晨六时起。盥洗毕,天始明。七时到馆,参加学习。处理杂事。作函送中图邵公文,催办五事,四为了结帐务,一为属托协助,并将函底送彬然,顺为书复鄙见。(送公文者交达先转递,送彬然者交润儿携去。)十二时归饭。

今日为润儿廿七岁初度,合家吃面。清儿、建孙亦来也。

下午未出。夜七时至九时之时事讨论未参与也。

芷芬夜来吃面,因与润儿及余长谈,至九时许乃去。

十时就寝。

接颉刚十八日苏州信,知畅游洞庭。

11月21日(十月初五日 辛未)星期五

晴,寒。

晨六时起。七时一刻到馆学习。处理杂事。十二时归饭。

下午未出。与珏人接龙为戏。夜饭后,调孙为乐。九时半就寝。

天寒日短,奄忽易过若是乎?

11 月 22 日(十月初六日　壬申　小雪)星期六

晴,寒。

晨六时起。七时到馆学习。处理杂事。合并事无新发展,处务会议停开。十二时归饭。

晓先夫人在,因共饭。饭后珏人与晓先夫人逛隆福寺。余未出,写信寄濮文彬,谢寄香烟,并属速寄股票,备转并。四时半,珏人归。知晓先夫人径自归去矣。夜饭时,汉儿来饭,谈至九时半去。

十时就寝。

11 月 23 日(十月初七日　癸酉)星期

晴,寒,但较昨为和。

晨六时半起。九时半走访平伯,以所写《古槐书屋词》及《左传读本》奉之,并托题《书巢图卷》,长谈至十一时许辞归。

属润儿往先农市场为湜儿购脚踏车。盖湜使用甚费,旧有者送修,益坏,几致无法再乘,不得不再买一部较好之旧车也。一时半,润选购一车乘归,价七十九万元。

饭后,与珏人乘三轮至长安戏院看留京观摩演出之川剧。一时半开,凡四出,一为杨淑英、袁玉堃、董汝陵、陈淡然之《摘红梅》。次为许倩云、曾荣华之《评雪辨踪》(即拾柴泼粥)。次为吴晓雷、蒋俊甫、蔡如雷之《五台会兄》。休息后为阳友鹤、周企何之《秋江》。表见都有力,而周企何之艄公、吴晓雷之杨延德、曾荣华之吕蒙正为最杰出。惟川调仍出高腔,粗听与楚剧、湘剧无甚区别耳。四时半即散,遂别墨林、调孚、卧云、晓先夫人(俱在场晤及)。乘三轮到汉儿家,晤及芷芬、元章、金永淇。在汉所吃馄饨及饺子。六时半,复乘三轮往北城小经厂看昆曲研究会(属京剧基本艺术研究社)昆曲公演。在场遇亦秀、农祥、振甫、胡嘉夫人、煦桱及平伯、莲轩、孝侯诸人。七时半开演。先为《训子》(李体阳、王玉钰、樊一诚分饰)。继为《惊变》中之《小宴》(周铨庵饰贵妃,沈盘生饰明皇,童曼秋饰力士)。继为《弹词》(叶仰曦饰李龟年,钱一羽饰李谟,余杂扮)。继为《折柳阳关》(傅雪漪饰李益,伊克贤饰霍小玉)。就系客串,殊不能与其他观摩戏比。除叶仰曦、傅雪漪外,余无足观。沈盘生为科班旧人,亦仅具典型中气不足,伊克贤之小玉,几于有笛无声矣。十时休息,即退出,后之《象山城》放弃不一观。途与农祥、亦秀、振甫、煦桱及胡嘉夫人复遇,合乃共乘电车南归。在灯市口下,无三轮可雇,即与珏人偕亦秀夫妇步行各归。

到家已十一时半矣。少坐就眠已十二时。

觉明见过,未晤,留言而去。殊歉。

11 月 24 日 (十月初八日　甲戌) 星期一

阴,寒,飘雪,午后止。

晨六时半起。七时三刻到馆。处分杂事。接濮大信,知寄还图章已收到。接东华信,续寄改稿第二卷来。十二时归饭,冒雪行。饭后雪止,偶亦见青天。未出,作书四通,分寄觉明、介泉、告歉,并谢伯衡、叔道两姻家,谢贺珏人六十寿。

今日南屋始生火发炉。

夜饭后,滋画地图。湜作校课。润则在己屋作学习笔记。余坐堂前调元孙为乐。九时即寝。

11 月 25 日（十月初九日　乙亥）星期二

晴，寒，早起浓霜被屋，日出后略暖。

晨六时起，灯下盥漱。七时半入馆。彬然来，谈新机构人事或将洽及，拟以编审名义相浼，询余意见。余为勉维残局计，允于研究所开办前暂任之，至秘长或办公室主任等则坚谢之，大约可以办到耳。处分杂事。作书复东华，告续稿到。十二时归饭。

接澄儿廿三日来书，告近状并遥申祝嘏之诚。下午未出。

夜饭后，择《今古奇观》数则，讲与珏人消遣。九时就寝。

11 月 26 日（十月初十日　丙子）星期三

阴，微雨，午后雨加大，气不甚寒，殆酿雪也。

晨六时起。七时半到馆参加讨论。秘书、会计两科结束，已次就绪造册亦将竣，一俟人位发表便可移交矣。十二时归饭。

卧云、雪英、清儿、建孙俱来吃面，盖明日为珏人六十初度之辰，今为暖寿耳。惊动戚友，殊不安也。

下午未出，卧云一时许即去。雪英为珏人送糕团及面至圣陶家。

有顷，雪村夫人及建孙来，又有顷，雪英复来。入夜清儿、汉儿、芷芬、达先、晓先、士方、士中、元锴、元鉴陆续至。诸儿及妇亦俱归。七时，设两席，小饮吃面。惟雪村未至。余与雪村夫人、晓先夫妇、清儿、达先、汉儿、芷芬及润、滋两儿坐一席。设北屋中。珏人与琴珠、佩华、湜儿、士方、士中、元锴、元鉴、建昌、元孙、阿凤坐一席，设南屋中。是日，北屋亦始生火发炉矣。尽欢至九时，始各辞归。惜雨中累人跋涉，更加不安，而地僻乏车可雇，致芷芬、达先、元锴、元鉴、晓先、士方、士中俱徒步以去，尤切歉疚耳。客去收拾，扰扰至十二时乃得睡。

11 月 27 日（十月十一日　丁丑）星期四

初阴，渐开霁。午后放晴，气尚温和。

晨六时即起。七时三刻入馆，处分杂事。彬然电话见告力子已返京，想日内必能来馆一谈也。雪村来馆一谈，知即将往第三医院诊颈疬。

接漱儿廿四日信，复余前书，并详告近状。知即将搬住北四川路底敏德坊五十三号。

十二时归饭。饭后偕珏人及元孙、阿凤往王府井中国商行照相部摄影。余夫妇携元孙合摄一四寸片，珏人独摄一二寸片。元孙、阿凤合摄一二寸片。事毕径归。

接濮文彬寄来股票一宗，托为过户。

三时，珏人往卧云家，谢步并馈一鸡及糕团焉。

六时半夜饭，以前夕所馀葡萄酒自酬。九时即寝。

11 月 28 日（十月十二日　戊寅）星期五

暖，不甚冷，畅晴。

晨六时起，盥洗毕始见曙色。七时半到馆。锡光、均正、调孚来谈各事。十时许，李湜来谈，与调孚交换意见。近十二时始去。余亦归饭。

下午未出，卧云、国华（均正夫人）来访珏人，国华并以高丽人参为寿。谈至近五时去。

夜饭后打五关数盘,九时即寝。

11 月 29 日（十月十三日　己卯）星期六

雨雪,午后略停,旋又大作,晡时雪止。气尚不甚寒。

晨六时即起。食已,犹未大明。七时到馆,以雪无车,步以往。彬然至,谓力子已来京电话数四,知尚滞兰州也。本定今日续开合并筹委会,旋得业康电话,改星一下午二时开。

新组织名单彬然今日始见示,李庚坚欲余任秘书长,前言编审名义又变矣。余雅弗欲也,容俟再商。

晓先晨来馆中商叩明清史教科如何安排事,阅两小时乃去。十二时归饭。知珏人往约卧云偕赴雪英所午饭矣。

下午未出。三时许珏人返。写信两封,一复东华,告《难兄难弟》青年出版社不接受。一复文彬,寄回股票,告所托登记事已办妥,惟两书附件非大封不能容,只得留待星一携至馆中再发矣。

夜饭后,为珏人讲《今古奇观》二则。九时半就寝。

11 月 30 日（十月十四日　庚辰）星期

晴阴兼施,加寒。

晨七时起。上午未出。下午一时,与琴珠偕往吉祥观京剧四团演出。首为焦鸣容之《百鸟朝凤》。次为万啸甫、汪鸣辰、孙振群之《搜孤救孤》。次为姜铁麟、张曼君、萧英翔、马长礼之《长坂坡》。次为高玉华、李砚萍之《樊江关》。休息后,为姜铁麟、焦鸣容等之《嘉兴府》。五时半散,即与琴珠乘车赴中山公园来今雨轩。同人已多到,盖今夕开明总处同人及转入中图之在京同人欢叙晚会也。有顷,人大集,六时半开宴,凡到八十四人。余主席,由彬然、达先先后讲话,报告合并筹备经过情形,并欢祝今后干好工作,尽欢至八时半始散。余仍与琴珠雇车东归。滋儿则乘骑车夹护以行。

抵家后,小坐,饮茶,近十时乃就寝。

12月1日①(壬辰岁十月　丁卯　朔　十五日　辛巳)星期一

晴,寒。窗结冰花,道上滴水成冻矣。

晨六时即起,仍于灯下盥洗。七时到馆学习。处理杂事。发出东华、文彬信件。十二时归饭。下午二时复到馆。出席合并筹委会。彬然、李庚、立准、再生、李湜、均正、锡光、诗圣、业康俱到。通过新机构全体干部名单,决定于五日召集双方同人开联欢大会,并商定办公处所之分配,赶修厨房,定十一日搬动。最后由会上推出立准、志公、久安及余,与青年社王、刘二君负责筹办联欢大会事。五时始散。会后与彬然、诗圣谈琐事。六时始与诗圣步归。此间三轮有风即难于招雇,今日往返俱冒风徒步也。

夜饭后小坐闲谈,九时即寝。

12月2日(十月十六日　壬午)星期二

晴,加寒。

晨六时半起。七时半到馆。十时立准及刘、王二君来,即召志公、久安开会,商定聚餐及晚会方式,即分头进行接洽。明日下午四时再在开明会报决定之。十二时散,即归饭。

南洋各埠发见翻版开明旧地理教本,特拟启事一则,备在香港

---

①底本为:"燕居日记第八卷"。原注:"移家北来,倏逾两岁,聊记寝兴,亦既尽七卷矣。此后生活或有改变,则八卷之次将别署它称耳。取盈于八音非无谓也。玄黓执徐良月碧庄记专。"

报纸揭登,藉释群疑。饭后交润儿带与彬然一看。

下午未出。夜饭后往大华看电影,在场中遇圣陶夫妇及至善、沛霖、伯恳、祖璋、佳生等。湜儿亦与焉。影片为苏联大马戏团杂技。精纯禽戏亦佳,较二十年前在沪所见之海京伯剧团实有过之无不及也。珏人本拟同往,以体感不适,临时以票付俞妈往看之。八时半散,仍乘三轮遄返。湜儿骑车从。琴珠出读俄文,润儿则看八时四十分演次之大马戏团,俱于十时后乃归。

十时就寝。寒月浸窗,倍见明快。

12 月 3 日（十月十七日　癸未）星期三

晴,寒。

晨六时半起。七时半入馆。处理杂事。调孚往访彬然归,携回昨拟广告启事稿。据云,圣陶、灿然意可以不必登,遂已。十二时归饭。

东华改稿续有递到。下午二时三刻,复出,步入馆。四时出席会议,先与立准、志公、久安等谈定合并联欢大会节目,并决定聚餐方式及指定承办之家。继又召集双方工作人员(各推出十人)商量分别招待服务及鼓动工作,务使化除旧习,彼此交融藉收团结之效云。六时始散,仍步行归。

夜饭后,小坐闲谈,九时就寝。

12 月 4 日（十月十八日　甲申）星期四

晴,寒。

晨六时半起。七时半到馆。料理明日联欢大会诸琐事。十二时归饭。

下午未出。夜饭后小坐闲谈。九时半寝。

12 月 5 日（十月十九日　乙酉）星期五

晴，寒。

晨六时起。七时半入馆。处分杂事。十二时归饭。

下午一时半复入馆。三时往青年宫参加联欢大会。双方同人咸集，新任副社长朱语今亦晤及，以圣陶尚未到，迟至四时开始。余任主持开会事务。首先由彬然报告筹备合并经过。继由出版总署副署长叶圣陶讲话，历时颇久。次由青年团中央书记处书记刘导生讲话。最后由李庚宣布新机构组织及全体干部名单。时已六时半，乃休会，准备聚餐。七时聚餐，采鸡尾酒会形式，俱冷食，青年同人颇活跃，八时许食毕，就地起舞，余只能从壁上观耳。八时半下楼，晚会开始。珏人、润、湜两儿、佩华皆来。余与珏人、佩华坐楼下第四排中间，润、湜俱坐楼上。京剧晚会由中国戏曲研究院京剧第三团演出。先为阎世善、李益春之《杨排风》。次为叶盛章、李元瑞、黄玉华之《刺巴杰》。次为高玉倩、娄振奎、李世霖之《二进宫》。最后为李少春与其他演员合演《闹天宫》。直至十二时三刻始散，精采之至。珏人与润、琴、佩看完《二进宫》即归。余与滋、湜两儿终场乃行。以夜深车少，勉获一辆乘以归。

到家已一时廿分矣。就枕入睡已二时许。

升堉是日入城，宿余家。

12 月 6 日（十月二十日　丙戌）星期六

晴，寒。

晨七时起。八时入馆。处理杂事。十二时归饭。下午二时到甘雨胡同开会,与语今、李庚、均正、立准会谈今后分工问题。绝续交替,千头万绪,诚未易措置咸宜耳。五时始散,定星一下午二时在总布胡同召开科级以上干部会议,进行建立新制度。

余离社径归。

夜饭后,与佩华往吉祥看京市第四京剧团演出。七时开场,为陈麒麟、张春德之《长亭会》。继为姜铁麟、郝鸣振之《金钱豹》。八时半即休息。休息后为新排之《元宵谜》,由吴素秋、张曼君、李德彬、张荣善、孙振群、马长礼、杨元才、刘鸣才等演出,甚松灵有趣。虽曲折而不厌其冗长也。直至十一时一刻始散,凡历两小时有馀。与佩华归家,已将十二时矣。

12 月 7 日(十月廿一日 丁亥 大雪)星期

晴,寒。

晨六时半起。九时后偕润儿访伏园、静庐,谈至近十一时归。家下以外孙元鉴十岁生日,都往汉儿所吃面。唯余与珏人在家耳。午饭后,余往黄化门访西谛,晤之。告以近状,并谈悉研究所尚待成立,年内恐未能下聘也。三时一刻辞出,径赴东四八条访圣陶,即留其家晚酌畅谈,八时半始归。

珏人旧疾又作,颇虑之。

澄儿有信告急,生活情况甚紧,亦深念之。适晚间清儿及达先在,即以此函示之,因决定明日汇济五十万云。余归知之,未及与清等晤谈也。

十时就寝。

12 月 8 日(十月廿二日 戊子)星期一

晴,寒。

晨六时半起。七时三刻到馆。大家忙于搬动座位之设计，两头开会，余则一室独坐，处理当前琐务也。十二时归饭。

午后一时半复入馆。二时出席全体科级以上干部会议。语今主席，李庚宣布初步分工计画。近五时散会后，余与李庚谈，拟于交代后请假，伊亦谅解。

晚归未久，即夜饭。饭后与润儿往访雪村、达先，候疾兼洽事也。谈至近九时步归。途遇翼云，匆匆数语而别。

十时就寝。

12 月 9 日(十月廿三日　己丑)星期二

晴，不甚寒。

晨六时半起。七时半入馆。上午再生、锡光、诗圣、汉明、元池来开会，决定搬移步骤及安置办法，近午方散。十二时归饭。

平伯电话，谓托题卷子已写好。余拟星期日往取之。

下午一时半复入馆。二时召开会议，立准、李湜、再生、元池、姚平林、师莹、履善、调孚、锡光皆到。诗圣以忙于搬迁布置，未出席。盖新旧行政人员会谈当前亟应解决诸问题耳。余提出四项：一，新旧印章刊废问题；二，移交接管问题；三，文书收发系统问题；四，收支出纳工作问题，均得初步解决。交代后可以不管签印支票矣。五时归。

夜饭后，小文见过，谈至八时半去。

元孙跌一跤，磕破唇皮，惊哭不止，余大怜之，幸睡后无大不安也。

九时半就寝。

12 月 10 日（十月廿四日　庚寅）星期三

晴，寒，仍昨。

晨六时半起。七时三刻到馆。准备移动座次，将公私各物着手整理。

十二时归饭。饭后复往。料理粗毕，五时乃归。

夜饭后再往，应彬然邀参加座谈晚会。七时开始，十时乃散。即与琴珠步归。

十一时就寝。

12 月 11 日（十月廿五日　辛卯）星期四

晴，寒。

晨六时半起。写信分寄潜、漱两儿，寄照片去。八时半到馆，正发动搬移中，双方交流极忙碌。余各处巡视而已。晤李庚、立准、再生、若达、业康等。十一时半坐位已设定，即归饭。

接平伯电话，告十三日上午九时在团城开会（研究所进行事），但余未接通知也。

饭后未入馆，翻书有所准备。夜饭后闲坐。九时半就寝。

12 月 12 日（十月廿六日　壬辰）星期五

晴，较昨和。

晨六时半起。七时半入馆学习。八时半西谛来馆，出北大校长马寅初聘书见授，延聘余为文学研究所研究员，并约明日上午九时，在团城社会文化事业管理局举行中国文学史组及中国古典文学组小组会议，商讨两组研究计画云。余以须往西城丰盛胡同中直俱乐部听陈沂作赴朝慰问团返国报告,匆匆即别。乘三轮遄赴会场,已九时半,开讲已越半小时矣。坐楼厅最后排。休息后,见锡光、宝懋在前,乃移近就之。十一时半报告毕,即乘三轮归家午饭。

饭后,一时三刻复出,仍入馆,与立准、再生有所洽。偕均正与李庚谈,告以北大事,说明办理交代完毕即离去,当承面允,至以为快。四时许即归。

夜饭后草拟研究计画纲要。十时就寝。

12 月 13 日（十月廿七日　癸巳）星期六

拂晓大雾,阴黳,午后开晴,寒不烈。

晨六时即起。盥漱早食毕,犹未大明也。八时廿五分出,乘三轮往团城会西谛,已九时十分,平伯已先在。少坐闲谈。有顷,其芳、冠英及王积贤至,乃偕至会议室座谈。西谛、其芳、平伯、冠英及余皆提出初步研究计画,并谈及中国文学史组工作进行步骤。十一时半散,仍乘三轮遄返。

平伯题《书巢图卷》已写好,承面交带还,弥感盛谊。

午饭后未出,阳光显露,南窗煦然,乃不久便还阴,依然黯淡耳。殆寒浪又将来袭乎?

夜饭后,小坐弄孙,九时便寝。

12 月 14 日（十月廿八日　甲午）星期

风厉寒烈,阳乌匿采,淮北地标准气候也。以风故,雪意消除矣。

晨七时起。十时令滋儿买日戏票,吉祥、中和俱客满,废然而返。

饭后清儿、达先、汉儿、芷芬、元鉴、建昌俱至，谈有顷，润儿偕伊等往政协俱乐部听民进严景耀作报告，余亦出门往八条访圣陶。谈至四时后，同乘往黄化门街，应昨日西谛之约。晤萨空了。七时同饮，将已，作铭至，又酌一杯。饭后复谈，九时乃辞归。仍附圣陶车行。

十时就寝。

12 月 15 日（十月廿九日　乙未）星期一

晴，寒。

晨七时起。八时出，乘三轮到馆。晤均正、诗圣、调孚。属诗圣准备移交。十二时归饭。饭后写信两封，分复东华、文彬，告将离开开明。自出投邮。顺在南小街小南线店购买邮票、信笺、信封等。缓步以归。

接澄儿十二日信，知汇去五十万元已收到。

看《史记集解》、《索隐》、《正义》各序。

夜饭后，弄孙灯下，颇怡然。十时就寝。

12 月 16 日（十月三十日　丙申）星期二

晴，寒，晨有雾。

六时三刻起。八时入馆。李庚、语今、立准诸人俱以开会未之见。十一时，余往甘雨胡同晤锡光、调孚、履善、宝懋、韵锵诸人。谈至十二时归饭。以雇车难，只索步返。

下午农祥来访，四时去。周允言之女公子英适来谒，延入长谈，询悉允言近状尚好，伊则来京甫两周，以其夫婿田乃钊在职业教育社工作,因而迁来者也。谈至五时半辞去。

夜饭后写信寄胡智炎,今午接伊来信,狂疾又作,言语颠倒,乃书慰之,并告开明近况,无法过问,由老同人凑集五十万元汇去,衍急也。明日发去。不知能回痴念否耳。

九时半就寝。

12 月 17 日_(十一月　小建壬子　丁酉　朔)星期三

晴,微有风,早起仍见雾,气不甚寒,而道冰不解。

晨七时起。八时半入馆,仍未晤李庚诸人。与再生谈,取得谅解,并属伊晤及立准诸人时为余说明去意。十时离馆,过访雪村,谈至十一时一刻辞归。

饭后写信寄积贤,开送书目并索本子。又写好送李庚辞职信,备明日送出。

夜饭后,润、琴出购物,珏人与滋、佩接龙为戏。余则逗元孙嬉乐耳。

九时后,润、琴归。十时就寝。

12 月 18 日_(十一月初二日　戊戌)星期四

平明降雪,晓起推窗一望,皑皑矣。午前虽少歇,午后复加密,彻黄昏未休,夜半止。

晨七时起。未出,抽《通鉴辑览》观之,尽两卷。午时滋儿归饭,告余致李庚书已当面交去。下午雪窗续看《辑览》。六时晚饭,已与湜儿雪中往前外鲜鱼口大众剧场看京市第四京剧团演出。车由崇文门出,到场雪花沾满髭须矣。自笑兴怀不浅,忘其衰年,真有偷闲学少之感耳。七时开场,为万啸甫、张德华之《下河东》。

次为吴素秋、李德彬、杨元才之《拾玉镯》。次为姜铁麟、焦鸣蓉、郭金光等之《嘉兴府》。九时休息后为吴素秋、李德彬、张曼君、刘鸣才等之《十三妹》,自龙媒上路起,连演《悦来店》、《能仁寺》。十一时半始散。素秋演双出,始终精神饱满,演《拾玉镯》时尤得观摩交流之益,的是可儿,弥足欣赏。

自剧场出,雪已止,雇车亟归,殊冷,到家十二时一刻矣。少坐,饮茶,即解衣就寝。

12 月 19 日 (十一月初三日　己亥) 星期五

晴,无风,积雪未融,寒不甚烈。

晨七时起。看《辑览》兼看《书》、《诗》。午饭时,滋儿带回王了一、刘国钧、王稚圃信各一函,俱洽开明公司事者,因批属该管人分办,仍交滋儿带去。一面分别函复三人,告已转办,并言已离开明改就北大云。

下午续看《辑览》。滋儿夜归,携到李庚复书,劝暂兼至新董会成立时再行,俾便处理开明未了诸事云。

晚饭后弄孙为乐。九时半就寝。

濯足更衣,快然入衾。

12 月 20 日 (十一月初四日　庚子) 星期六

晴朗,气尚不甚寒,积雪却风化不少。

晨七时起。看《辑览》。滋儿午饭归,携到诗圣所托带之移交清单,当为阅视,加盖印章交还归卷。是经管各事已分别交割清楚矣,心头为之一松。又携归漱儿十四日信,(十六日到馆,阁至今日始得见之。)谓久未接此间去信云云。是前寄照片亦未到矣? 因急为写信,详说,并属彻查前寄照片到未。下午续看《辑览》,毕第四卷。

夜饭后,滋、佩淘气,珏人介其间,殊无谓。润出看话剧,十一时半归。湜儿下午二时自校归饭,饭已,即复出,竟夕未返,使人无法入寐也。

12 月 21 日（十一月初五日　辛丑）**星期**

晴,较往日和融。

晨七时起。湜儿自外来,陈告昨日晚会散迟,故住于宿舍中云。余以其太无亲头严呵之。写信寄颉刚,告研究大纲,请指教。

九时许,与珏人同往演乐胡同,同访均正夫妇,兼候必陶,谈至十一时乃归。属均正转告李庚,接受美意,俟新董会成立再走,惟不到班、不受薪两点亦请谅解云。

接东华复书,庆余得所。

达先、清儿、建昌来省,因共饭。饭后稚圃见过,谈移时去。

一时半独往小油房访农祥、亦秀(农祥已去),与亦秀同赴老君堂平伯之约,不一时,曲友咸集,仍由沈盘生撤笛,平伯家人咸能歌,我乡之喜曲者,如吴南青等都来,圣陶亦至,惟西谛与元善约而未到也。雅奏迭陈,欢洽备至,六时始散。余与亦秀复过圣陶家饮。至则芷芬、汉儿、元鉴俱在。夜饭后,长谈,八时后芷等先归去。九时后,余与亦秀亦归。车至竹杆巷口,润儿已来迓矣,遂共行归家。

滋、佩往吉祥看夜戏,十二时归。余已睡矣。

12 月 22 日（十一月初六日　壬寅　冬至）**星期一**

晴,和如昨,傍晚起风即止。

晨七时起。写信与平伯,谢昨日之扰,并请为《朱自清文集》题签也。用朱笔写公元数字于罗校《纪元编》中卷甲子之上,俾寻岁指年时取便记忆耳。尽半日之力,始克毕事。足见累绩程学之匪易,奈何浮薄少年轻易抹煞学问耶。

夜治馔小饮,合家快度冬至也。

九时半就寝。

12 月 23 日 (十一月初七日　癸卯) 星期二

晴,寒。

晨七时起。

接平伯柬,送《思佳客词》一阕,云:

> 鸳水风流迹既陈,吴歈俦侣散如云。城东鹪寄三椽屋,无恙兵戈历岁春。兼北语,几南人。朋簪际合岂无因。玉量珠转浑闲事,赢得闻歌醉耳新。盖前日曲集感兴也。清越可诵,词家法乳不坠矣。

饭后写信三封,分寄允言、君宙、予同,告近状,自出投邮。

闲步过小油房,入访农祥,坐谈至五时而返。

夜饭后小坐闲谈,九时即寝。

12 月 24 日 (十一月初八日　甲辰) 星期三

晴,寒。

晨七时起。看《经济建设常识读本》(载《学习》初级版)。续看《辑览》,尽第五卷。

平伯书来,写到《朱自清文集》题签两纸,属择定其一,当转与调孚决之。

午饭后,交滋儿带去。写信寄澄儿,告余离开明就北大事,并及家中琐状。

晓先夫人雪英来访珏人,夜饭后去。余托致一便笺与晓先,告近状兼候其感冒祝痊。

九时半就寝。

12 月 25 日(十一月初九日 乙巳)星期四

晴,寒。

晨七时起。八时半农祥见过。约游新北京。遂于九时偕出,乘三轮出复兴门,循石景山干道西往,沿途新建筑矗立,林荫树木齐整,虽尚在进行建造,而气象之阔大,可以推想而知也。以寒威紧压,至木樨地即折回入城,径至西单商场下,时已十一时一刻,在商场一转,无甚可观(以时早多未开张故),便步出,过曲园(湖南饭馆)小憩,各进汤粉及银丝卷,并以炒腊肉伴小饮焉。十二时半离馆,向南步出宣武门,至菜市口,雇三轮往游陶然亭。正在整理风景,大迁坟墓,城固康心孚之墓已刨开,殆其家属迁走耳。赛金花墓、香冢、鹦鹉冢、醉郭墓仍无恙。旋过窑台茶社小憩半晌。然后车至天桥,转乘电车到青年会下,与农祥缓步以归于家。坐谈至四时半,农祥辞去。亦可谓竟日游矣。

滋儿、琴珠以时事讨论故,俱未归夜饭,九时后乃返。

十时就寝。

12 月 26 日(十一月初十日 丙午)星期五

阴霾,晨见雪花,近午日出,午后晴,气仍寒。

晨七时起。看昨晚滋带归之文件(双方统一清查结帐办法),

批注意见。又为出版部书"祖国十二诗人"封签两条,于午后均交滋带出。前者交业康,后者交调孚。续看《辑览》。

接何轶尘信,贺余入研究所工作,不图市井中乃有远见如此,可嘉也。

四时,叶再生见过,出修正福利办法相商,又加优惠于同人,宜可受到欢迎也。五时去,临行约除夕晚会及新年联欢会俱望余参加云。

六时夜饭,饭已,与珏人乘三轮往米市大街青年会看昆曲、京剧演出晚会,票由亦秀送来,却未晤亦秀,在场遇平伯伉俪,并坐观之。八时开场,为昆曲《扫松》。继为《学堂》、《游园》。嗣为京剧《清风亭》。平伯先去,余与珏人亦于京剧终后离场,时已十时半。下尚有昆曲《望乡》及京剧《快活林》也。

出青年会,乘车由无量大人胡同径归。

到家时,诸人都睡。余二人小坐至十一时,乃就寝。

12 月 27 日(十一月十一日　丁未)星期六

晴,寒,微有风。

晨七时起。九时半偕珏人步往东总布胡同访雪村夫妇。雪村割治之后,创口时有脓滋,今日贴膏药反较院中换纱布为佳云。谈至十一时仍联步以归。

饭后闲翻汲古阁本《六十家词》。余书与积贤索书已逾十日,未见回音,想忙于觅屋布置等等乎?白寿彝以梁园东《中国历史读本》稿送来,属审查可否出版。余以不在其位移请均正处理之。

滋儿夜归,携到开明与人民银行往来合同及予同、成才各一函。合同须签印。成才仍为成安事借款。予同则复余上次之函

（余廿三日信当未收到也），语多隔膜也。（附致振甫一笺为复旦拉拢。）

今晚甚难得诸儿俱无事未外出。夜饭后，团坐闲话。元孙亦依依其间，颇乐。八时半，听中央电台广播梅兰芳、刘连荣《霸王别姬》录音，九时廿分毕，即睡。

12 月 28 日（十一月十二日　戊申）星期

晴，寒。

晨七时起。上午扫除院内积雪。下午二时与珏人过访亦秀。以其家今日曲会也。乃笛师未至，迄未唱成。有顷，润、汉两儿踵至。又有顷，滋、湜两儿亦来，已四时矣。滋出圣陶手书，召余往饮，余等遂归。晤芷芬，匆匆数语，即乘三轮赴八条之约。同饮者叔湘、志公、至善。谈至九时半，始辞归。

今晚本定与湜儿往吉祥看吴素秋《人面桃花》剧，以赴圣陶之约，属珏人往看之。余返家，伊等尚未归。余即昨晚滋儿携返之件分别批办，函属锡光处理之。并函振甫，转予同信。

十一时濯足，越四十分，珏等归，时月色皎洁，积雪映之，真有双清之感耳。十二时就寝。

12 月 29 日（十一月十三日　己酉）星期一

晴，寒。

晨七时起。上午看《辑览》。接东华廿五日书，知去年出版社审核费五百六十六万元已汇到底，至慰。因于饭后复书焉。续看《辑览》，尽第八卷，前编部分毕矣。今后拟兼《通鉴》看之，参以严氏《补正》。

夜饭之芬、建孙来省,移时其家派人接去。

夜饭后与润等谈家常,略将今日措施伙食等问题,九时就寝。

12 月 30 日(十一月十四日　庚戌) 星期二

晴,较和。

晨七时起。九时出,步至青年会,乘电车到王府井南口下,循路而北,过青年服务社新华书店,欲购十一月份《人民画报》及明年日历,俱未得,盖货少而需要多也。折入东安市场阅摊,亦无当意者,乃废然而返,乘三轮行。徒跑一趟,可笑之至。

未出前振甫见过,谈予同拉往复旦事,余劝其先为函洽妥帖,然后通过组织再调较为稳当,伊接受此说。闻调孚亦同此意也。午饭时,润儿带两信归,一为彬然致余者,告已到协和晤力子,俟出院当可即开董事会云。一则圣陶录示和平伯词,亟转录之,盖是日曲集所记皆曲名耳:

> 潜托琴心夜访陈(琴挑),灞桥离绪乱如云(折柳)。陵辞恳切宁辜汉(望乡),僧意缠绵忽感春(下山)。金雀女,月车人(乔醋)。渔舟寄迹有前因(藏舟),年来凤好成稀赏,半日偷闲曲曲新。

午后接君宙复书,知近来颇致力于里弄工作,思想大为前进也。

二时许,农祥来访,长谈至四时半去。

珏人、佩华往市场购物,四时后始归。居然买到小型日历一枚。

开始看严氏《通鉴补正》序例,都点校毕。嗣后可与《通鉴》对勘矣。

滋儿晚归,携到开明一月份薪金之上半,盖新机构改为一日、十六日两次发，兹以年终又提前支付耳。余姑存之，俟与社中说明后返还。

清儿来夜饭，适漱儿廿八日复信至，清、润、琴、滋、佩、湜皆传阅焉。知余前寄濬、漱之信及照片俱已到，惟濬尚未作复耳。

家庭伙食问题谈的解决。润、滋两房各增贴些许与珏人云。九时后，清儿归去。

十时易衣就寝。

12 月 31 日（十一月十五日　辛亥）星期三

晴，不甚寒。而日中风发，尘土飞扬，傍晚渐止，夜月仍皎。

晨七时起。午前接予同廿八日复余廿三日书，顺告绍虞、乃乾各状。点校《通鉴补正》。今晚青年出版社有晚会，日前再生见邀，余允之，乃以风大畏夜行，饭后书与再生，谢不往。午后仍点校《补正》。

珏人重感冒，午前即卧床，傍晚竟发热，为煎神曲投之。夜饭后，润、琴、滋、佩、湜俱出参晚会。

接文权廿九日信，告将调来北京工作，正打点起程云。然则濬儿或亦能移住北来乎？

九时后，润、琴、滋、佩先后归。余收听中央人民电台广播北京著名演员新年献唱节目之第三部分京剧。一，谢锐青之《宝莲灯》；二，孙岳之《文昭关》；三，吴素秋、张曼君、李德彬之《红娘》；四，李少春之《野猪林》；五，郝寿臣之《坐寨盗马》；六，叶盛兰、杜近芳之《奇双会》。已十一时半，下尚有谭小培之《桑园寄子》，梅兰芳之《霸王别姬》。倦不及听，即解衣就寝。

十二时后，湜儿始归。珏人服神曲后略出汗，热尚未退也。